南水北调中线工程文物保护项目
河南省考古发掘报告
第 6 号

淅川刘家沟口墓地

河南省文物局　编　著

科学出版社
北京

内 容 简 介

本书是南水北调中线工程河南段文物保护项目——淅川刘家沟口墓地的考古发掘报告。全书以墓葬为单位，系统地介绍了该墓地的39座东周墓、40座秦汉墓、2座宋墓的发掘成果，从墓葬形制、规格、年代及随葬品等方面进行了分析、探讨，为观察春秋晚期至西汉晚期的文化变迁提供了宝贵的资料。

本书可供从事考古、历史的研究者、爱好者参考、阅读。

图书在版编目（CIP）数据

淅川刘家沟口墓地/河南省文物局编著．—北京：科学出版社，2011

（南水北调中线工程文物保护项目、河南省考古发掘报告：第6号）

ISBN 978-7-03-030914-3

Ⅰ．①淅… Ⅱ．①河… Ⅲ．①墓葬（考古）－发掘报告－河南省 Ⅳ．①K878.85

中国版本图书馆CIP数据核字（2011）第075189号

责任编辑：张亚娜　郝莎莎／责任校对：陈玉凤
责任印制：赵德静／封面设计：陈　敬

科学出版社 出版
北京东黄城根北街16号
邮政编码：100717
http://www.sciencep.com

中国科学院印刷厂 印刷
科学出版社发行　各地新华书店经销

*

2011年5月第 一 版　　开本：889×1194　1/16
2011年5月第一次印刷　　印张：11 1/2　插页：33
印数：1—1 600　　字数：273 000

定价：168.00元

（如有印装质量问题，我社负责调换）

Reports on the Cultural Relics Conservation
in the South-to-North Water Diversion Project
Henan Vol.6

Liujiagoukou Cemetery Site in Xichuan City, Henan

Administration of Cultural Heritage of Henan Province

Science Press
Beijing

南水北调中线一期工程文物保护项目报告

河南省编辑委员会

主　　　　任	陈爱兰
副　主　　任	孙英民　李玉东　邓培全　尚宇鸣　齐耀华
	刘正才　张志清
编　　　　委	郑小玲　付玉林　司治平　康国义　王爱英
	秦文生　孙新民　秦曙光　王长春　王家永
	韦耀国　常志兵　李　勇　湛若云　阎铁成
	许晓鹏　段振美　陈高潮　范　禄　杨保群
	张　琳　张　恂　秦文波　孔祥珍
总　　　　编	陈爱兰
执　行　总　编	孙英民
副　　总　　编	张志清　孙新民　司治平
编　辑　部　主　任	秦文波
编辑部副主任	孔祥珍　董　睿

南水北调中线一期工程文物保护项目报告

河南省第 6 号

《淅川刘家沟口墓地》

主 编

吴小平

项目承担单位

复旦大学文物与博物馆学系

南京博物院

四川大学考古系

目　　录

第一章　概述 ……………………………………………………………………………………（1）

　第一节　地理环境与历史沿革 …………………………………………………………………（1）

　第二节　发掘与整理经过 ………………………………………………………………………（2）

第二章　东周时期墓葬 …………………………………………………………………………（4）

　第一节　墓葬介绍 ………………………………………………………………………………（4）

　　一、M1 ……………………………………………………………………………………（4）

　　二、M2 ……………………………………………………………………………………（5）

　　三、M4 ……………………………………………………………………………………（8）

　　四、M5 ……………………………………………………………………………………（10）

　　五、M8 ……………………………………………………………………………………（12）

　　六、M10 …………………………………………………………………………………（14）

　　七、M12 …………………………………………………………………………………（15）

　　八、M13 …………………………………………………………………………………（18）

　　九、M15 …………………………………………………………………………………（19）

　　十、M18 …………………………………………………………………………………（21）

　　十一、M22 ………………………………………………………………………………（22）

　　十二、M25 ………………………………………………………………………………（23）

　　十三、M28 ………………………………………………………………………………（25）

　　十四、M32 ………………………………………………………………………………（26）

　　十五、M33 ………………………………………………………………………………（28）

　　十六、M34 ………………………………………………………………………………（30）

　　十七、M38 ………………………………………………………………………………（31）

　　十八、M41 ………………………………………………………………………………（34）

　　十九、M42 ………………………………………………………………………………（36）

　　二十、M52 ………………………………………………………………………………（37）

　　二十一、M54 ……………………………………………………………………………（40）

　　二十二、M55 ……………………………………………………………………………（42）

　　二十三、M58 ……………………………………………………………………………（43）

二十四、M60 ……………………………………………………………………………………（45）
二十五、M62 ……………………………………………………………………………………（48）
二十六、M68 ……………………………………………………………………………………（49）
二十七、M71 ……………………………………………………………………………………（51）
二十八、M76 ……………………………………………………………………………………（54）
二十九、M79 ……………………………………………………………………………………（56）
三十、其他墓葬 …………………………………………………………………………………（57）
第二节　年代、分期与墓葬等级分析 ………………………………………………………………（64）
一、典型器物的类型学分析 ……………………………………………………………………（64）
二、组合、分期与年代 …………………………………………………………………………（70）
三、墓葬等级 ……………………………………………………………………………………（77）

第三章　秦汉时期墓葬 …………………………………………………………………………（78）
第一节　墓葬介绍 ……………………………………………………………………………………（78）
一、M3 ……………………………………………………………………………………………（78）
二、M7 ……………………………………………………………………………………………（79）
三、M9 ……………………………………………………………………………………………（80）
四、M14 …………………………………………………………………………………………（83）
五、M16 …………………………………………………………………………………………（85）
六、M17 …………………………………………………………………………………………（86）
七、M19 …………………………………………………………………………………………（86）
八、M20 …………………………………………………………………………………………（89）
九、M23 …………………………………………………………………………………………（91）
十、M24 …………………………………………………………………………………………（92）
十一、M26 ………………………………………………………………………………………（93）
十二、M27 ………………………………………………………………………………………（95）
十三、M31 ………………………………………………………………………………………（96）
十四、M35 ………………………………………………………………………………………（97）
十五、M39 ………………………………………………………………………………………（98）
十六、M40 ………………………………………………………………………………………（100）
十七、M43 ………………………………………………………………………………………（101）
十八、M44 ………………………………………………………………………………………（104）
十九、M45 ………………………………………………………………………………………（104）
二十、M47 ………………………………………………………………………………………（105）
二十一、M48 ……………………………………………………………………………………（107）
二十二、M49 ……………………………………………………………………………………（108）

二十三、M50 …………………………………………………………………… (110)

二十四、M51 …………………………………………………………………… (112)

二十五、M53 …………………………………………………………………… (114)

二十六、M56 …………………………………………………………………… (117)

二十七、M59 …………………………………………………………………… (119)

二十八、M64 …………………………………………………………………… (119)

二十九、M67 …………………………………………………………………… (121)

三十、M69 ……………………………………………………………………… (121)

三十一、M70 …………………………………………………………………… (124)

三十二、M72 …………………………………………………………………… (125)

三十三、M73 …………………………………………………………………… (128)

三十四、M74 …………………………………………………………………… (131)

三十五、M77 …………………………………………………………………… (132)

三十六、M78 …………………………………………………………………… (135)

三十七、M80 …………………………………………………………………… (135)

三十八、M81 …………………………………………………………………… (137)

三十九、其他墓葬 ……………………………………………………………… (139)

第二节 分期与年代 ………………………………………………………………… (141)

一、典型器物的类型学分析 …………………………………………………… (141)

二、组合、分期与年代 ………………………………………………………… (150)

第四章 宋代墓葬 …………………………………………………………………… (156)

第一节 墓葬介绍 …………………………………………………………………… (156)

一、M30 ………………………………………………………………………… (156)

二、M57 ………………………………………………………………………… (157)

第二节 年代推断 …………………………………………………………………… (158)

第五章 结语 ………………………………………………………………………… (159)

附表 刘家沟口墓地墓葬一览 ……………………………………………………… (161)

后记 …………………………………………………………………………………… (169)

插 图 目 录

图一　刘家沟口墓群位置图 ………………………………………………………………（2）
图二　刘家沟口墓群地形及墓葬分布图 …………………………………………………（插页）
图三　M1 平面图 ……………………………………………………………………………（4）
图四　M1 出土陶器 …………………………………………………………………………（5）
图五　M2 平面图 ……………………………………………………………………………（6）
图六　M2 出土陶器 …………………………………………………………………………（7）
图七　M4 平面图 ……………………………………………………………………………（8）
图八　M4 出土陶器 …………………………………………………………………………（9）
图九　M5 平面图 ……………………………………………………………………………（10）
图一〇　M5 出土陶器 ………………………………………………………………………（11）
图一一　M8 平面图 …………………………………………………………………………（12）
图一二　M8 出土陶器 ………………………………………………………………………（13）
图一三　M10 平面图 …………………………………………………………………………（14）
图一四　M10 出土陶器 ………………………………………………………………………（15）
图一五　M12 平面图 …………………………………………………………………………（16）
图一六　M12 出土陶器 ………………………………………………………………………（17）
图一七　M13 平面图 …………………………………………………………………………（18）
图一八　M13 出土陶器 ………………………………………………………………………（19）
图一九　M15 平面图 …………………………………………………………………………（20）
图二〇　M15 出土器物 ………………………………………………………………………（20）
图二一　M18 平面图 …………………………………………………………………………（21）
图二二　M18 出土陶壶（M18∶1）……………………………………………………………（22）
图二三　M22 平面图 …………………………………………………………………………（22）
图二四　M25 平面图 …………………………………………………………………………（23）
图二五　M25 出土陶器 ………………………………………………………………………（24）
图二六　M28 平面图 …………………………………………………………………………（25）
图二七　M28 出土陶器 ………………………………………………………………………（26）
图二八　M32 平面图 …………………………………………………………………………（27）

图二九	M32 出土陶壶（M32:1）	(28)
图三〇	M33 平、剖面图	(29)
图三一	M33 出土陶器	(30)
图三二	M34 平面图	(30)
图三三	M38 平面图	(31)
图三四	M38 出土器物	(33)
图三五	M41 平面图	(34)
图三六	M41 出土陶器	(35)
图三七	M42 平面图	(37)
图三八	M42 出土铜器	(38)
图三九	M52 平面图	(39)
图四〇	M52 出土陶器	(39)
图四一	M54 平、剖面图	(40)
图四二	M54 出土陶器	(41)
图四三	M55 平面图	(42)
图四四	M55 出土器物	(44)
图四五	M58 平面图	(45)
图四六	M58 出土器物	(46)
图四七	M60 平面图	(47)
图四八	M60 出土陶器	(47)
图四九	M62 平、剖面图	(48)
图五〇	M62 出土陶器	(49)
图五一	M68 平面图	(50)
图五二	M68 出土陶器	(51)
图五三	M71 平面图	(52)
图五四	M71 出土器物	(53)
图五五	M76 平面图	(54)
图五六	M76 出土陶器	(55)
图五七	M79 平、剖面图	(56)
图五八	M79 出土陶器	(57)
图五九	M6 平面图	(58)
图六〇	M11 平面图	(58)
图六一	M21 平面图	(59)
图六二	M36 平面图	(59)
图六三	M37 平面图	(60)

图六四	M46 平面图	(61)
图六五	M61 平面图	(62)
图六六	M65 平面图	(62)
图六七	M66 平面图	(63)
图六八	M75 平、剖面图	(64)
图六九	陶鼎形制示意图	(65)
图七〇	陶豆形制示意图	(66)
图七一	陶敦形制示意图	(66)
图七二	陶壶形制示意图	(67)
图七三	陶鬲形制示意图	(68)
图七四	陶罐形制示意图	(69)
图七五	陶盂形制示意图	(70)
图七六（一）	东周墓葬出土典型器物分期图	(74)
图七六（二）	东周墓葬出土典型器物分期图	(75)
图七七	M3 平面图	(78)
图七八	M3 出土陶双耳罐（M3∶1）	(79)
图七九	M7 平面图	(80)
图八〇	M7 出土器物	(81)
图八一	M9 平、剖面图	(82)
图八二	M9 出土陶器	(83)
图八三	M14 平、剖面图	(84)
图八四	M14 出土陶双耳罐（M14∶1）	(85)
图八五	M16 平面图	(85)
图八六	M17 平面图	(87)
图八七	M19 平面图	(88)
图八八	M19 出土陶器	(89)
图八九	M20 平面图	(90)
图九〇	M20 出土陶器	(90)
图九一	M23 平、剖面图	(91)
图九二	M23 出土陶器	(92)
图九三	M24 平面图	(92)
图九四	M24 墓室墓砖拓片	(93)
图九五	M26 平面图	(94)
图九六	M26 出土陶器	(94)
图九七	M27 平、剖面图	(95)

图九八	M27 出土陶器	(96)
图九九	M31 平、剖面图	(97)
图一〇〇	M35 平面图	(98)
图一〇一	M39 平面图	(99)
图一〇二	M39 出土陶釜甑（M39:2、M39:3）	(99)
图一〇三	M40 平面图	(100)
图一〇四	M40 出土陶器	(101)
图一〇五	M43 平面图	(102)
图一〇六	M43 出土陶器	(103)
图一〇七	M44 平面图	(104)
图一〇八	M45 平面图	(105)
图一〇九	M47 平面图	(106)
图一一〇	M47 出土陶双耳罐（M47:1）	(106)
图一一一	M48 平面图	(107)
图一一二	M48 出土陶器	(108)
图一一三	M49 平面图	(109)
图一一四	M49 出土陶釜甑（M49:1）	(109)
图一一五	M50 平面图	(110)
图一一六	M50 出土陶器	(111)
图一一七	M51 平面图	(112)
图一一八	M51 出土器物	(113)
图一一九	M53 平面图	(115)
图一二〇	M53 出土陶器	(116)
图一二一	M56 平、剖面图	(117)
图一二二	M56 出土器物	(118)
图一二三	M59 平面图	(119)
图一二四	M64 平、剖面图	(120)
图一二五	M67 平、剖面图	(121)
图一二六	M69 平面图	(122)
图一二七	M69 出土陶器	(123)
图一二八	M70 平面图	(124)
图一二九	M70 出土陶双耳罐（M70:2）	(125)
图一三〇	M72 平面图	(126)
图一三一	M72 出土陶器	(127)
图一三二	M73 平、剖面图	(128)

图一三三	M73出土陶器	（130）
图一三四	M74平面图	（132）
图一三五	M74出土陶器	（133）
图一三六	M77平面图	（134）
图一三七	M77出土陶鍪（M77∶1）	（134）
图一三八	M78平面图	（135）
图一三九	M80平面图	（136）
图一四〇	M80出土器物	（136）
图一四一	M81平面图	（137）
图一四二	M81出土陶器	（138）
图一四三	M29平面图	（140）
图一四四	M63平面图	（140）
图一四五	陶双耳罐形制示意图	（141）
图一四六	陶壶形制示意图	（142）
图一四七	陶鼎形制示意图	（143）
图一四八	陶盒形制示意图	（144）
图一四九	陶仓形制示意图	（144）
图一五〇	陶灶形制示意图	（145）
图一五一	陶釜甑形制示意图	（146）
图一五二	陶井形制示意图	（147）
图一五三	陶盆形制示意图	（147）
图一五四	陶钵形制示意图	（148）
图一五五	陶鍪形制示意图	（148）
图一五六	陶釜形制示意图	（149）
图一五七	陶温鍪形制示意图	（149）
图一五八	陶罐形制示意图	（149）
图一五九	陶瓮形制示意图	（150）
图一六〇	秦汉墓葬出土典型器物分期图	（154）
图一六一	M30平、剖面图	（156）
图一六二	M30墓室壁砖拓片	（157）
图一六三	M57平面图	（157）
图一六四	M57出土银饰（M57∶1）	（158）

彩版目录

彩版一　刘家沟口墓地鸟瞰
彩版二　东周、秦汉时期墓葬
彩版三　秦汉时期墓葬
彩版四　东周时期墓葬出土陶器
彩版五　东周时期墓葬出土陶、铜器
彩版六　东周时期墓葬出土铜、骨器
彩版七　秦汉时期墓葬出土陶器
彩版八　秦汉、宋代墓葬出土陶、铜、银器

图版目录

图版一　东周时期墓葬
图版二　东周时期墓葬
图版三　东周时期墓葬
图版四　东周时期墓葬
图版五　东周时期墓葬
图版六　东周时期墓葬
图版七　东周时期墓葬
图版八　东周时期墓葬
图版九　秦汉时期墓葬
图版一〇　秦汉时期墓葬
图版一一　秦汉时期墓葬
图版一二　秦汉时期墓葬
图版一三　秦汉时期墓葬
图版一四　秦汉时期墓葬
图版一五　秦汉、宋代墓葬
图版一六　东周时期墓葬出土陶器
图版一七　东周时期墓葬出土陶器
图版一八　东周时期墓葬出土陶器
图版一九　东周时期墓葬出土陶器
图版二〇　东周时期墓葬出土陶器
图版二一　东周时期墓葬出土陶器
图版二二　东周时期墓葬出土陶器
图版二三　东周时期墓葬出土陶器
图版二四　东周时期墓葬出土陶器
图版二五　东周时期墓葬出土陶器
图版二六　东周时期墓葬出土陶器
图版二七　东周时期墓葬出土陶器
图版二八　东周时期墓葬出土陶器

图版二九　东周时期墓葬出土陶器
图版三〇　东周时期墓葬出土陶、铜器
图版三一　东周时期墓葬出土铜、玉器
图版三二　秦汉时期墓葬出土陶器
图版三三　秦汉时期墓葬出土陶器
图版三四　秦汉时期墓葬出土陶器
图版三五　秦汉时期墓葬出土陶器
图版三六　秦汉时期墓葬出土陶器
图版三七　秦汉时期墓葬出土陶器
图版三八　秦汉时期墓葬出土陶器
图版三九　秦汉时期墓葬出土陶器
图版四〇　秦汉时期墓葬出土陶器
图版四一　秦汉时期墓葬出土陶器
图版四二　秦汉时期墓葬出土陶器
图版四三　秦汉时期墓葬出土陶器
图版四四　秦汉时期墓葬出土陶器
图版四五　秦汉时期墓葬出土陶器
图版四六　秦汉时期墓葬出土陶器
图版四七　秦汉时期墓葬出土陶器
图版四八　秦汉时期墓葬出土陶器、铜钱

第一章 概　　述

第一节　地理环境与历史沿革[①]

淅川县位于河南省西南部，与陕西、湖北省相邻。北纬32°55′~33°23′，东经110°58′~111°53′。地处鄂、豫、陕三省结合的秦岭、大巴山余脉，南与湖北丹江口市为邻，东北与河南内乡县、西峡县、邓州市相邻，北与陕西商洛县接壤，西与湖北郧县交界。总面积2798平方千米。淅川县平面大致呈南北长条状，地势西北高，东南低，自西北至东南斜长107公里，横宽46公里。北部和西部多为山地，海拔157~1086米，中部和东部为低山丘陵地带，东南地区则为河川平地，境内山峦起伏，河川众多，丹江自西北向东南注入丹江口水库。

淅川历史悠久。舜帝时，属尧之子丹朱的封地。西周时，为楚国熊绎的封地。春秋时，分属楚国及其附庸国鄀国地。战国时，西北部为秦国商於地，余为楚国丹淅地。周赧王三年（公元前312年），秦楚丹阳之战后全归于秦。秦昭襄王三年（公元前304年），秦楚黄棘之会后，归楚。九年（公元前298年），复归秦。秦始皇二十六年（公元前221年），设丹水、中乡二县，属南阳郡。西汉时期分属三县：北、中部属析县；西南为丹水县，属弘农郡；东南为顺阳县，属南阳郡。哀帝时，顺阳改为博山，封为侯国。东汉，博山复改名顺阳，仍为侯国，与丹水县同属荆州南阳郡，并封南乡三户亭为侯地。建安十三年（208年），升南乡为郡，下辖丹水县、南乡县和顺阳侯国。三国魏时，设丹水、南乡、顺阳三县，属南乡郡。晋时，南乡郡改为顺阳郡，下辖顺阳、丹水、南乡三县。南北朝时，北魏由荆州分置析州析阳郡，下辖东西二析阳县。南部的顺阳郡治南乡，并领丹水、顺阳等县。西魏改东西析阳县为中乡和淅川二县（淅川之名始见于此），并领淅州治南乡县，辖南乡、顺阳、丹川、秀山等郡十余县及侨县。北周，淅川并入中乡，属淅阳郡。其他郡县合并撤销后，设南乡郡与顺阳郡，辖丹水、清乡、南乡三县，均属荆州。隋，改南乡郡为县，并改清乡为顺阳。大业十三年（617年）撤丹水县。唐，置淅州，并置淅川、丹水、顺阳三县，属山南东道邓州。旋俱废并入内乡。五代，梁复置淅川县，属邓州。宋，太平兴国六年（981年），增设顺阳县。金初，淅川县废，并入内乡；正大年间（1224~1231年）复置，属邓州。元，淅川、顺阳并入内乡，属河南省南阳府邓州。明成化六年（1479年），淅川自内乡分出置县，属南阳府邓州，治马蹬；次年，建县城。清初属南阳

[①] 本节参考了《淅川县志》的相关资料，详情可见《淅川县志》，河南人民出版社，1990年。

府。道光十二年（1832年），改县为厅。光绪三十一年（1905年）升为直隶厅，直属于省。宣统三年（1911年），属南汝光淅道。中华民国二年（1913年）撤厅为县，属汝阳道。道废后直属省。民国二十一年（1932年）属河南省第六行政督察区。1948年，淅川解放，置淅川县人民民主政府，属豫西行署第六专员公署。1949年改为淅川县人民政府，属河南省南阳行政区督察专员公署。1956年改为淅川县人民委员会，1968年改为淅川县革命委员会，1981年复为淅川县人民政府至今。

第二节　发掘与整理经过

刘家沟口墓群位于丹江南岸的二级台地上，隶属于河南省淅川县滔河乡罗山村，东北距淅川新县城46公里，中心地理坐标为北纬33°01′40″，东经111°15′50″，东南为下寨遗址，西北有梁庄墓群（图一）。

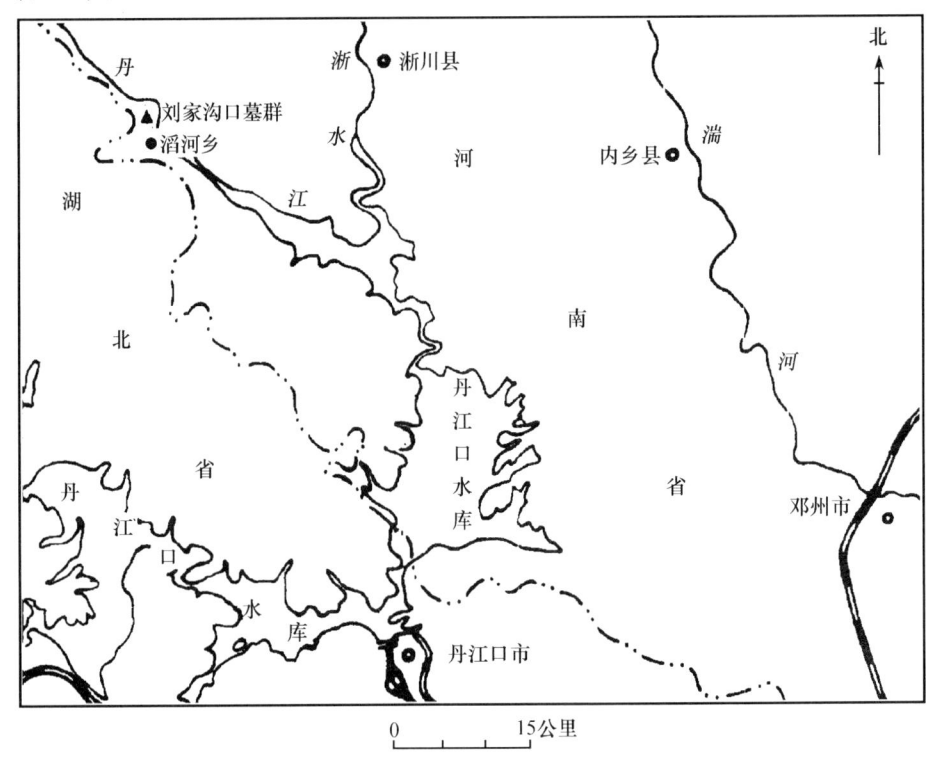

图一　刘家沟口墓群位置图

1994年，为配合南水北调工程，水利部长江水利委员会委托河南省文物考古研究所对刘家沟口墓群进行调查，根据地面出土的陶器和地头发现的墓砖初步判断为汉代墓群，墓地面积为2500平方米。

2008年9～12月，受河南省文物局南水北调办公室的委托，南京博物院和复旦大学文物与博物馆学系承担了2000平方米的发掘和2万平方米的钻探任务，主要工作由复旦大学负责。

2008年9月20日，由复旦大学文物与博物馆学系师生牵头，与南京博物院考古研究所、南阳市文物考古研究所、淅川文物局联合组成考古队进驻工地，对刘家沟口墓地进行全面的钻探和发掘工作。

由于墓葬具体位置不明，我们对罗山村北的高地全部进行了普探，墓葬基本分布在大河口（当地名）的西北至罗山岭下。有砖室墓和土坑墓，全部开口于耕土层下，砖室墓在20世纪六七十年代被破坏，土坑墓的顶部由于附近烧砖也被破坏。

鉴于刘家沟口墓葬分布比较集中，且开口较浅，故采用大面积布方进行全面揭露的方式发掘，共布10米×10米的探方29个，5米×10米探方2个，编号为直角坐标法，前两位数字为横坐标、后两位为纵坐标。考虑到罗山村庄下还有墓葬，故目前发掘的探方编号以T5050开始，发掘坐标基点也定在T5050的西南角。墓葬编号根据其发现的先后顺序标号。此次实际发掘面积3100平方米，清理各类墓葬81座（图二）。

此次发掘工作的领队为南京博物院考古研究所的田名利研究员和复旦大学文物与博物馆学系高蒙河教授，主持日常发掘的为复旦大学文物与博物馆学系吴小平，先后参加发掘的有刘晓婧、张立志、周畅、贾博宇。

整理工作由吴小平主持。参加人员有潘碧华、吕俊耀、陈航、戎静侃、张思懿、佘阳子、韩猛和曾谦。

刘家沟口墓地的发掘和整理工作是在河南省文物局的领导下进行的，得到河南省文物局、南阳市文物考古研究所的大力支持。

第二章 东周时期墓葬

第一节 墓葬介绍

东周时期的墓葬共清理了 39 座,均开口于耕土层下,打破生土层。墓葬形制为竖穴土坑墓。现分别介绍如下。

一、M1

1. 墓葬形制与结构

该墓位于 T5051、T5151 的中部,开口于表土层下,距地表深 20 厘米。墓葬形制为竖穴土坑墓,平面呈长方形,无墓道。方向 108°(图三;图版一,1)。

墓室 坑口长 280、宽 170 厘米,坑壁光滑斜直内收。底长 260、宽 146、深 82 厘米。

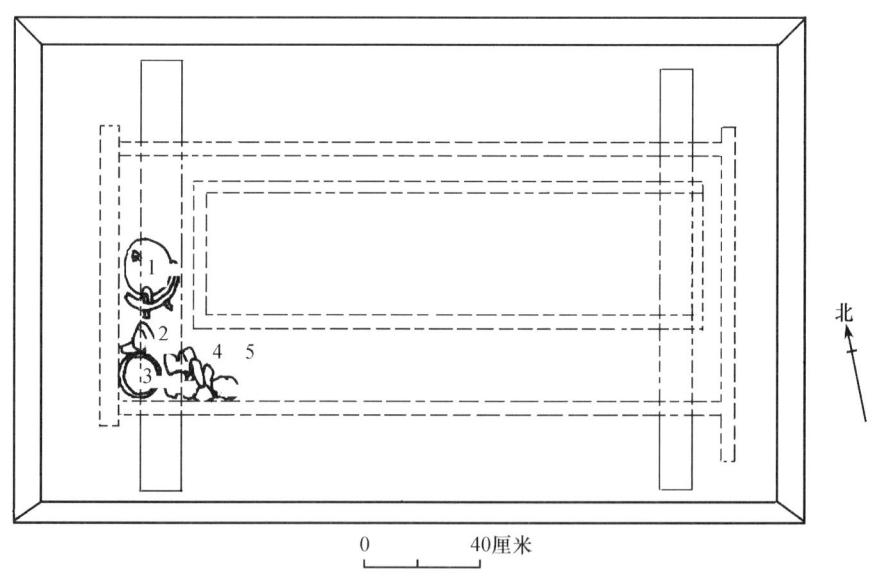

图三 M1 平面图
1. 陶鼎 2、5. 陶豆 3. 陶敦 4. 陶壶

填土为回填的五花土，土色黄褐，质黏。

葬具　单棺单椁，椁两端下各置有枕木，均朽，唯发现青灰色的朽痕。椁痕位于墓室中部，长224、宽102厘米；棺痕位于椁内靠东，长180、宽50厘米；枕木朽槽，位于椁的两端，长144厘米，宽度不一，东边宽12厘米，西边宽14厘米，深度约6厘米。

葬式　人骨已朽，葬式不明。

2. 随葬品

器物均出自椁室西端，出土5件陶器，器形有鼎、敦、豆、壶，泥质红褐陶，外施一层银灰色陶衣，素面。陶质十分疏松，易碎，仅修复3件。

陶鼎　1件。M1:1，子母敛口，弧腹内收成圜底，下置三矮兽蹄足。上置平顶器盖，盖面平均施三圆环纽，腹中部两侧置对称方耳。口径15.4、通高16.7厘米（图四，1；图版一六，1）。

陶豆　2件。仅修复1件。M1:2，圆唇，敞口，弧腹，短粗柄，喇叭状圈足。口径11.4、底径8.8、高11.4厘米（图四，2；图版二七，1）。

陶敦　1件。M1:3，盖无法修复，仅剩器身。方唇，敛口，腹略外鼓，弧腹内收为圜底，三矮兽蹄足。口径17.5、高10.4厘米（图四，3；图版一九，6）。

陶壶因过碎无法修复。

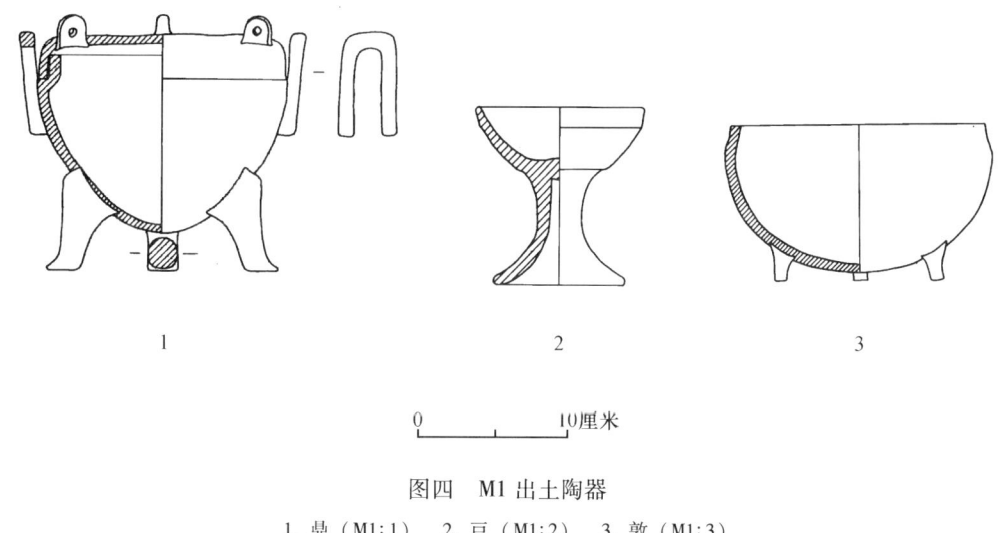

图四　M1出土陶器
1. 鼎（M1:1）　2. 豆（M1:2）　3. 敦（M1:3）

二、M2

1. 墓葬形制与结构

M2位于T5051和T5151的中北部。开口于表土层下，距地表深20厘米。墓葬形制为竖穴土坑墓，平面呈长方形，无墓道。方向85°（图五；图版一，2）。

墓室　坑口长318、宽216厘米，坑壁光滑斜直内收。底长310、宽208厘米，深84厘米。填土为回填的五花土，土色红褐，质黏。

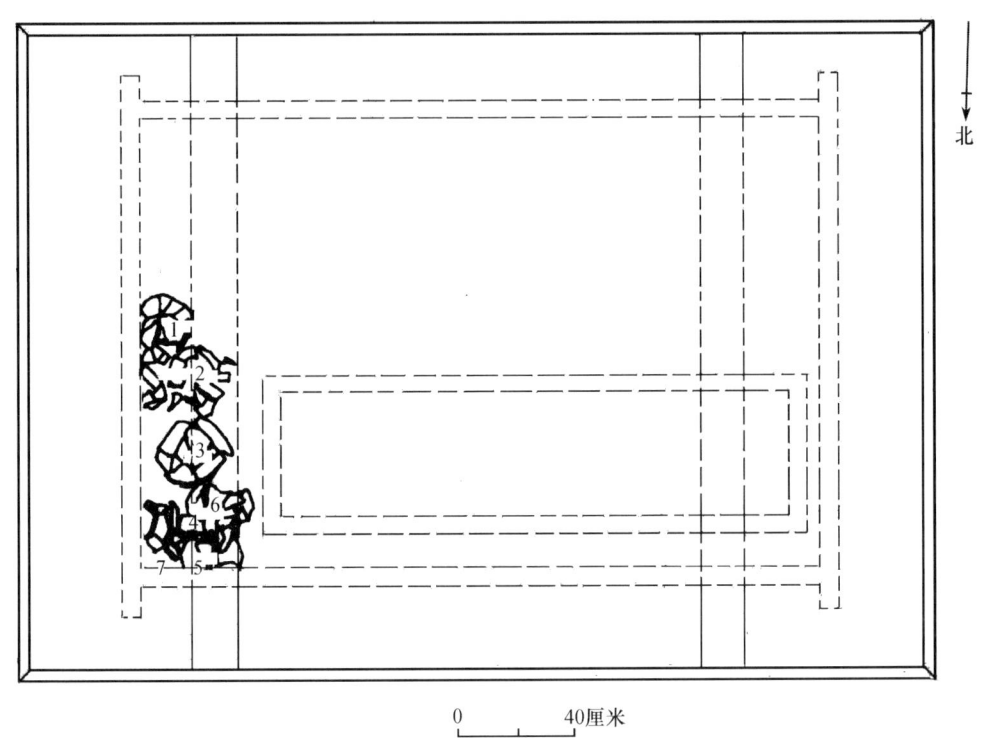

图五　M2平面图
1. 陶盘匜　2、3. 陶敦　4、5. 陶鼎　6、7. 陶壶

葬具　单棺单椁，椁两端下各置有枕木，均朽，唯发现青灰色的朽痕。椁位于墓室中部，长248、宽160厘米；棺位于椁室的北端，长192、宽52厘米；枕木朽槽，位于椁室两端，长度与墓室底部相同，宽16、深6厘米。

葬式　人骨已朽，葬式不明。

2. 随葬品

器物均出自椁室的东端，出土7件陶器，器形有盘匜、敦、鼎、壶。为泥质红褐陶，外施银灰色陶衣。陶质疏松易碎，素面。

陶盘匜　1套。M2:1，盘略侈口、方唇，浅弧腹，平底下置矮圈足。口径16.7、底径11.5、高3厘米。匜平面呈椭圆形，直口，弧腹内收为平底，一侧施长流，上翘。长14.4、通高4.5厘米（图六，1；图版三〇，1）。

陶敦　2件。形制和大小相同。M2:2，椭圆形，方唇，深弧腹，圜底，顶和底均对称置三扁兽蹄足。口径16、通高24厘米（图六，2；图版二〇，1）。M2:3与M2:2形制、大小均一致（彩版四，1）。

陶鼎 2件。M2:4，敛口，方唇，弧腹内收为圜底，下置三圆兽蹄足，腹中部两侧对称置长方形耳。盖无法修复。口径14、通高17.2厘米（图六，3；图版一六，2）。M2:5因过碎未修复。

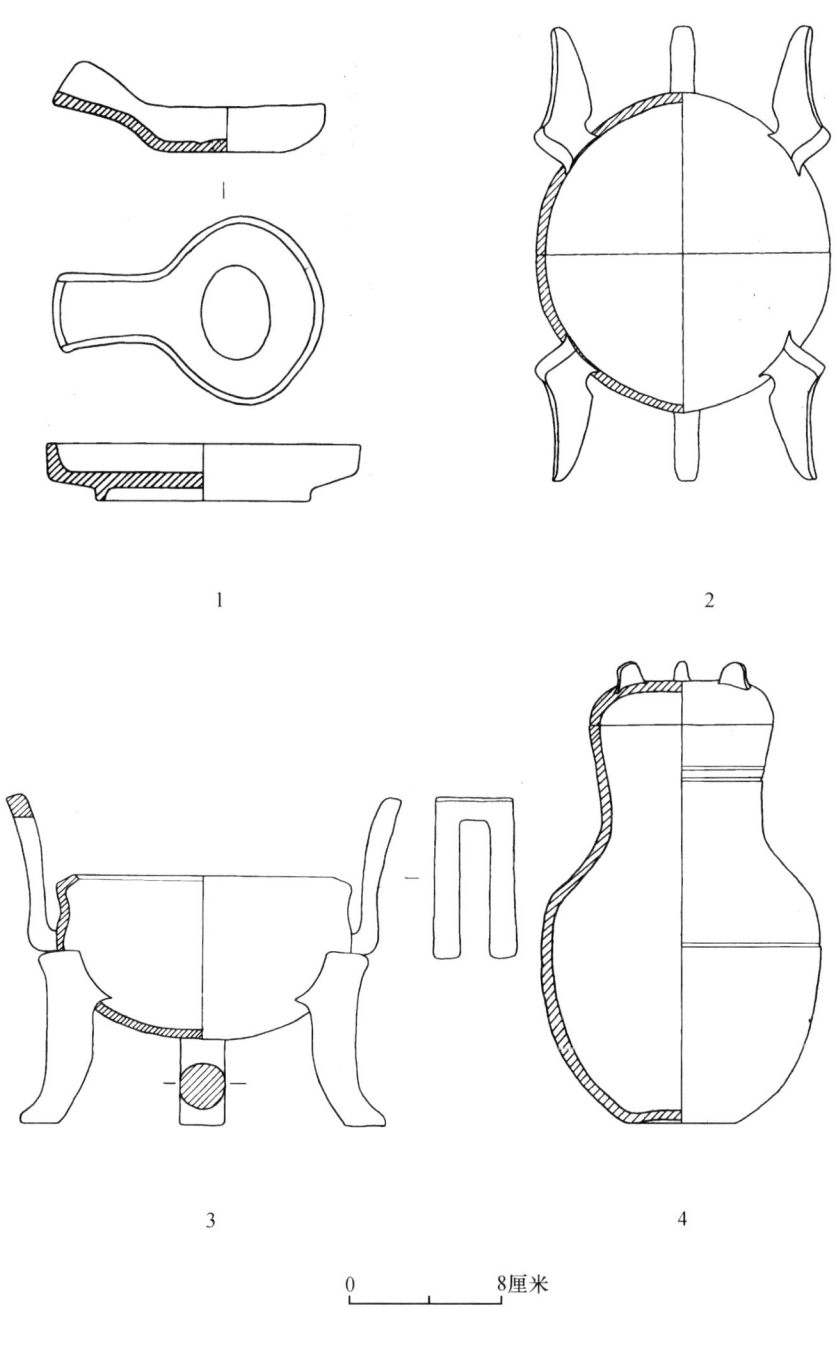

图六 M2出土陶器

1. 盘、匜（M2:1） 2. 敦（M2:2） 3. 鼎（M2:4） 4. 壶（M2:6）

陶壶　2件。M2:6，口略外侈，方唇，短弧粗颈，溜肩，深鼓腹内收为凹圜底。上置器盖，平顶，面上对称分布三圆环钮。口径9.8、底径6、通高24.6厘米（图六，4；图版二五，2）。M2:7与M2:6形制、大小均一致（图版二五，3）。

三、M4

1. 墓葬形制

位于T5252的西南角。开口于表土层下，距地表深20厘米。墓葬形制为竖穴土坑墓，平面呈长方形，无墓道。方向107°（图七；彩版二，1）。

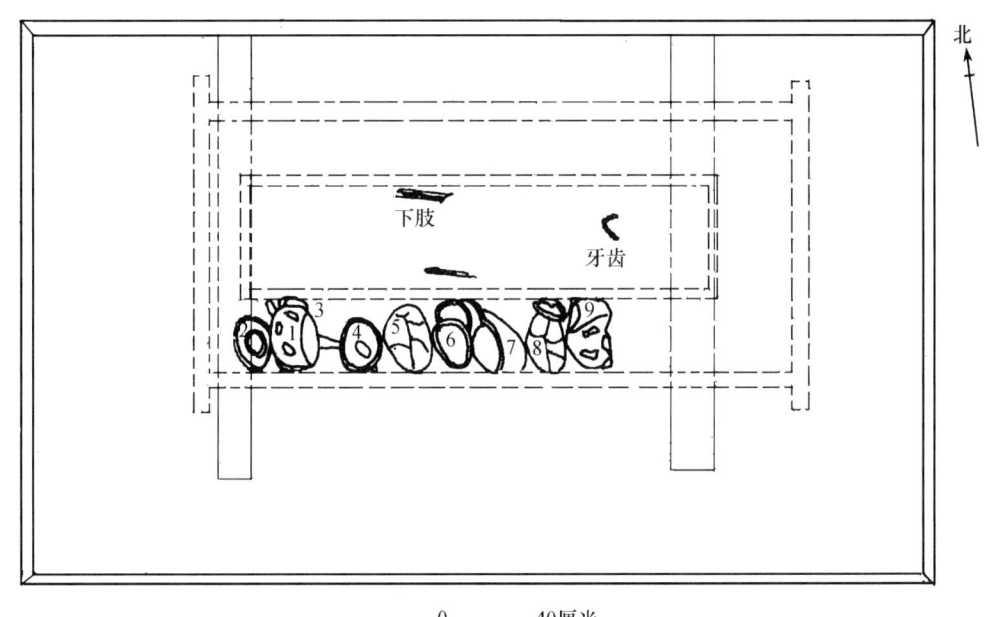

图七　M4平面图
1、4. 陶鼎　2、3. 陶豆　5. 陶盘、匜　6、7. 陶敦　8、9. 陶壶

墓室　坑口长360、宽210厘米，坑壁光滑略斜直内收。底长350、宽200厘米，深84厘米。填土为回填的五花土，土色红褐，质黏。

葬具　单棺单椁，椁两端下各置有枕木，均朽，唯发现青灰色的朽痕。椁位于墓室的中北部，长240、宽106厘米；棺位于椁室的中部，长188、宽46厘米；枕木朽糟，位于椁的两端，长168厘米，东边宽18、西边宽12、深8厘米。

葬式　人骨已朽，葬式不明，仅发现牙齿朽痕和两端下肢朽痕，头向107°。

2. 随葬品

均出自南部椁室内，共9件陶器，为泥质红褐陶，外施银灰色陶衣，陶质疏松易碎。器形有鼎、豆、敦、壶、盘匜。

陶鼎　2件。M4:1，子母敛口，弧腹斜内收圜底，下置三兽蹄足。器盖顶平，面上均等置三圆纽。口径15.8、通高14.5厘米。M4:4因过碎未能修复（图八，1；图版一六，3）。

陶豆　2件。M4:2，敞口、尖唇，长柄下为喇叭状圈足。口径12.6、底径8.6、高15.4厘米（图八，2；图版二七，2）。M4:3因过碎未能修复。

陶盘匜　1套。M4:5，盘圆唇，浅腹弧内收，下为矮圈足。口径17.4、高4.3厘米（图八，4）。匜为勺状，口沿外侈，斜弧腹内收为平底。一侧施长流翘起。器内有一圆形模印痕。长15.6、高2.6厘米（图八，3；图版三〇，2）。

陶敦　2件。盖均未能修复。M4:6，敛口，方唇，鼓腹弧内收为近平底，下置三矮兽蹄足。腹上部两侧施对称环耳。口径15.6、高8.6厘米（图八，5；图版二〇，2）。M4:7器形大小与之接近（图版二〇，3）。

陶壶　2件。因过碎均未能修复。

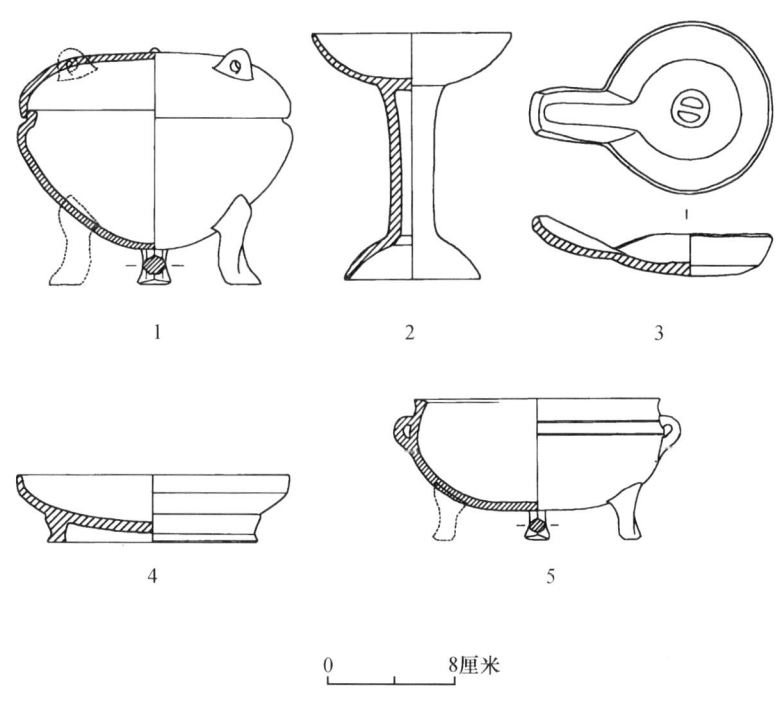

图八　M4出土陶器

1. 鼎（M4:1）　2. 豆（M4:2）　3、4. 盘匜（M4:5）　5. 敦（M4:6）

四、M5

1. 墓葬形制与结构

位于T5352、T5252、T5251的中部。开口于表土层下，距地表深20厘米。墓葬形制为竖穴土坑墓，平面呈长方形，无墓道。方向95°（图九；图版一，3）。

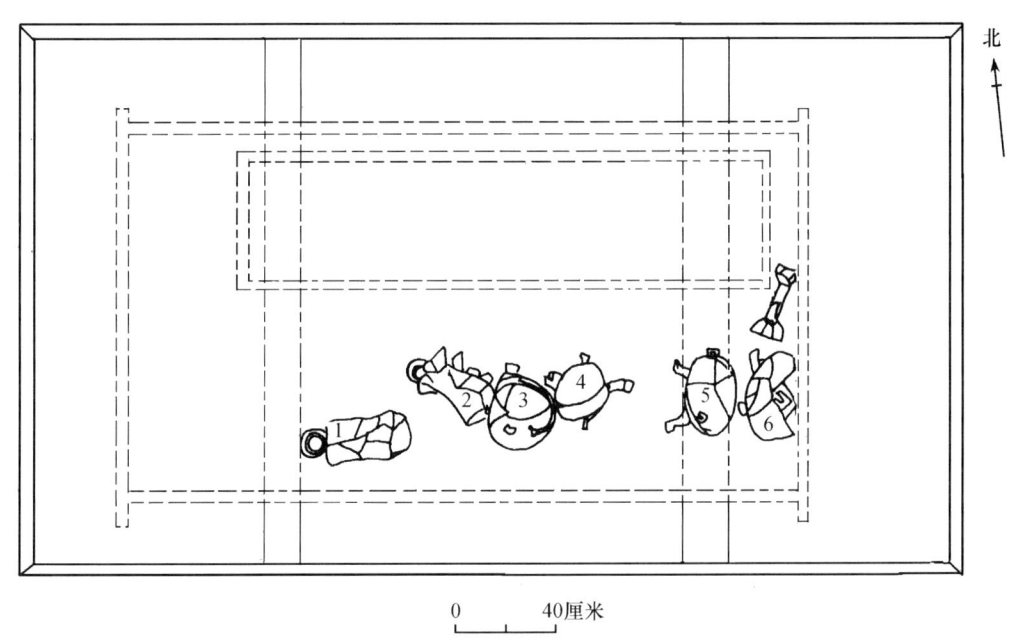

图九 M5平面图
1、2. 陶壶 3、4. 陶敦 5、6. 陶鼎 7. 陶豆

墓室 坑口长380、宽230厘米，坑壁光滑斜直内收。底长370、宽220厘米，深180厘米。填土为回填的五花土，土色红褐，质黏。

葬具 单棺单椁，椁两端下各置有枕木，均朽，唯发现青灰色的朽痕。椁位于墓室的中部，长276、宽146厘米；棺位于椁室的北端，长216、宽58厘米；枕木朽槽，长度与墓室底部相同，宽16、深10厘米。

葬式 人骨已朽，葬式不明。

2. 随葬品

均出自椁室的南端，共7件，均为陶器，器形有鼎、壶、敦、豆。

陶壶 2件。泥质灰褐陶，外施银灰色陶衣。陶质疏松易碎。M5:2，侈口，长颈，弧肩，鼓腹弧内收，平底。器盖平。下腹饰交错绳纹。口径12.4、底径7.6、通高26.1厘米（图一〇，1；图版二五，4）。M5:1因太碎未能修复。

陶敦　2件。M5:3，泥质灰褐陶。陶质疏松易碎。侈口、方唇，鼓腹弧内收为圜底，下置三扁足。盖与器身相同。口径17、通高22厘米（图一〇，2）。M5:4与M5:3形制、大小相同（图版二〇，4）。

陶鼎　2件。M5:5，夹砂灰褐陶。陶质疏松易碎。子母敛口，弧腹内收为圜底，下置三兽蹄足。腹部两侧施对称长方形耳。器盖顶端上弧，有一圆形捉纽已脱落。口径21.6、通高22厘米（图一〇，3；图版一六，4）。M5:6与M5:5形制、大小相同（图版一六，5）。

陶豆　1件。M5:7，泥质灰褐陶。尖唇，浅盘口，长柄，喇叭状圈足。口径15、底径10、高19厘米（图一〇，4）。

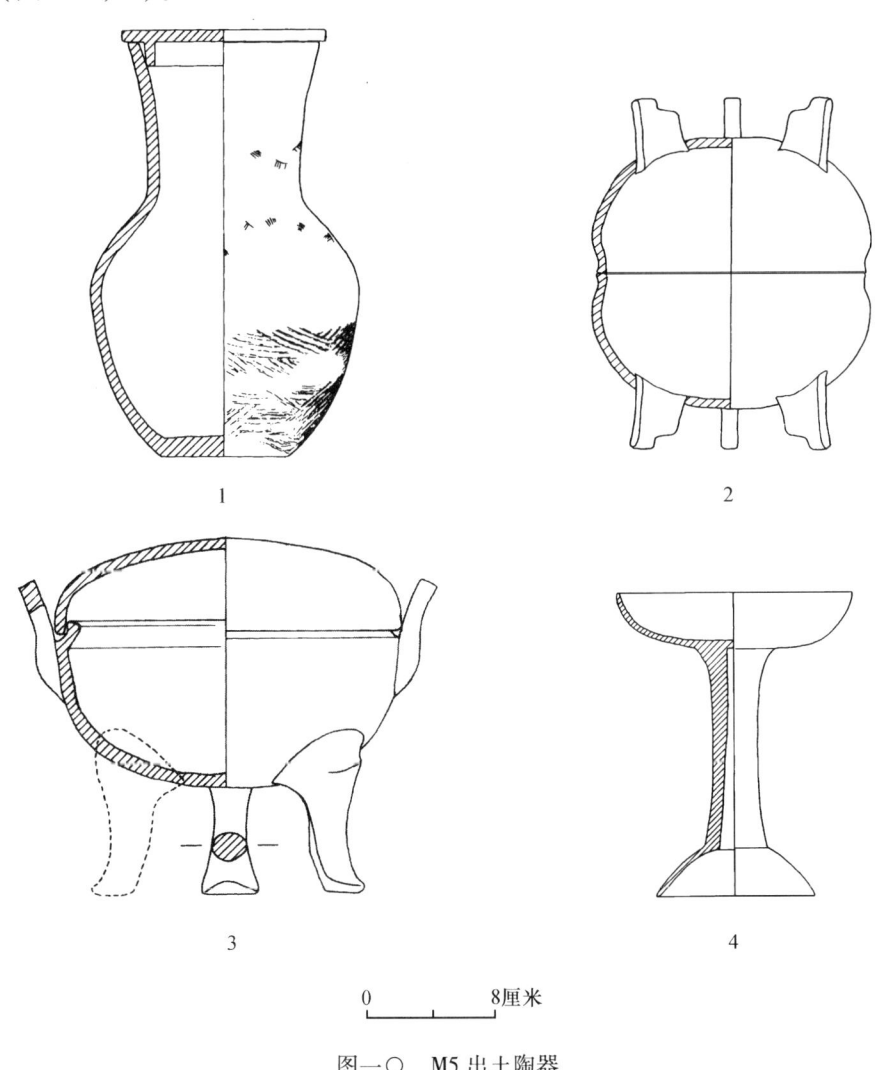

图一〇　M5出土陶器

1. 壶（M5:2）　2. 敦（M5:3）　3. 鼎（M5:5）　4. 豆（M5:7）

五、M8

1. 墓葬形制与结构

位于T5253的中西部，开口于表土层下，距地表深20厘米。墓葬形制为竖穴土坑墓，平面呈长方形，无墓道。方向108°（图一一；图版二，1）。

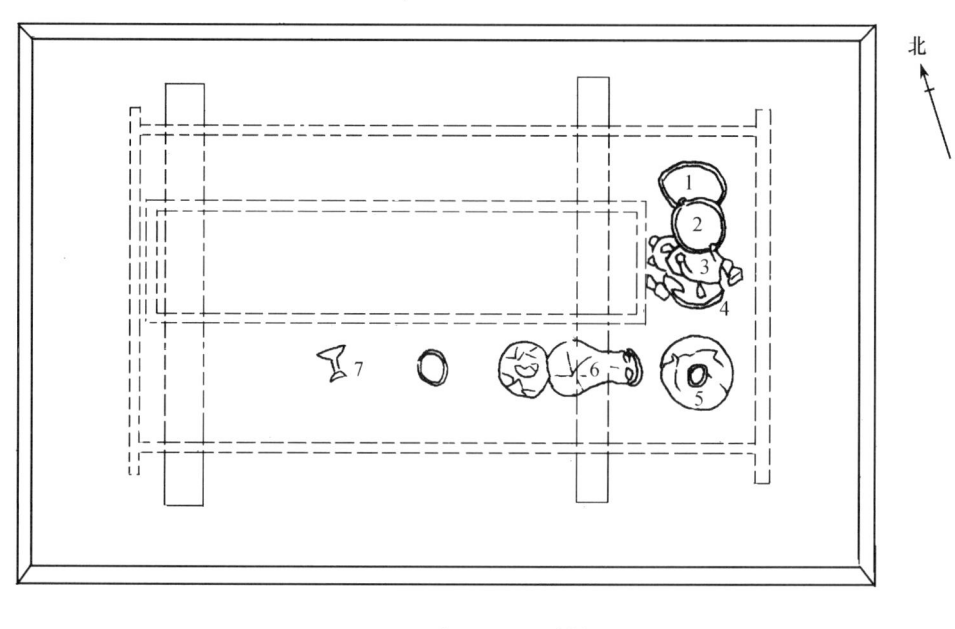

图一一 M8平面图
1、2. 陶敦 3、4. 陶鼎 5、6. 陶壶 7. 陶豆

墓室 坑口长344、宽214厘米，坑壁光滑斜直内收。底长332、宽202厘米，深220厘米。填土为回填的五花土，土色红褐，质黏。

葬具 单棺单椁，椁两端下各置有枕木，均朽，唯发现青灰色的朽痕。椁位于墓室的中部，长260、宽126厘米；棺位于椁室的西北端，长202、宽48厘米；枕木朽槽，长168、宽15、深8厘米。

葬式 人骨已朽，葬式不明。

2. 随葬品

出自椁室的东、南端，均为陶器，器形有鼎、敦、壶、豆。

陶敦 2件。M8:1，泥质红褐陶，外施银灰色陶衣，器身呈扁球状，口略外侈，弧腹内收为圜底，下置三扁足。腹部两侧对称布置环纽。口径20.6、通高25.8厘米（图一二，1；图版二〇，5）。M8：2与M8：1器形、大小均相同（图版二〇，6）。

陶鼎　2件。M8：3，均为泥质红褐陶，外施银灰色陶衣，子母敛口，鼓腹弧内收为圜底，下置三兽蹄足，腹两侧对称施长方形耳。盖顶略上弧，上饰一周凸弦纹，对称布置三纽，纽已残。M8：3，口径18.4、通高20.6厘米（图一二，2；彩版四，3）。M8：4与M8：3器形、大小均一致（图版一六，6）。

陶壶　2件。M8：5、M8：6，甚残，仅M8：5修复口沿和器盖。均为泥质红褐陶，外施银灰色陶衣，子母敛口，长颈。盖顶平，上对称施三纽。口径10.4、残高14厘米（图一二，3）。

陶豆　1件。M8：7，泥质红陶，外施一层银灰色陶衣，圆唇，敞口，浅弧腹，长柄，喇叭状圈足。口径长12.6、底径8.6、高15.6厘米（图一二，4；彩版四，6）。

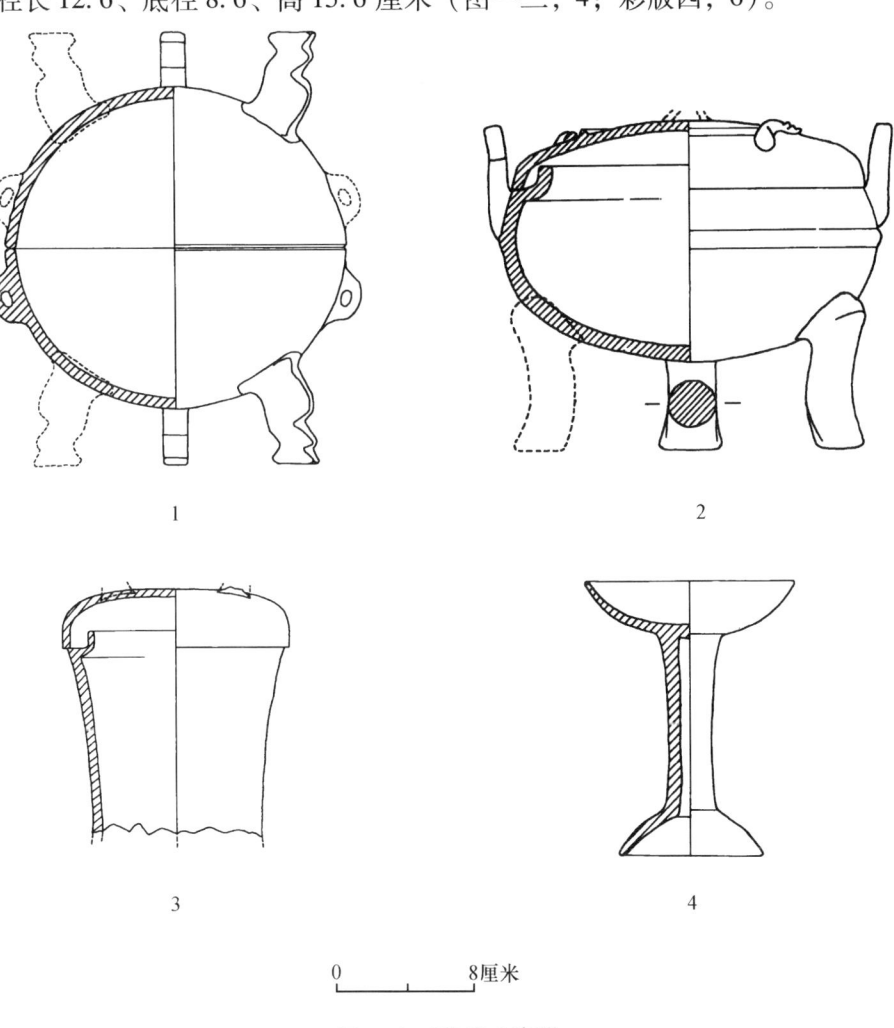

图一二　M8出土陶器
1. 敦（M8：1）　2. 鼎（M8：3）　3. 壶（M8：5）　4. 豆（M8：7）

六、M10

1. 墓葬形制与结构

位于T5252的东北部，开口于表土层下，距地表深20厘米。墓葬形制为竖穴土坑墓，平面呈长方形，无墓道。方向95°（图一三；图版二，2）。

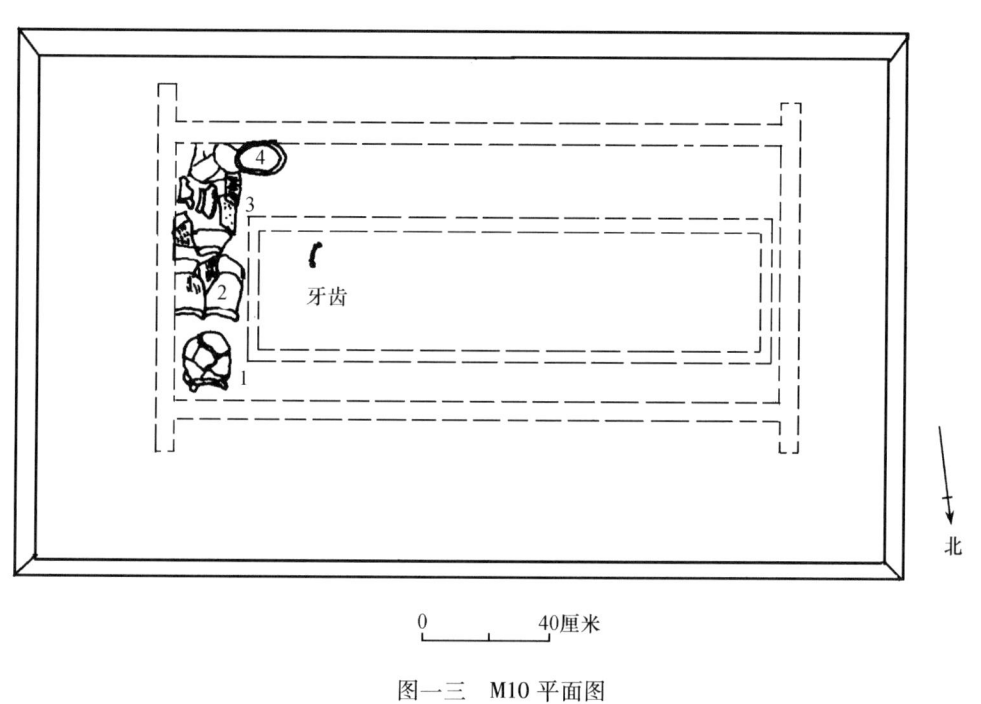

图一三 M10平面图
1. 陶罐 2. 陶盂 3. 陶鬲 4. 陶豆

墓室 坑口长288、宽160厘米，坑壁光滑斜直内收。底长280、宽150厘米，深78厘米。填土为回填的五花土，土色红褐，质黏。

葬具 单椁单棺，均朽，唯发现青灰色的朽痕。椁位于墓室的中西端，长206、宽93厘米；棺位于椁室的西北部，长170、宽48厘米。

葬式 人骨已朽，仅发现牙齿朽痕，头向95°。

2. 随葬品

器物出自椁室的东部，均为陶器，器形有鬲、盂、豆、罐。由于陶质疏松，器物过碎，仅修复盂和豆。

陶盂 1件。M10:2，泥质红陶，外施有一层银灰色陶衣。圆唇，卷沿，短颈，鼓腹弧内收，凹圜底。下腹饰斜粗绳纹。口径15.1、底径5、高16.4厘米（图一四，1；图版二三，5）。

陶豆　1件。M10：4，泥质灰褐陶，圆唇，浅弧腹，直柄，喇叭状圈足。口径12、底径6.9、高12.6厘米（图一四，2；图版二七，3）。

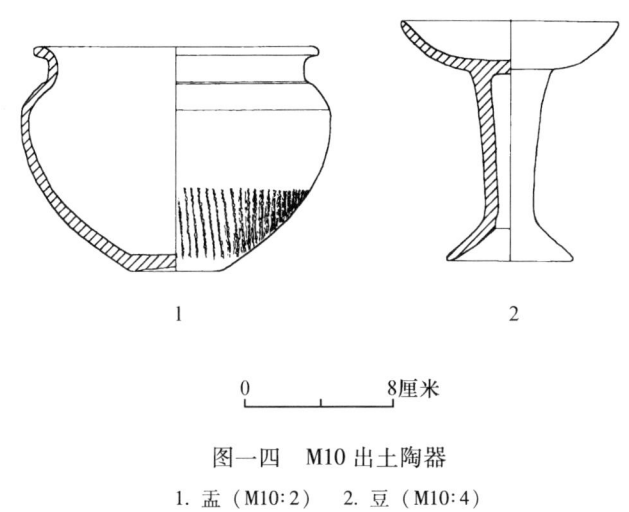

图一四　M10出土陶器
1. 盂（M10：2）　2. 豆（M10：4）

七、M12

1. 墓葬形制与结构

位于T5353和T5253的中北部及扩方内，开口于表土层下，距地表深20厘米。墓葬形制为竖穴土坑墓，平面呈长方形，无墓道。方向135°（图一五；彩版二，2）。

墓室　坑口长406、宽280厘米，坑壁光滑斜直内收。底长314、宽192厘米，深288厘米。填土为回填的五花土，土色红褐，质黏。

葬具　单椁单棺，均朽，唯发现青灰色的朽痕。椁痕位于墓室的中部，长250、宽140厘米。棺痕位于椁室的西北部，长180、宽48厘米。

葬式　人骨已朽，葬式不明。

2. 随葬品

器物均出自椁室的南端，有陶器和铜器，器形有陶鼎、敦、壶、豆、盘匜和铜马衔。

陶壶　2件。泥质红褐陶，外施银灰色陶衣，陶质疏松。M12：1，子母敛口，长颈，溜肩，鼓腹斜内收，圜底内凹。肩腹部两侧对称施铺首衔环。器盖弧起，均匀分布三环纽。口径8.9、底径7.5、高28厘米（图一六，1；图版二五，5）。M12：2因过碎为未能修复。

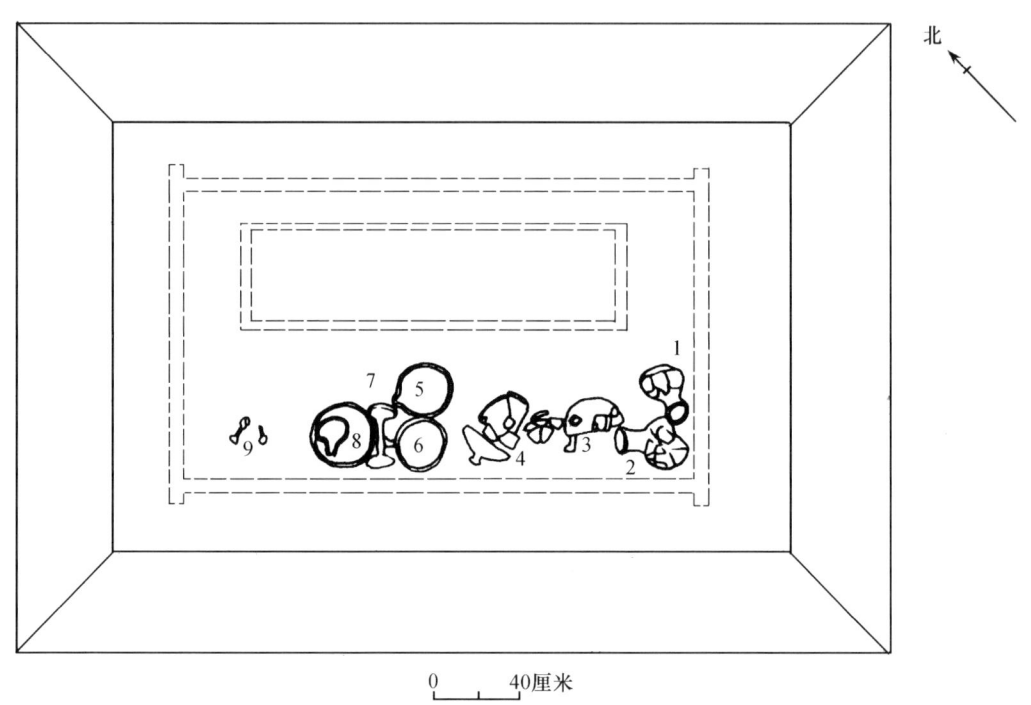

图一五　M12平面图
1、2. 陶壶　3、4. 陶敦　5、6. 陶鼎　7. 陶豆　8. 陶盘匜　9. 铜马衔

陶敦　2件。泥质红褐陶，外施银灰色陶衣，陶质疏松。M12：3，盖无法修复，仅剩器身，敛口，半球腹内收圜底，下置三扁形纽。口径19.6、高11.6厘米（图一六，2；图版二一，1）。M12：4无法修复。

陶鼎　2件。泥质红褐陶，外施一层银灰色陶衣，陶质疏松易碎。M12：5，子母敛口，半球腹，圜底，下置三高兽蹄足外撇。腹两侧对称施两方形耳。器盖上弧，中部有一圆纽。M12：6因过碎未能修复。

陶豆　1件。M12：7，泥质灰褐陶，圆唇，浅盘口，细长柄，中部饰两周弦纹，喇叭状圈足。口径15.3、底径9.3、高20.8厘米（图一六，3；图版二七，4）。

陶盘匜　1套。M12：8，泥质红褐陶，外施一层褐色陶衣。仅匜修复，平面呈勺状，敛口，浅弧腹，平底，流口沿和底均与器身齐平。长17.3、高4厘米（图一六，4；图版三〇，3）。

铜马衔　数枚，均朽呈粉状，无法辨其形制。

第二章　东周时期墓葬

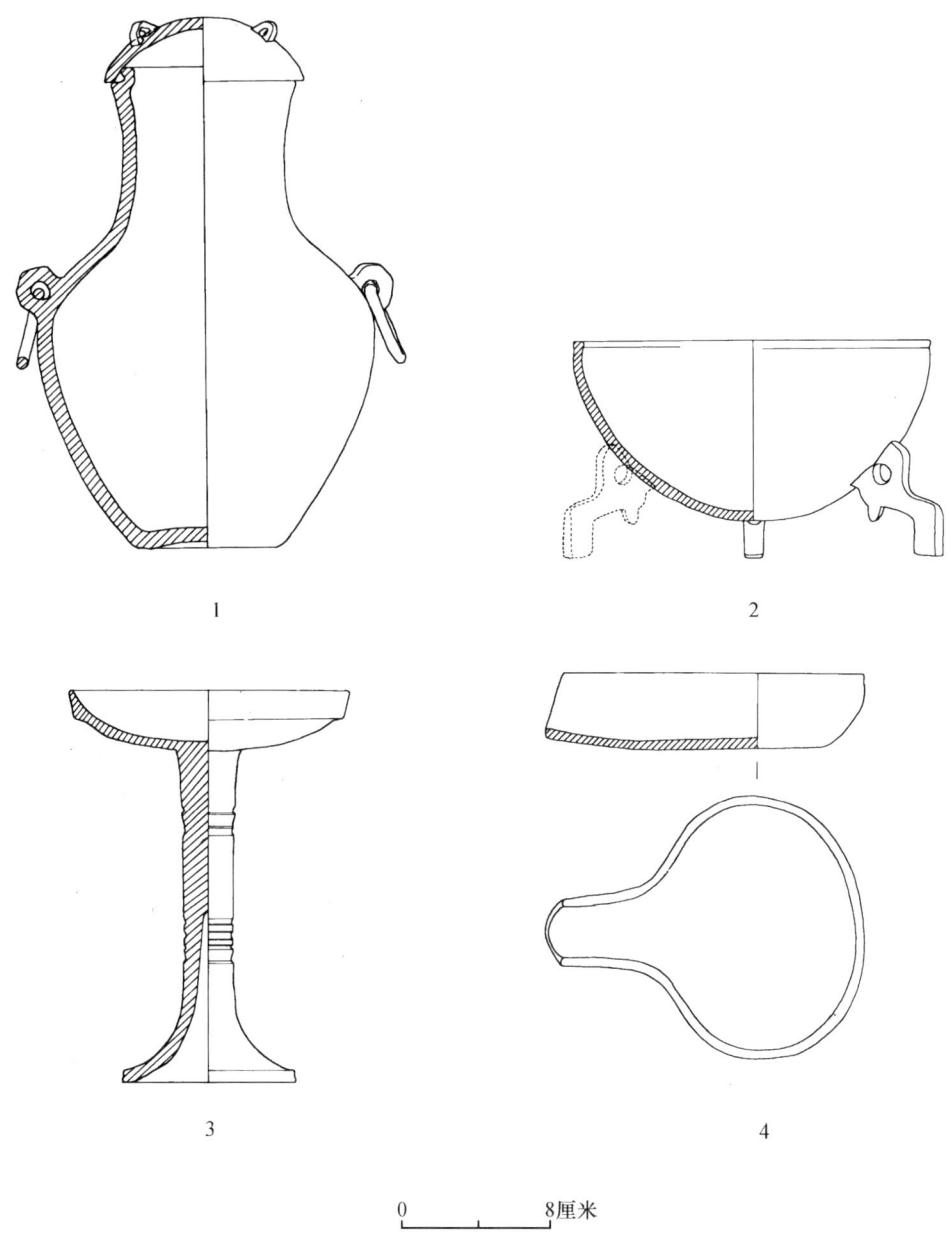

图一六　M12 出土陶器
1. 壶（M12:1）　2. 敦（M12:3）　3. 豆（M12:7）　4. 盘匜（M12:8）

八、M13

1. 墓葬形制与结构

位于T5150的东北部及扩方内，开口于表土层下，距地表深20厘米。墓葬形制为竖穴土坑墓，平面呈长方形，无墓道。方向90°（图一七；图版二，4）。

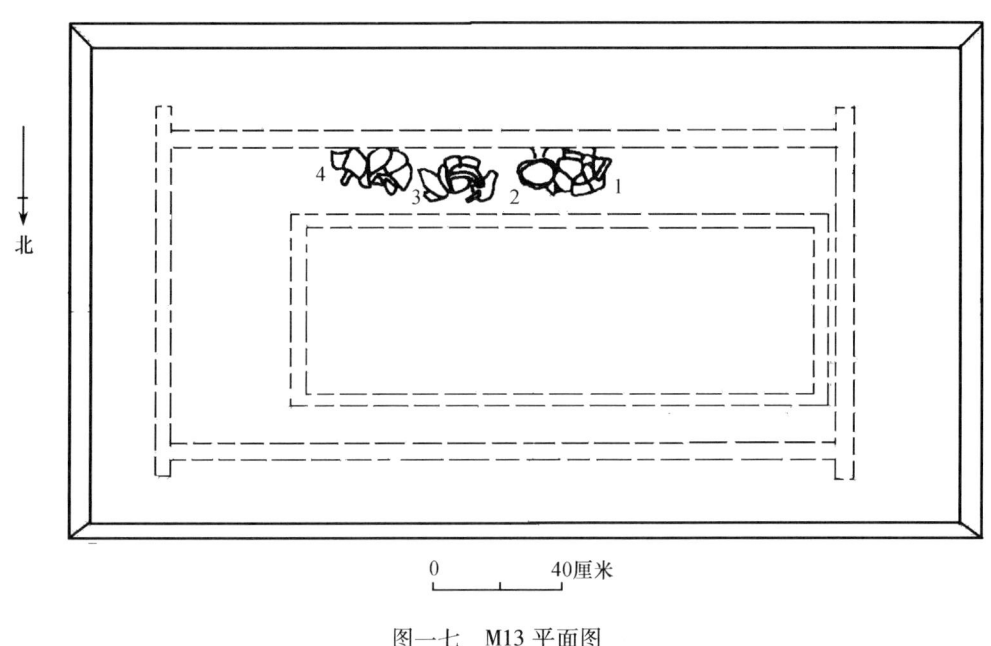

图一七　M13平面图
1. 陶鼎　2. 陶豆　3. 陶罐　4. 陶盂

墓室　坑口长288、宽156厘米，坑壁光滑斜直内收。底长276、宽144厘米，深78厘米。填土为回填的五花土，土色红褐，质黏。

葬具　单椁单棺，均朽，唯发现青灰色的朽痕。椁痕位于墓室的中部，长220、宽103厘米。棺痕位于椁室的西北部，长170、宽56厘米。

葬式　人骨已朽，葬式不明。

2. 随葬品

器物均出自南面的椁室内，为陶器，器形有鼎、豆、罐、盂。

陶鼎　1件。M13:1，夹砂红褐陶。圆唇外翻，侈口，短弧颈，鼓腹圜底，下置三矮兽蹄足。器盖未能修复。口径13、高13.2厘米（图一八，1；图版一七，1）。

陶罐　1件。M13:3，夹砂红陶，方唇，口略侈，高领，弧肩，鼓腹斜内收为凹圜底。

肩部饰两道弦纹，下腹饰竖绳纹。口径10.8、底径6.5、高16厘米（图一八，2；图版二一，5）。

陶盂　1件。M13:4，泥质灰陶，圆唇外翻，侈口，鼓腹斜内收为凹圜底。肩部饰两道弦纹，下腹饰交错绳纹。口径13.5、底径8、高11厘米（图一八，3；图版二三，6）。

陶豆　1件。M13:2，无法修复。

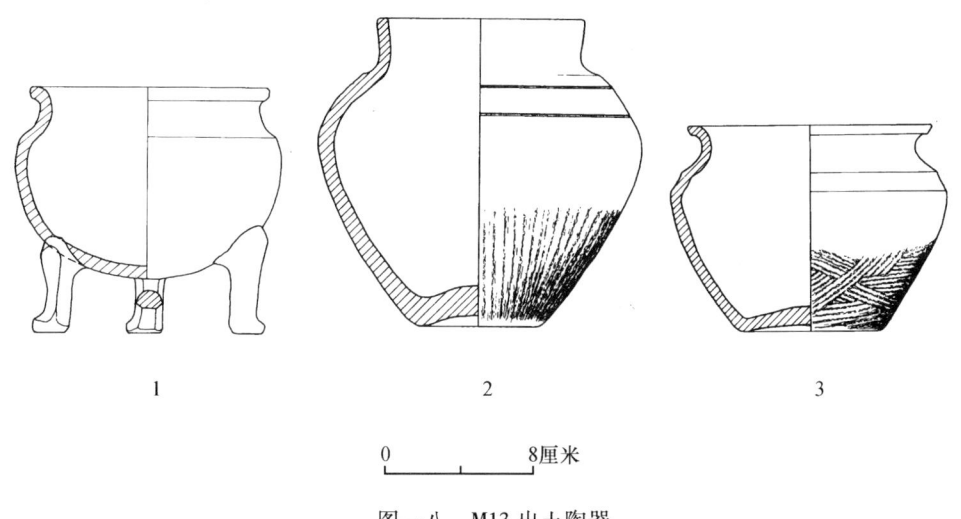

图一八　M13出土陶器
1. 鼎（M13:1）　2. 罐（M13:3）　3. 盂（M13:4）

九、M15

1. 墓葬形制与结构

位于T5552的中西部，开口于表土层下，距地表深20厘米。墓葬形制为竖穴土坑墓，平面呈长方形，无墓道。方向165°（图一九；图版三，1）。

墓室　坑口长370、宽226厘米，坑壁光滑斜直内收。底长326、宽210厘米，深270厘米。填土为回填的五花土，土色红褐，质黏。

葬具　单椁单棺，均朽，唯发现青灰色的朽痕。椁痕位于墓室的中部，长236、宽128厘米。棺痕位于椁室的东部，长184、宽46厘米。

葬式　人骨已朽，葬式不明。

2. 随葬品

器物均出自椁室的西部，有陶器和铜器，器形有陶豆、鼎、壶、敦，铜箭镞。

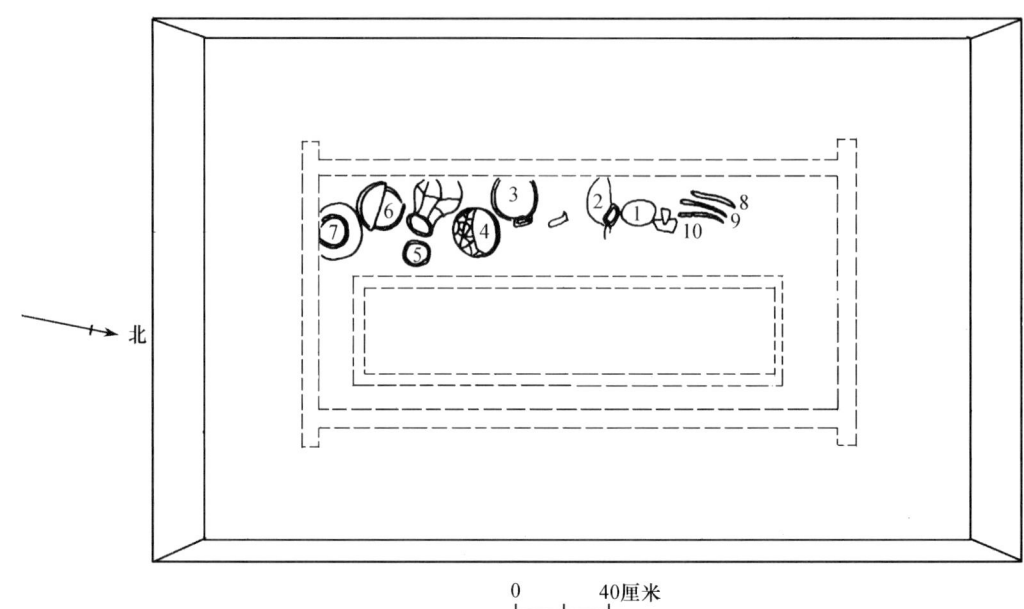

图一九 M15 平面图
1. 陶豆 2、3. 陶鼎 4、6. 陶敦 5、7. 陶壶 8~10. 铜箭镞

陶豆 1件。M15:1，泥质红陶，外施一层银灰色陶衣，圆唇，浅弧腹，长柄，喇叭状圈足。口径11.4、底径8.6、高14.6厘米（图二〇，1；图版二八，1）。

铜箭镞 3枚。形制、大小相同。M15:8，弧刃，四道凹槽，圆铤。长11.5厘米（图二〇，2；彩版五，6）。

其他陶器由于出土时太碎，均无法修复。

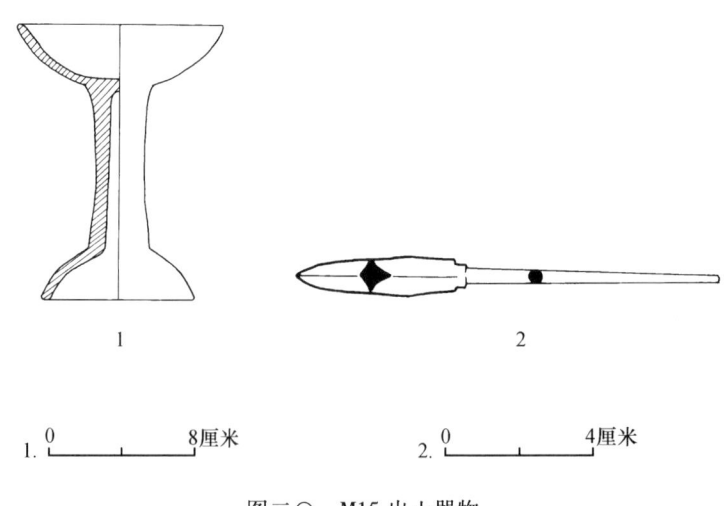

图二〇 M15 出土器物
1. 陶豆（M15:1） 2. 铜箭镞（M15:8）

十、M18

1. 墓葬形制与结构

位于 T5648 的西北部及扩方内，开口于表土层下，距地表深 30 厘米。墓葬形制为竖穴土坑墓，平面呈长方形，无墓道。方向 122°（图二一；图版三，2）。

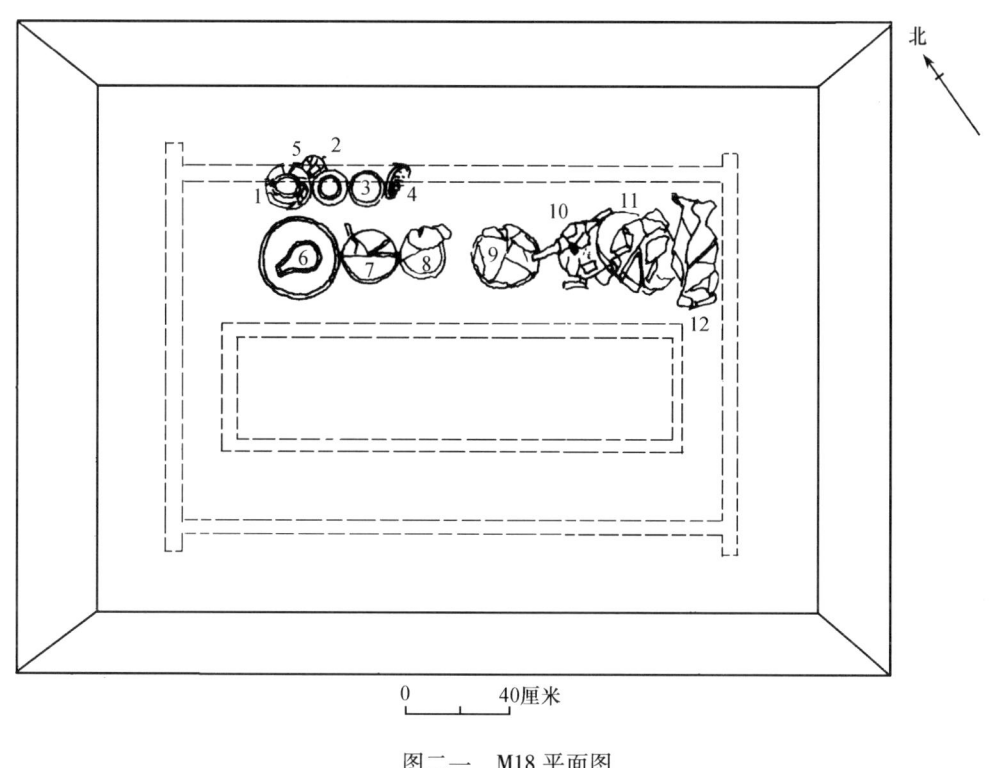

图二一 M18 平面图

1、2. 陶罐 3. 陶甗 4. 陶盂 5. 陶豆 6. 陶盘匜 7、8. 陶敦 9、10. 陶鼎 11、12. 陶壶

墓室 坑口长 340、宽 250 厘米，坑壁光滑斜直内收。底长 290、宽 190 厘米，深 230 厘米。填土为回填的五花土，土色红褐，质黏。

葬具 单椁单棺，均朽，唯发现青灰色的朽痕。椁痕位于墓室的中部，长 210、宽 130 厘米。棺痕位于椁室的中南部，长 180、宽 50 厘米。

葬式 人骨已朽，葬式不明。

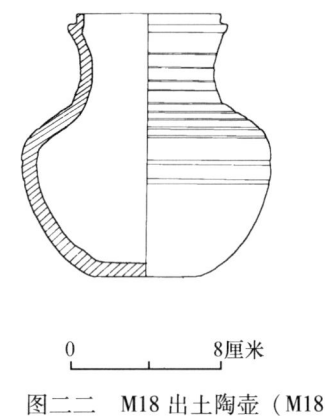

图二二　M18出土陶壶（M18∶1）

2. 随葬品

器物均出自椁室的北部，均为陶器，器形有鼎、敦、壶、豆、盘匜、鬲、盂、罐。但出土时均碎，仅修复壶1件。

陶壶　M18∶1，泥质红褐陶。盖未能修复。子母敛口，粗短颈，鼓腹弧内收平底。器身饰数道凹弦纹。口径7.8、底径6.8、高14.1厘米（图二二；图版二五，6）。

十一、M22

1. 墓葬形制与结构

位于T5450的西北部及扩方内，开口于表土层下，距地表深30厘米。墓葬形制为竖穴土坑墓，平面呈长方形，无墓道。方向80°（图二三；图版三，4）。

墓室　坑口长268、宽180厘米，坑壁光滑竖直，深200厘米。填土为回填的五花土，土色红褐，质黏。

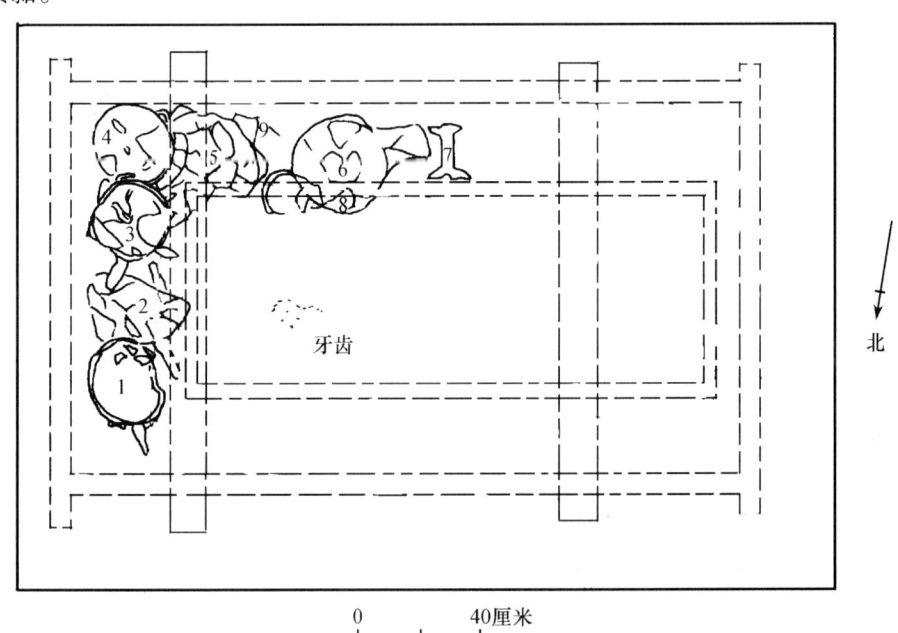

图二三　M22平面图
1、2. 陶鼎　3、4. 陶敦　5、6. 陶壶　7. 陶豆　8. 铜镯饰件残片　9. 陶盘匜

葬具　单棺单椁，椁两端下置枕木，均朽，唯发现青灰色的朽痕。椁痕位于墓室的中部，长228、宽约134厘米。棺痕位于椁室的中西部，长180、宽70厘米。枕木朽糟，长152、宽14、深约7厘米。

葬式　人骨已朽，唯在棺内东端发现牙齿朽痕。

2. 随葬品

均出自椁室的东南端，陶器，器形有鼎2、敦2、壶2、豆1、盘匜1。由于陶质十分疏松，出土时太碎，均未能修复。

十二、M25

1. 墓葬形制与结构

位于T5450的中东部，开口于表土层下，距地表深30厘米。墓葬形制为竖穴土坑墓，平面呈长方形，无墓道。中北部为M26所打破，方向115°（图二四；图版三，5）。

墓室　坑口长326、宽200厘米，坑壁光滑竖直，深240厘米。墓室南壁偏东有一方形壁龛，龛距墓室开口140厘米，长70、宽10、高20厘米，内置陶鬲1、盂1、豆2、罐2。填土为

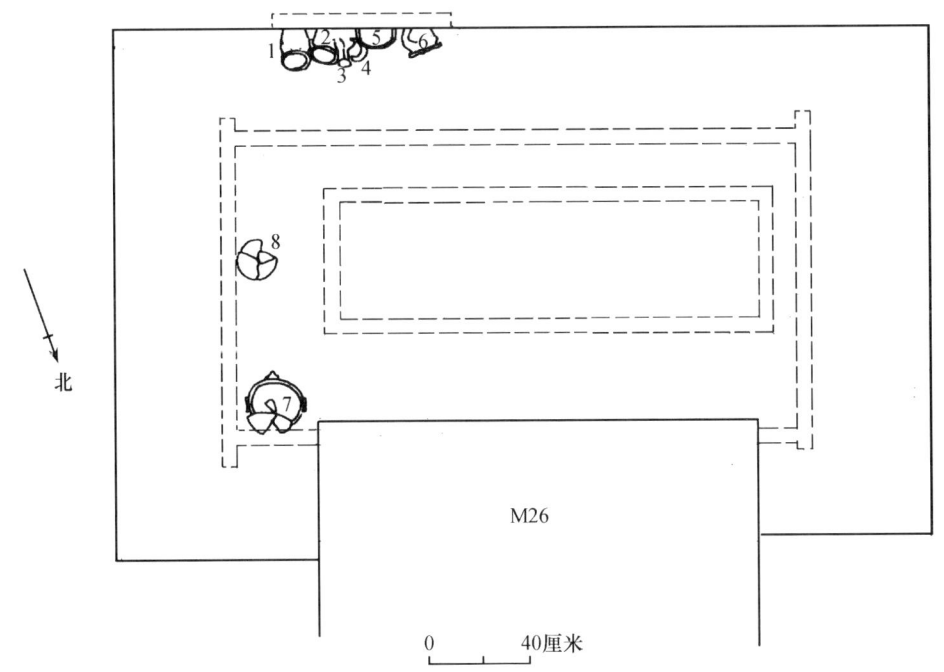

图二四　M25平面图
1、2. 陶罐　3、4. 陶豆　5. 陶盂　6. 陶鬲　7. 陶鼎　8. 陶鼎盖

回填的五花土，土色红褐，质黏。

葬具　单椁单棺，均朽，唯发现青灰色的朽痕。椁痕位于墓室的中部，长232、宽116厘米。棺痕位于椁室的中部稍偏南，长180、宽60厘米。

葬式　人骨已朽，葬式不明。

2. 随葬品

器物出自两处，均为陶器，一为壁龛内，器形有罐、豆、鬲、盂；另一处为椁室的东端，有鼎及其器盖。

陶罐　2件。泥质灰褐陶，M25∶2，方唇，直口，高领，圆肩鼓腹斜内收，平底。颈和肩部饰数道凹弦纹。口径11、底径8.8、高17.7厘米（图二五，1；图版二一，6）。M25∶1与

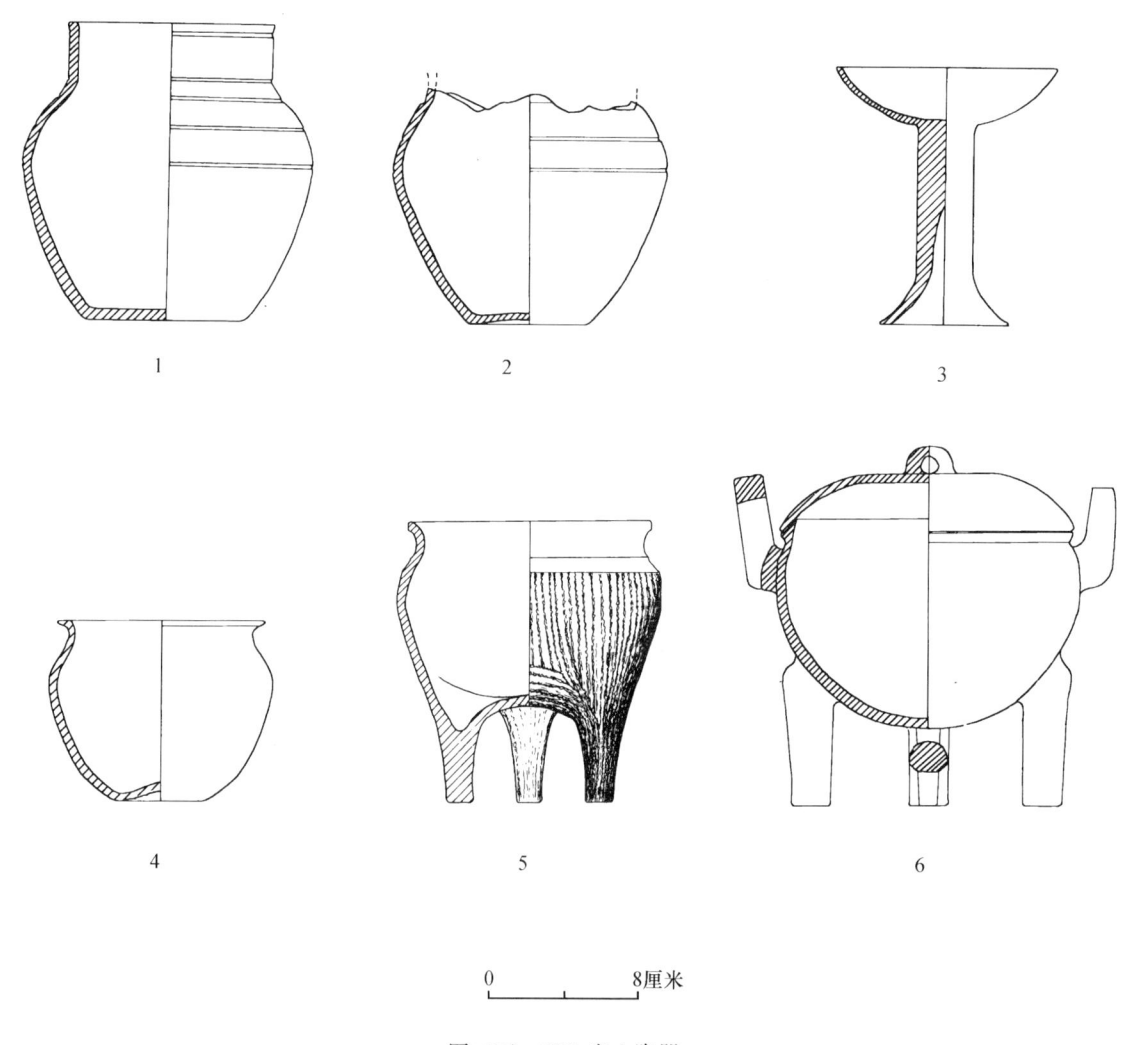

图二五　M25出土陶器

1、2. 罐（M25∶2、M25∶1）　3. 豆（M25∶4）　4. 盂（M25∶5）　5. 鬲（M25∶6）　6. 鼎（M25∶7）

M25:2 形制、大小相同,颈部无法修复(图二五,2)。

陶豆 2件。夹砂灰褐陶。M25:4,圆唇,浅弧腹,粗直柄,喇叭状圈足。口径12、底径7、高13.5厘米(图二五,3;图版二八,2)。M25:3因过碎无法修复。

陶盂 1件。M25:5,泥质灰褐陶,圆唇,平折沿,侈口,鼓腹弧内收,凹圜底。口径11.2、底径4.8、高9.5厘米(图二五,4;图版二四,1)。

陶鬲 1件。M25:6,夹砂灰褐陶,方唇外卷,侈口,弧颈,鼓腹斜内收,弧裆下置三矮柱状足。肩近颈处饰一道凹弦纹,腹和底均饰粗绳纹。口径13、高14.7厘米(图二五,5;图版一八,5)。

陶鼎 1件。M25:7,泥质灰陶,子母敛口,半球腹,圜底,下置三近柱状兽蹄足。腹两侧对称施两方形耳。器盖顶部隆起,上施一圆环纽。口径17.6、通高23.8厘米(图二五,6)。

十三、M28

1. 墓葬形制与结构

位于T5450和T5449的中部,开口于表土层下,距地表深20厘米。墓葬形制为竖穴土坑墓,平面呈长方形,无墓道。中部被M24墓道打破,方向110°(图二六;图版三,6)。

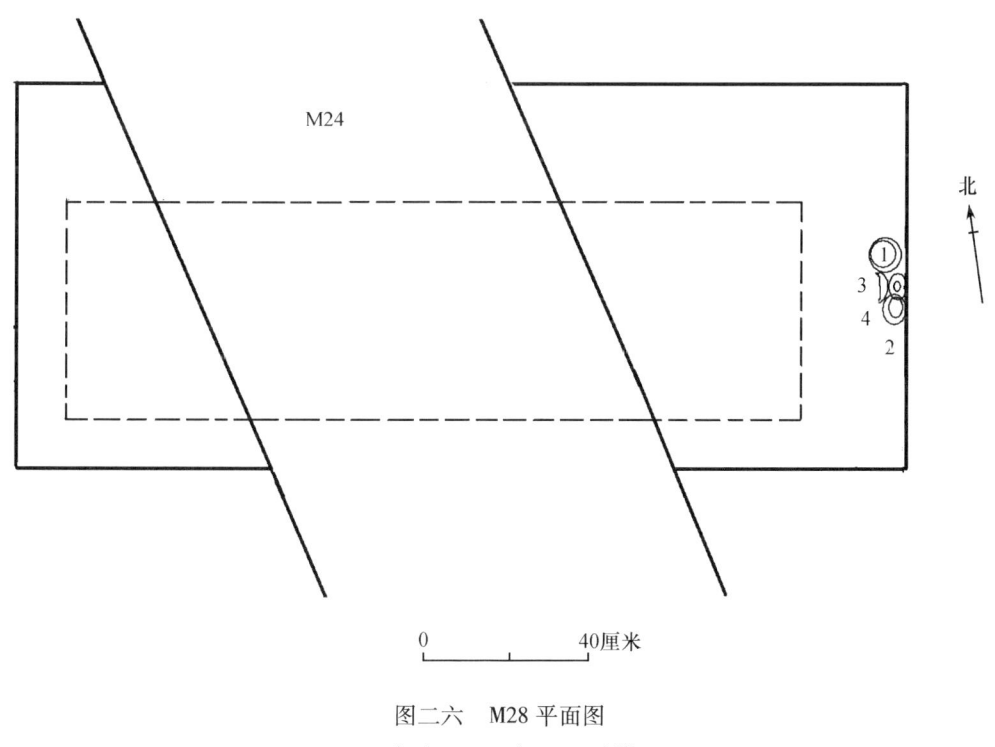

图二六 M28平面图
1. 陶鬲 2、3. 陶豆 4. 陶罐

墓室　坑口长220、宽100厘米，坑壁光滑竖直，深140厘米。填土为回填的五花土，土色红褐，质黏。

葬具　单棺，唯发现青灰色的朽痕，位于墓室的西南部，长180、宽50厘米。

葬式　人骨已朽，葬式不明。

2. 随葬品

出自墓室东壁底部，均属陶器，器形有鬲、豆、罐。

陶鬲　1件。M28:1，夹砂红褐陶，方唇，卷沿，束颈，鼓腹弧内收，裆近平，三矮柱状足。肩和上腹饰两周间断绳纹，下腹和底饰竖绳纹。口径12.9、高14.1厘米（图二七，1；图版一八，6）。

陶罐　1件。M28:4，泥质红陶，圆唇，矮直领，圆肩鼓腹弧内收为凹圜底。肩部饰两道凹弦纹。口径9.7、底径7.6、高13.1厘米（图二七，2；图版二二，1）。

陶豆　2件。编号为M28:2、M28:3，由于太碎无法修复。

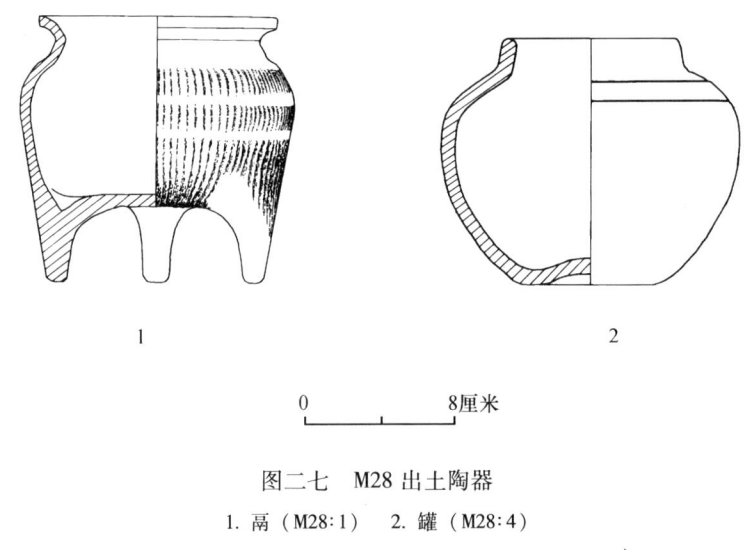

图二七　M28出土陶器
1. 鬲（M28:1）　2. 罐（M28:4）

十四、M32

1. 墓葬形制与结构

位于T5549的西北部，开口于表土层下，距地表深20厘米。墓葬形制为竖穴土坑墓，平面呈长方形，无墓道。中部被M31墓道拦腰打断，方向120°（图二八；图版四，1）。

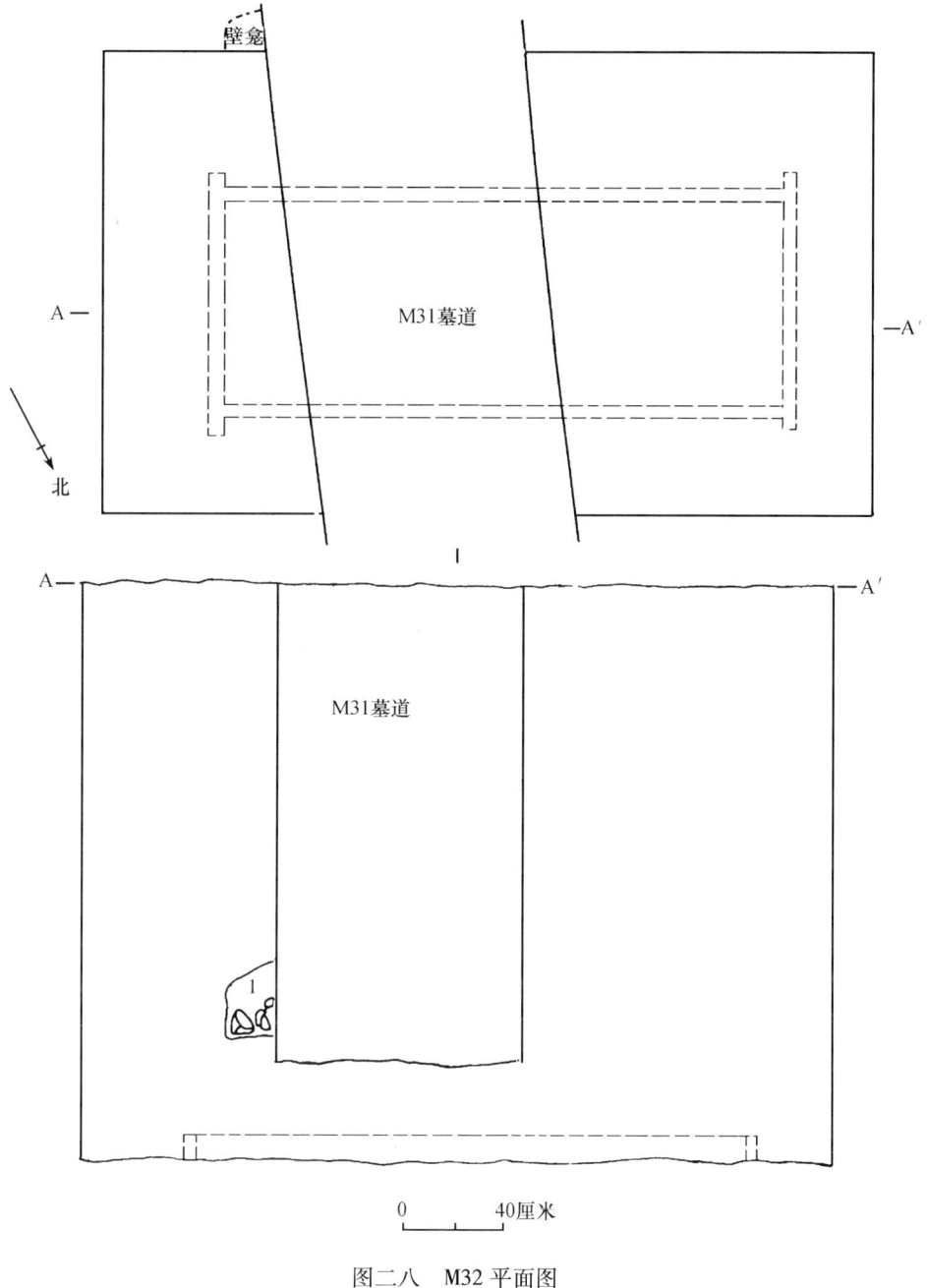

图二八　M32 平面图

墓室　坑口长 310、宽 200 厘米，坑壁竖直，深 230 厘米。南壁距墓底 100 厘米处有一壁龛，被 M31 打破，残宽 20、高 30、进深 14 厘米。内出土一陶壶残片。填土为回填的五花土，土色红褐，质黏。

葬具　单椁，已朽，唯发现青灰色的朽痕，位于墓室的中部，长 235、宽 90 厘米。

葬式　人骨已朽，葬式不明。

2. 随葬品

仅壁龛内出土一件陶壶，M32∶1，泥质红褐陶，子母敛口，直颈，弧肩鼓腹弧内收为凹圜底。颈、肩部饰七道凹弦纹，之间填充斜绳纹。口径10.6、底径8、高26.5厘米（图二九；图版二六，1）。

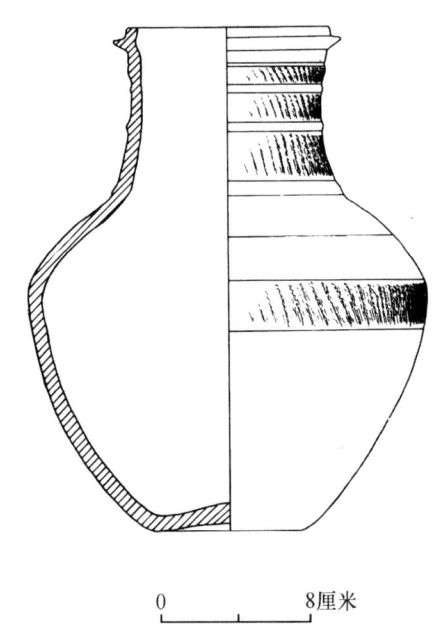

图二九　M32出土陶壶（M32∶1）

十五、M33

1. 墓葬形制与结构

位于T5549、T5449的中部，开口于表土层下，距地表深20厘米。墓葬形制为竖穴土坑墓，平面呈长方形，无墓道。中北部被M31墓道打破，方向115°（图三〇；图版四，2）。

墓室　坑口长270、宽120厘米，坑壁光滑斜直内收。底长260、宽110厘米，深180厘米。距墓底40厘米处留有生土二层台，台面宽10~30厘米。南壁东部近墓口100厘米处有一方形壁龛，长50、高30、进深20厘米，出土鬲、盂、豆、罐等陶器。填土为回填的五花土，土色红褐，质黏。

葬具　单棺，唯发现青灰色的朽痕，位于墓室的中部，长180、宽50厘米。

葬式　人骨已朽，葬式不明。

2. 随葬品

器物均出自壁龛内，均为陶器，器形有鬲、盂、豆、罐。

陶鬲　1件。M33∶1，夹砂褐陶，胎红。圆唇外翻，侈口，束颈，短斜肩，弧腹斜内收，矮足，弧裆近平。器身饰粗绳纹。口径11、高9厘米（图三一，1；图版一九，1）。

陶罐　1件。M33∶2，泥质红褐陶，侈口，斜领，广肩，鼓腹斜内收，平底，肩部饰数道凹弦纹。口径10.2、底径9、高15厘米（图三一，2；图版二二，2）。

陶盂和豆由于出土时太碎无法修复。

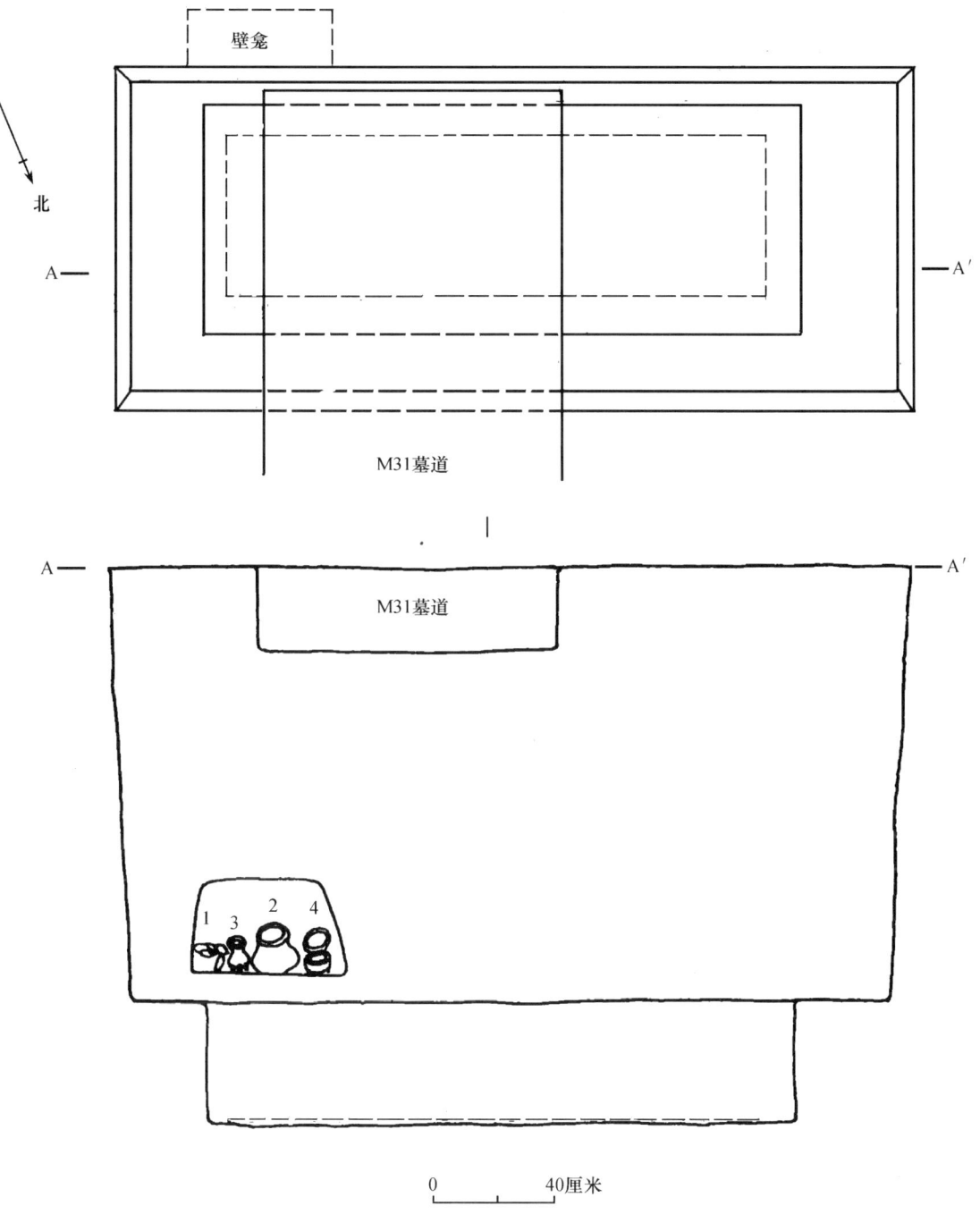

图三〇　M33 平、剖面图
1. 陶鬲　2. 陶罐　3. 陶盂　4. 陶豆

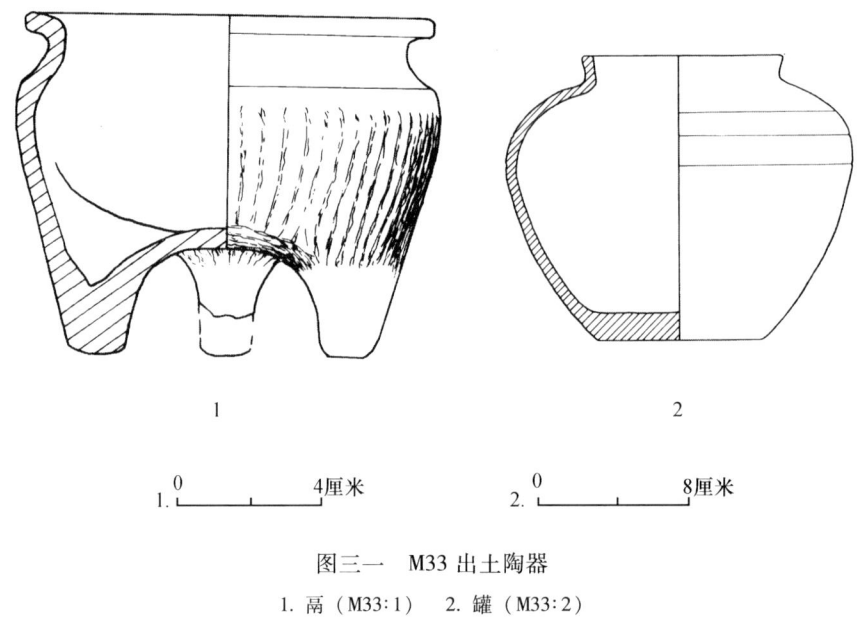

图三一　M33 出土陶器
1. 鬲（M33:1）　2. 罐（M33:2）

十六、M34

1. 墓葬形制与结构

位于 T5448 的西北部，开口于表土层下，距地表深 20 厘米。墓葬形制为竖穴土坑墓，平面呈长方形，无墓道。打破 M25，方向 130°（图三二；图版四，3）。

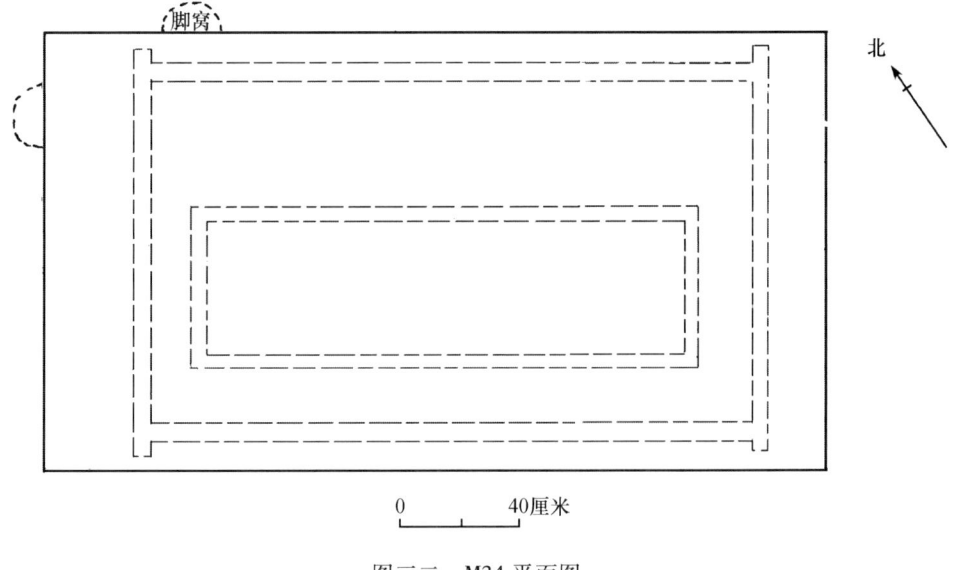

图三二　M34 平面图

墓室　坑口长264、宽140厘米，坑壁光滑竖直，深200厘米。填土为回填的五花土，土色红褐，质黏。

葬具　单椁单棺，均朽，唯发现青灰色的朽痕。椁痕位于墓室的中部，长214、宽124厘米。棺痕位于椁室的中南部，长170、宽50厘米。

葬式　人骨已朽，葬式不明。

在墓室西、北两壁近底高80厘米处各有一脚窝，半圆形，宽20、高14、进深10厘米。

2. 随葬品

在墓底发现一堆陶片，无法修复和辨别器形。

十七、M38

1. 墓葬形制与结构

位于T5446、T5445的中部，开口于表土层下，距地表深50厘米。墓葬形制为竖穴土坑墓，平面呈长方形，前端台阶式后斜坡墓道。方向215°（图三三）。

墓道　位于墓室前端的中部，上口长350、宽260～280厘米。底部前端为四级台阶，后为斜坡。各级台阶长宽不一。第一级台阶宽40、高28厘米；第二级宽48、高18厘米；第三级宽

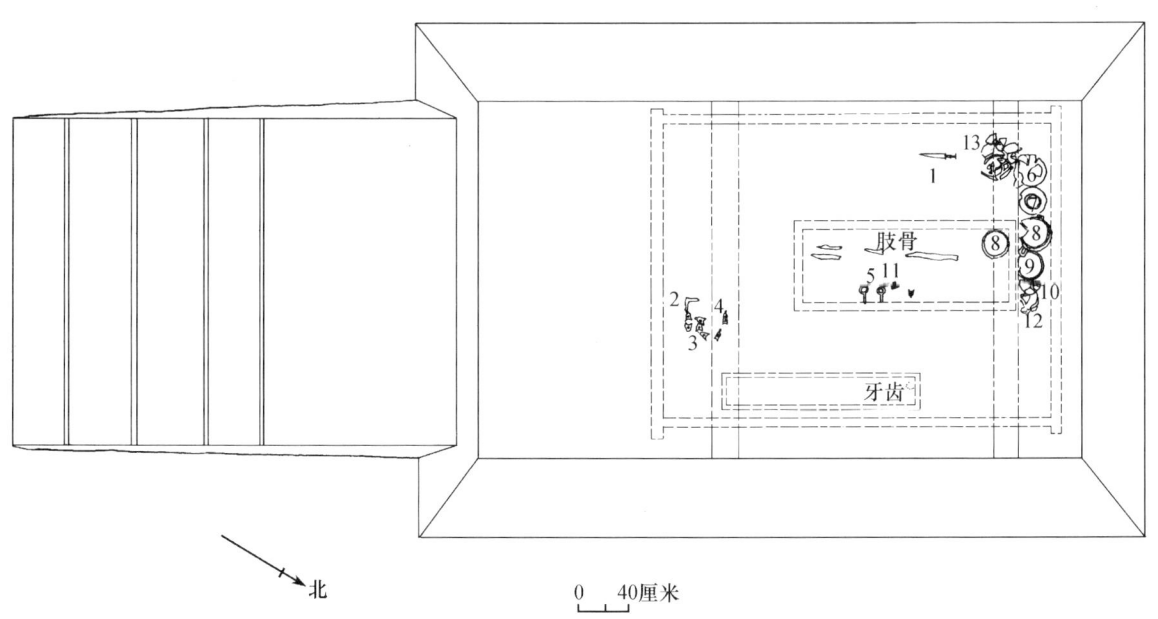

图三三　M38平面图

1. 铜剑　2. 铜戈　3. 铜铃　4. 铜箭镞　5. 铜马衔　6、7. 陶壶　8、9. 陶鼎　10、13. 陶敦　11. 骨贝　12. 陶盘匜

54、高14厘米；第四级宽42、高22厘米。后接斜坡，坡长162厘米。墓道深度为170厘米。

墓室　坑口长580、宽400厘米，坑壁光滑斜直内收，深300厘米。底长480、宽280厘米。填土为回填的五花土，土色红褐，质黏。

葬具　单椁双棺，椁两端下置枕木，均朽，唯发现青灰色的朽痕。椁痕位于墓室的后部，长313、宽210厘米（彩版二，3）。棺分主棺和陪棺。主棺位于椁室的中部，棺痕长180、宽70厘米。陪棺位于椁室的北壁，朽痕长160、宽30厘米。枕木朽糟，长272、宽18、深7厘米。

葬式　人骨已朽，主棺内发现肢骨朽痕，头像大致为85°。陪棺内发现牙齿朽痕，头像与主棺一致。

2. 随葬品

器物较为丰富，出土位置并不一致。椁室西部为头箱，内置各种仿铜陶礼器，有陶鼎、敦、壶、盘匜；南部为边箱，出土一铜剑；东部椁室为脚箱，出土铜戈、铜铃；北部椁室为边箱，出土铜马衔。主棺内出土有骨质贝币。

铜剑　1件。M38∶1，圆首，圆直茎中空，一字形窄格，脊略隆起有窄从，断面呈菱形。斜直刃，由于腐蚀等原因，刃部残缺，部分呈锯齿状，剑锋断缺。残长34厘米（图三四，1；彩版五，2）。

铜戈　1件。M38∶2，长方形内，内中一长方形孔。无上阑，下阑和侧阑明显。援较长上扬，三角形锋，弧刃，胡短，有四穿。戈断面呈扁椭圆状（图三四，2；彩版五，5）。

铜铃　5枚。M38∶3，弧形凹口，器身两面开长方形孔。高5厘米（图三四，3；图版三〇，4）。

铜箭镞　1件。M38∶4，仅剩铤部，残长5.6厘米（图三四，5）。

铜马衔　2件。M38∶5（图三四，4；彩版六，1）。

陶壶　2件。M38∶6，泥质红陶，外施一层银褐色陶衣。子母敛口，长颈，圆肩，鼓腹斜内收，凹圜底，肩和腹上部饰数道凹弦纹。盖和铺首缺。口径10.2、底径9.8、高30厘米（图三四，6；图版二六，2）。M38∶7与M38∶6形制、大小相同（图版二六，3）。

陶鼎　2件。M38∶8，夹砂灰褐陶，子母敛口，弧腹圜底，下置三棱形兽蹄足，腹两侧对称置两方形耳，器盖隆起，面上均置三圆纽。口径20.4、通高23厘米（图三四，7；彩版四，4）。M38∶9与M38∶8形制、大小相同（图版一七，2）。

陶敦　2件。仅修复1件，盖缺。M38∶10，泥质红陶，外施银褐色陶衣。敛口，方唇，半球腹。下置三扁蹄足。口径19.2、高10.4厘米（图三四，8；图版二一，2）。

陶盘匜　1套。M38∶12。盘，泥质灰陶，圆唇外翻，浅弧腹斜内收，小平底。腹两侧对称置环耳。口径28、底径8.5、高8.5厘米。匜，泥质红陶，外施银褐色陶衣，流翘起，弧腹，平底，一侧置环。长6.7厘米（图三四，9；彩版五，1）。

另有骨贝数枚，编号为M38∶11，因太碎无法取出。

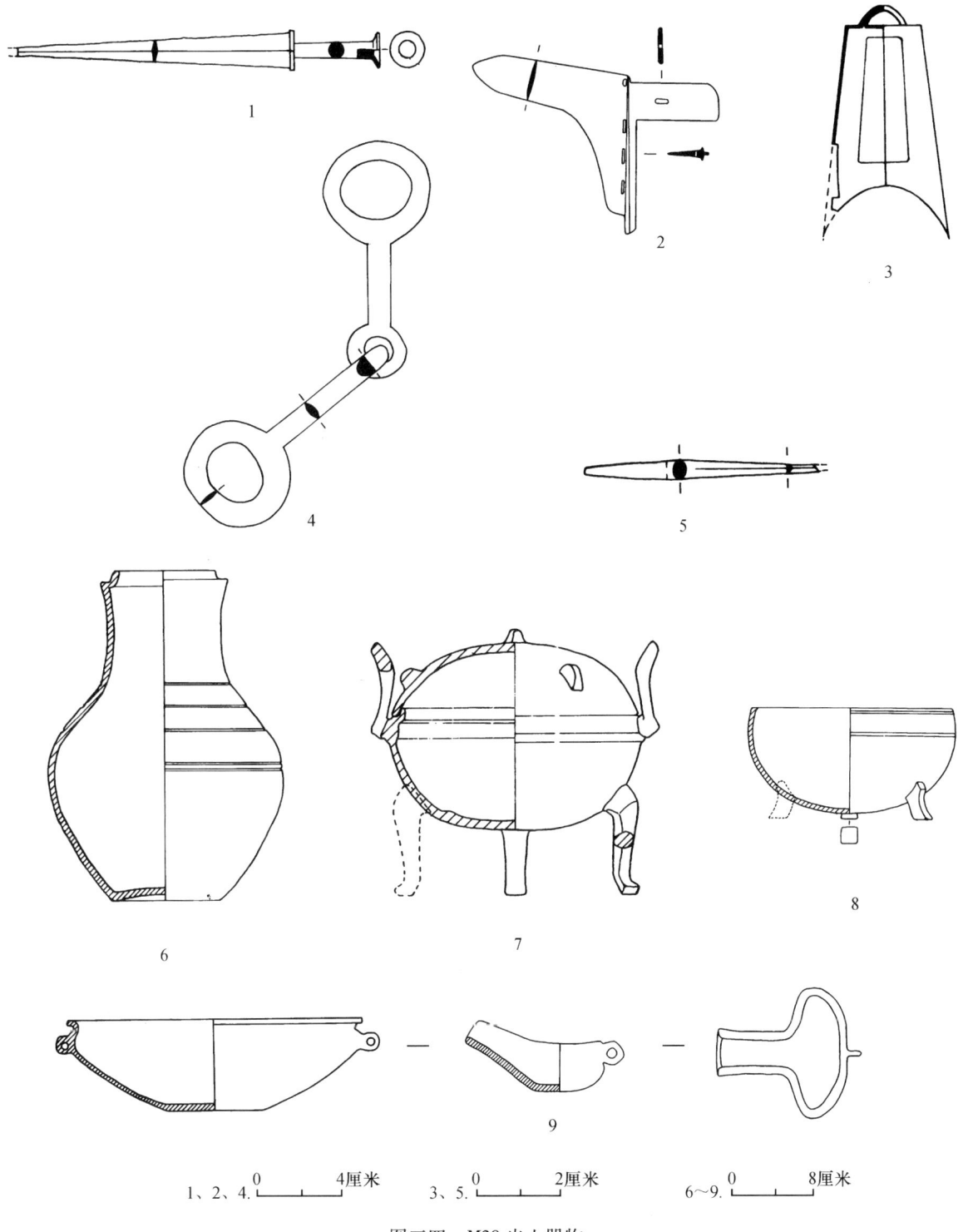

图三四 M38 出土器物

1. 铜剑（M38:1） 2. 铜戈（M38:2） 3. 铜铃（M38:3） 4. 铜马衔（M38:5） 5. 铜箭镞（M38:4）
6. 陶壶（M38:6） 7. 陶鼎（M38:8） 8. 陶敦（M38:10） 9. 陶盘匜（M38:12）

十八、M41

1. 墓葬形制与结构

位于T5246的西北部，开口于表土层下，距地表深20厘米。墓葬形制为竖穴土坑墓，平面呈长方形，无墓道。方向35°（图三五）。

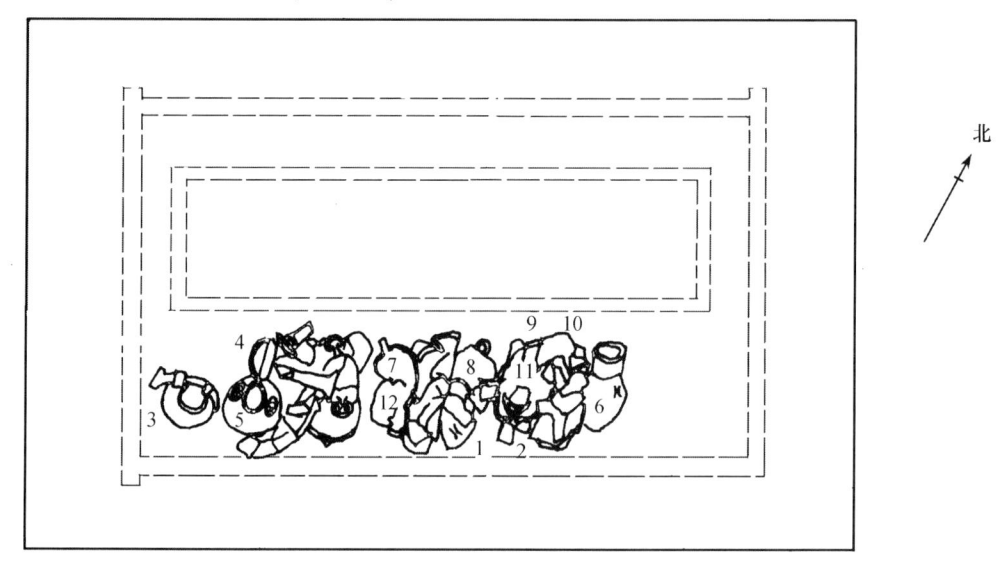

图三五 M41平面图

1、2. 陶鼎 3. 陶盉 4、12. 陶豆 5. 陶罐形鼎 6、9、10. 陶壶 7、8. 陶敦 11. 陶盘、匜

墓室 坑口长290、宽180厘米，坑壁竖直，深300厘米。填土为回填的五花土，土色红褐，质黏。

葬具 单椁单棺，均朽，唯发现青灰色的朽痕。椁痕位于墓室的中部，长226、宽140厘米。棺痕位于椁室的中北部，长200、宽50厘米。

葬式 人骨已朽，葬式不明。

2. 随葬品

器物出自椁室的南部，均为陶器，器形有鼎、盉、豆、罐形鼎、壶、敦、盘匜。

陶鼎 2件。大小形制基本相同，泥质红陶，子母敛口。M41：1，扁鼓腹，兽蹄足上大下小。口径22.4、通高27厘米（图三六，1；图版一七，3）。M41：2，腹近直，足更瘦长。口径22.6、通高27.7厘米（图三六，2；图版一七，4）。

图三六　M41 出土陶器

1、2. 鼎（M41:1、M41:2）　3. 盉（M41:3）　4. 豆（M41:4）　5. 罐形鼎（M41:5）　6. 壶（M41:6）

陶盉　1件。M41：3，泥质红陶，外施银灰色陶衣。方唇，敛口，扁鼓腹，兽蹄足。提梁为蜥蜴状。口径8.2、通高20.4厘米（图三六，3）。

陶豆　2件。M41：4、M41：12，形制大小接近，均为泥质红褐陶，外施一层银褐色陶衣。浅盘口，长直柄，喇叭状圈足。M41：4，口径15、底径10.4、高20厘米（图三六，4；图版二八，3）。M41：12，口径16、底径10、高19.8厘米（图版二八，4）。

陶罐形鼎　1件。M41：5，泥质红陶，外施陶衣。方唇，折沿，束颈，扁鼓腹，圜底，兽蹄足。肩上两侧对称置环已残。口径8.2、高20.4厘米（图三六，5；图版一七，5）。

陶壶　2件。M41：6、M41：9、M41：10，其实只有2件，仅复原1件。M41：6，泥质红陶，外施有陶衣。方唇，口略侈，直颈，溜肩，深鼓腹弧内收，圜底，矮圈足。肩两侧对称饰铺首衔环纹饰，但甚模糊。肩腹饰数道凹弦纹，下腹有斜绳纹。口径11.2、底径10.8、高35.6厘米（图三六，6；图版二六，4）。

陶敦　2件。M41：7、M41：8，仅修复1件盖。M41：7，泥质红陶，外施有陶衣。盖隆起，面上对称置三方纽，残，顶中心为一圆环纽。盖径20.4、通高14.3厘米。

陶盘匜　1套。M41：11，因出土太碎，无法修复。

十九、M42

1. 墓葬形制与结构

位于T5247的西北部及扩方内，开口于表土层下，距地表深20厘米。墓葬形制为竖穴土坑墓，平面呈长方形，无墓道。墓室基本被现代水井打破。方向44°（图三七；图版五，2）。

墓室　坑口长460、宽260厘米，坑壁略斜直，底长400、宽220、深320厘米。填土为回填的五花土，土色红褐，质黏。

葬具　单椁，两端下置枕木，均朽，唯发现青灰色的朽痕。椁痕位于墓室的中部，长316、宽166厘米。棺位置不明。枕木朽槽，长220、宽19、深8厘米。

葬式　人骨已朽，葬式不明。

2. 随葬品

由于墓室基本被水井破坏，仅剩余零星车马构件和兵器，有铜剑、箭镞、车軎、马衔、铃和陶片。

铜剑　1件。M42：1，圆首，圆茎，有两箍，"凹"字形格，中脊平宽有从，直刃，三角形锋。长55厘米（图三八，1；彩五，3）。

铜箭镞　1件。M42：3，三翼形，铤残（图版三一，1）。

铜马衔　2件。M42：6（图版三一，3）、M42：7（图版三一，4），形制、大小相同。

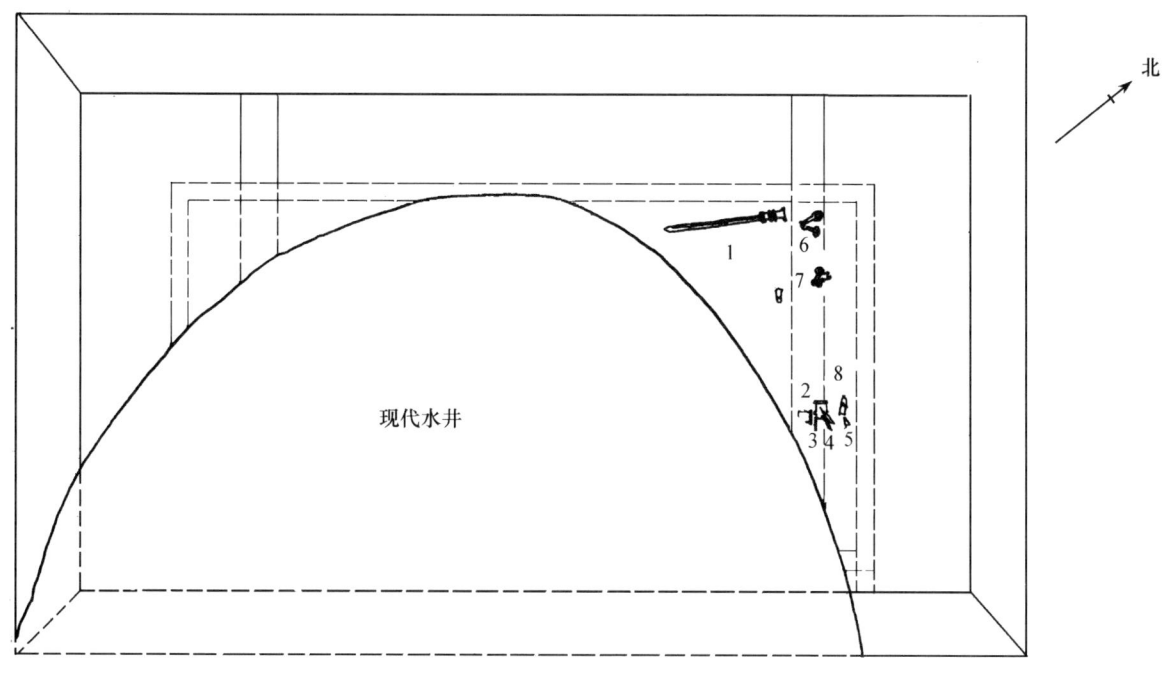

图三七　M42 平面图
1. 铜剑　2. 陶器残片　3. 铜箭镞　4、5. 铜车軎　6、7. 铜马衔　8. 铜铃

铜车軎　2件。M42∶5，有车辖，长6.8厘米。器身、车辖面饰夔纹（图三八，2）。M42∶4与M42∶5形制、大小均一致（彩版六，3）。

铜铃　4件。大小一致。M42∶8，弧形凹口，两面各开一槽，上有一环纽（图版三〇，5）。

陶片因过碎无法修复，为鼎、壶残片。

二十、M52

1. 墓葬形制与结构

位于T5645的西部及扩方内，开口于表土层下，距地表深20厘米。墓葬形制为竖穴土坑墓，平面呈长方形，无墓道。方向96°（图三九；图版五，3）。

墓室　坑口长320、宽206厘米，坑壁略斜直内收，底长310、宽198、深140厘米。填土为回填的五花土，土色红褐，质黏。

葬具　单椁单棺，均朽，唯发现青灰色的朽痕。椁痕位于墓室的中部，长260、宽150厘米。棺痕位于椁室的北部，长230、宽76厘米。

葬式　人骨已朽，葬式不明。

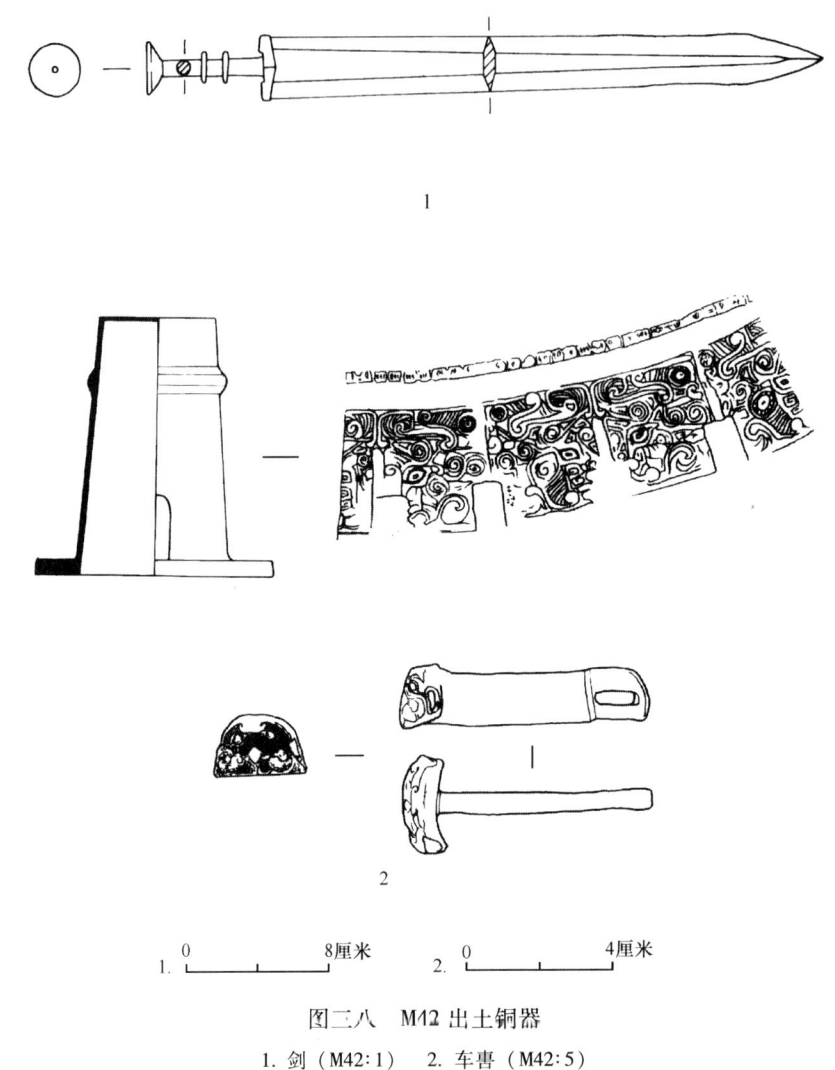

图二八　M42 出土铜器
1. 剑（M42:1）　2. 车軎（M42:5）

2. 随葬品

出自椁室的东南角，陶质，器形有鬲、盂、豆、罐。

陶罐　2 件。M52:1，泥质红褐陶。方唇，侈口，矮直领，斜肩，鼓腹内收为凹圜底。肩部饰数道凹弦纹，下腹和底饰竖绳纹。口径 10、底径 6.5、高 14.5 厘米（图四〇，1；图版二二，3）。M52:3 与 M52:1 器形、大小均相同（图版二二，4）。

陶盂　1 件。M52:2，泥质红褐陶。圆唇，侈口，弧颈，圆肩鼓腹弧内收为凹圜底。下腹和底饰竖绳纹。口径 12.2、底径 6、高 10 厘米（图四〇，2）。

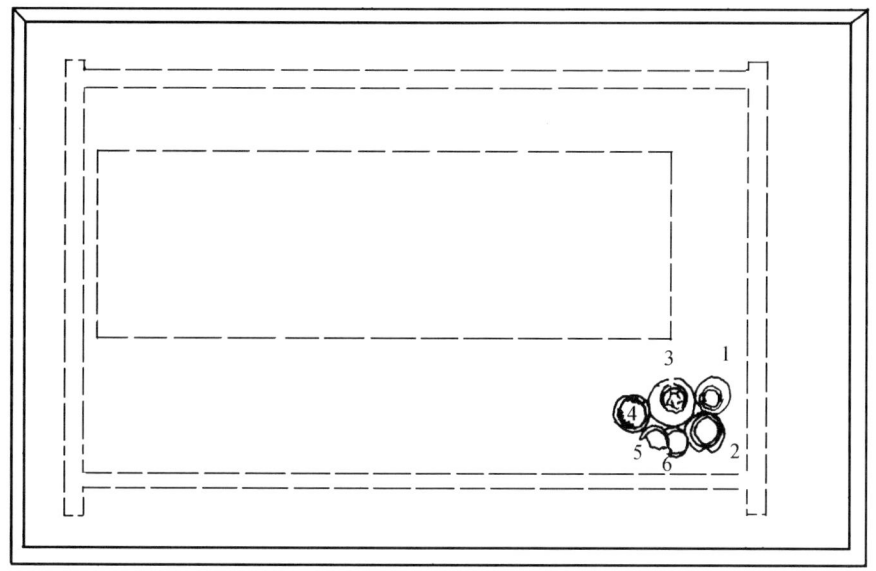

图三九　M52 平面图

1、3. 陶罐　2. 陶盂　4. 陶鬲　5、6. 陶豆

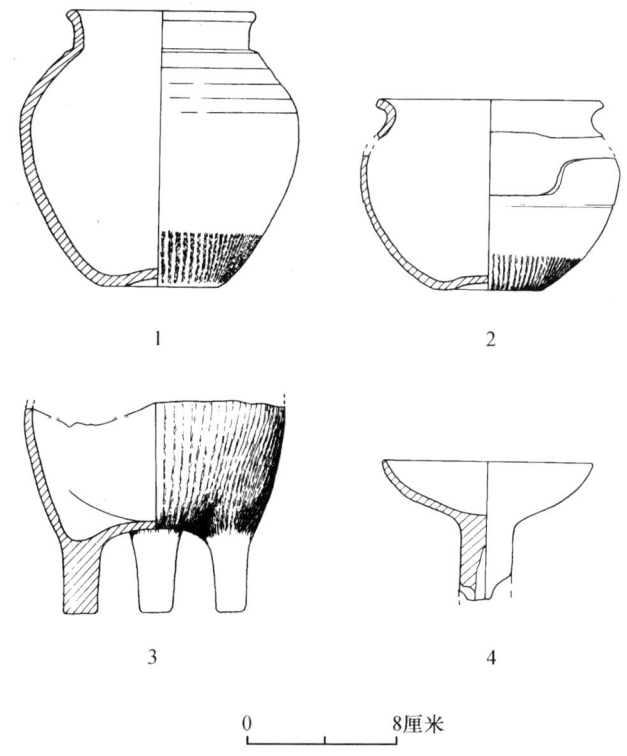

图四〇　M52 出土陶器

1. 罐（M52:1）　2. 盂（M52:2）　3. 鬲（M52:4）　4. 豆（M52:5）

陶鬲　1件。M52:4，泥质红褐陶。腹部以上无法修复，腹略弧内收，裆近平，三柱状足。饰绳纹。残高11.3厘米（图四〇，3）。

陶豆　2件。M52:5，泥质红陶，柄中部以下残。圆唇，浅盘口，直柄。口径11.4、残高7.4厘米（图四〇，4）。M52:6与M52:5形制、大小均一致。

二十一、M54

1. 墓葬形制与结构

位于T5245的北部，开口于表土层下，距地表深20厘米。墓葬形制为竖穴土坑墓，平面呈长方形，无墓道。西半部被M48打破，方向130°（图四一；图版五，4）。

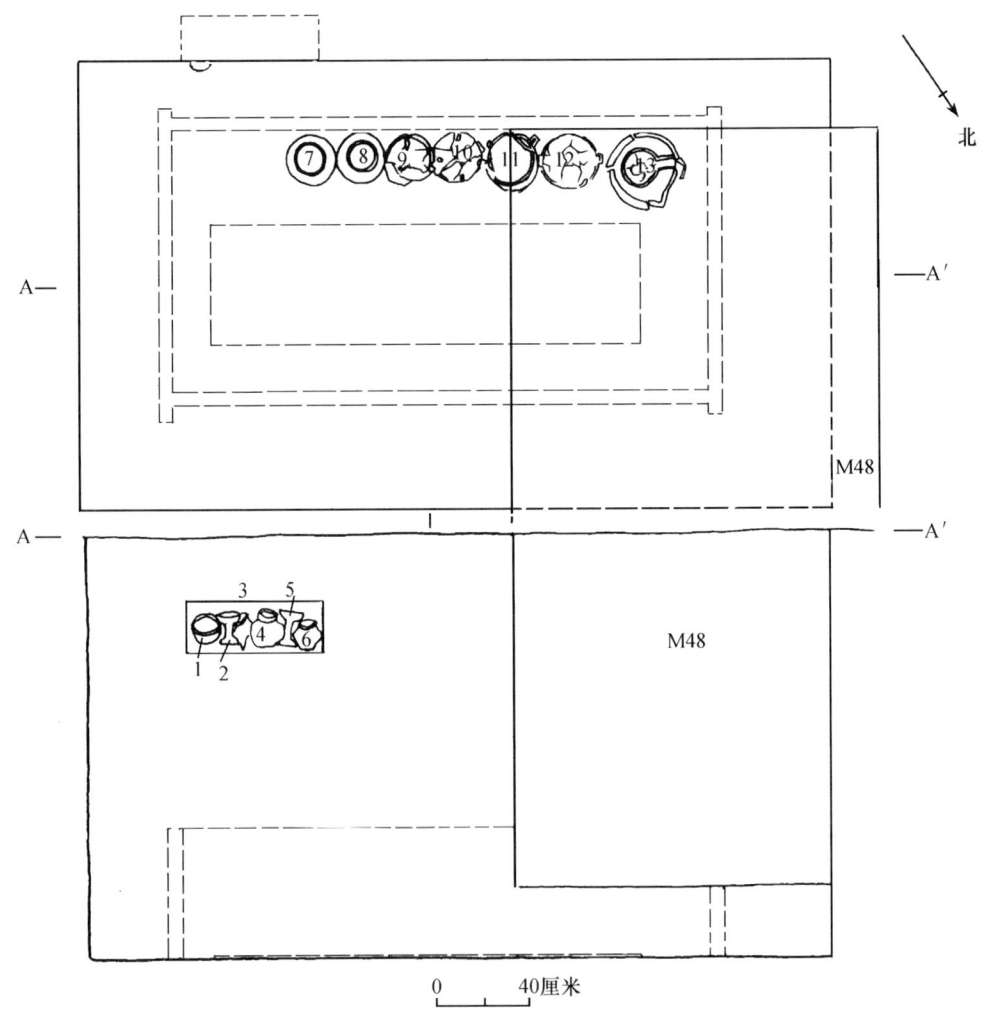

图四一　M54平、剖面图

1、6.陶盂　2、5.陶豆　3.陶鬲　4.陶罐　7、8.陶壶　9、10.陶敦　11、12.陶鼎　13.陶盘匜

墓室 坑口长330、宽190厘米，坑壁竖直，深180厘米。墓室的南壁近底130厘米高有一方形壁龛，长62、高21、进深20厘米。内置陶鬲1、盂2、豆2、罐1。填土为回填的五花土，土色红褐，质黏。

葬具 单椁单棺，均朽，唯发现青灰色的朽痕。椁痕位于墓室的中部，长248、宽122厘米。棺痕位于椁室的中部，长192、宽50厘米。

葬式 人骨已朽，葬式不明。

2. 随葬品

器物均为陶器，出自两处，一处为壁龛，内出土鬲、盂、豆、罐；另一处为椁室的南部，为鼎、敦、壶、盘匜。

陶盂　2件。M54:1，泥质灰褐陶，方唇，平折沿，弧颈，斜折肩，斜弧腹内收为凹圜底。肩饰一道凸弦纹，下腹和底饰绳纹。口径16.4、底径8、高10.6厘米（图四二，1；图版二四，2）。M54:6与M54:1大小、形制基本接近（图版二四，3）。

陶豆　2件。M54:2、M54:5，仅修复M54:2一件，泥质灰褐陶，圆唇，浅盘口，粗短柄，喇叭状圈足。口径12、底径6、高11.4厘米（图四二，2；图版二九，1）。

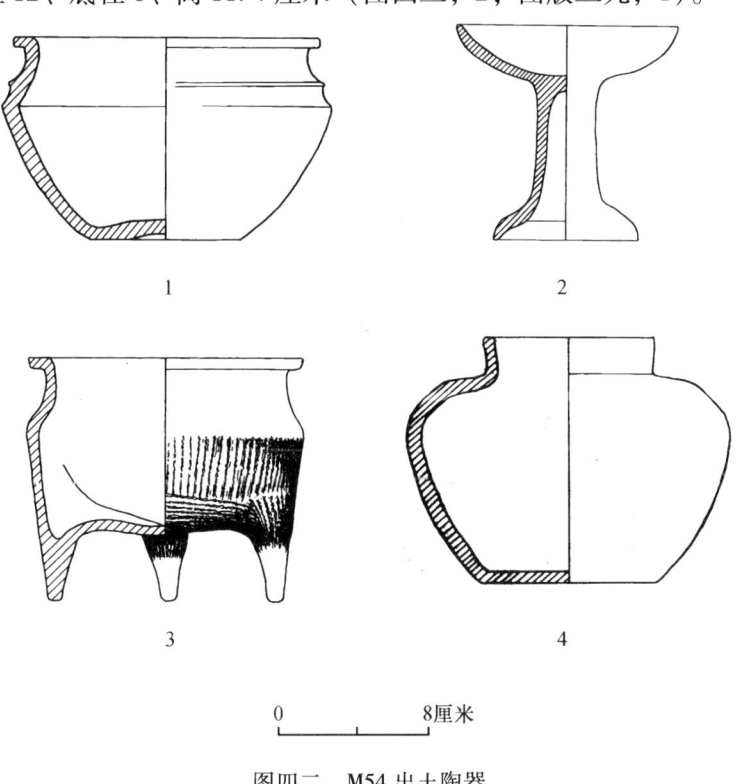

图四二　M54出土陶器
1. 盂（M54:1）　2. 豆（M54:2）　3. 鬲（M54:3）　4. 罐（M54:4）

鬲　1件。M54:3，泥质灰褐陶，方唇，平折沿，短直颈，折肩，斜直腹，裆近平，三圆锥状足。腹及底部饰绳纹。口径15、高13厘米（图四二，3；图版一九，2）。

罐　1件。M54:4，泥质灰褐陶，方唇，侈口，高领，圆肩，深弧腹斜内收，平底。口径8.4、底径9.6、高12.9厘米（图四二，4；图版二二，5）。

其他陶器由于出土时太碎均无法修复。

二十二、M55

1. 墓葬形制与结构

位于T5548的中部，开口于表土层下，距地表深30厘米。墓葬形制为竖穴土坑墓，平面呈梯形，台阶式墓道。方向115°（图四三；图版六，1）。

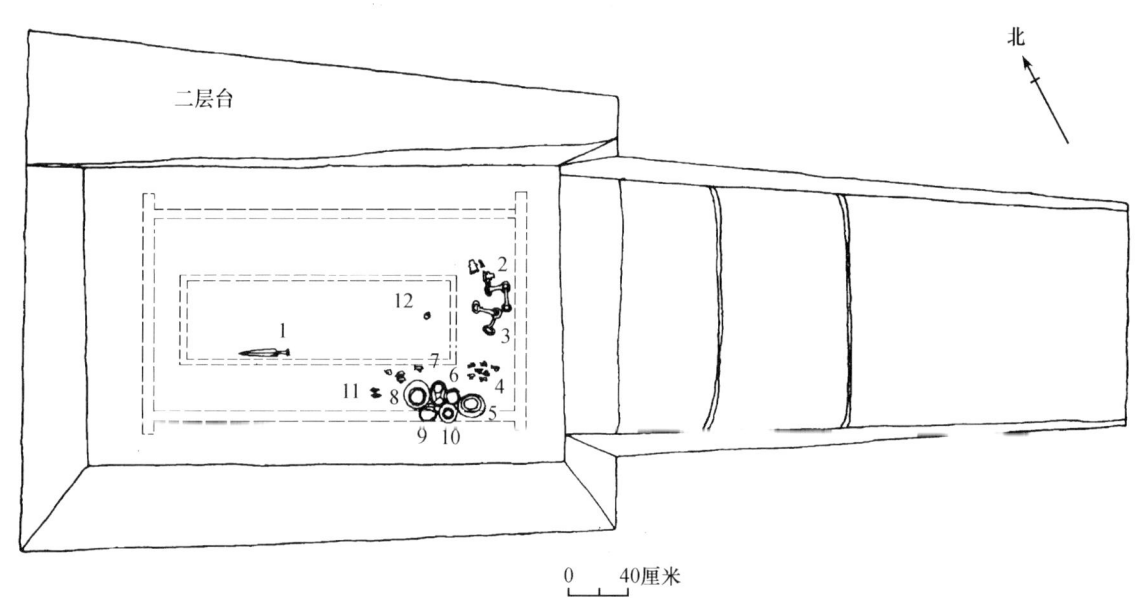

图四三　M55平面图

1. 铜剑　2. 铜车軎　3. 铜马衔　4. 铜盖弓帽　5. 陶鬲　6、9. 陶豆　7. 陶盂
8、10. 陶罐　11. 铜箭镞　12. 玉残片

墓道　位于墓室前端的中部，开口平面呈梯形，两壁斜直内收，底前端为斜坡状后接两级台阶。上口长350、宽150～200厘米。斜坡底长194厘米，底端距墓口深76厘米，高出第一级台阶23厘米。第一级台阶宽84、高13厘米；第二级台阶宽66厘米。

墓室　平面为梯形。开口前端长290、后端长350、边长408厘米。北边留有深90、宽40～90厘米的生土二层台，疑为当时挖墓坑式以防当地土质软易坍塌有关。坑壁光滑斜直内收，深294厘米，墓底长330、宽200厘米。填土为回填的五花土，土色红褐，质黏。

葬具　单椁单棺，均朽，唯发现青灰色的朽痕。椁痕位于墓室的中部，长264、宽140厘米。棺痕位于椁室的中部，长180、宽60厘米。

葬式　人骨已朽，葬式不明。

2. 随葬品

器物出自三处。剑和玉饰出自棺内，铜车马构件出自椁室的东部靠近墓道处，在棺椁的上部距墓底约72厘米处出土陶鬲、盂、豆、罐。

铜剑　1件。残。M55:1，圆首，实心圆茎，有两道箍，凹形格，中脊有从，斜直刃，锋残。残长17.2厘米（图四四，1；彩版五，4）。

铜车軎　2件。形制、大小相同。M55:2，有车辖。面上饰卷云纹和点纹，鎏金。器身饰顾龙纹和海水、云气。车辖面饰牛首状纹饰。长7厘米（图四四，2；彩版六，4）。

铜马衔　2件。形制、大小相同。M55:3（图四四，3；图版三一，5）。

铜盖弓帽　数枚。M55:4，部分还有木质朽痕。长5.2厘米（图四四，4；彩版六，5）。

陶鬲　1件。M55:5，泥质红褐陶。方唇，侈口，矮领，鼓腹斜内收，裆近平。三锥形足。腹和底均饰斜绳纹。口径15.4、高13.9厘米（图四四，5；图版一九，3）。

陶豆　2件。M55:6，泥质红褐陶。圆唇，浅盘口，粗柄，喇叭状圈足。口径12.2、底径7、高12厘米（图四四，6）。M55:9与M55:6形制、大小均相同。

陶罐　2件。M55:8，泥质红褐陶。圆唇，直口，矮领，圆肩鼓腹弧内收，凹圜底。下腹和底饰绳纹。口径7.4、底径8、高15.6厘米（图四四，7；图版二二，6）。M55:10，泥质灰褐陶，方唇，侈口，矮领，斜肩，鼓腹斜内收为凹圜底，下腹和底饰绳纹。口径10.2、底径8、高17厘米（图四四，8；图版二三，1）。

铜箭镞　数枚。M55:11，均残朽，三翼形，圆铤（图版三一，2）。

另有陶盂、玉片均过碎，无法辨别。

二十三、M58

1. 墓葬形制与结构

位于T5547的东北部，开口于表土层下，距地表深20厘米。墓葬形制为竖穴土坑墓，平面呈长方形，无墓道。西北角被M57打破，方向85°（图四五；图版六，2）。

墓室　坑口长280、宽156厘米，坑壁竖直，深200厘米。填土为回填的五花土，土色红褐，质黏。

葬具　单椁单棺，椁两端下置枕木，均朽，唯发现青灰色的朽痕。椁痕位于墓室的中部，长224、宽144厘米。棺痕位于椁室的中部，长200、宽58厘米。枕木朽槽，长180、宽19、深11厘米。

葬式　人骨已朽，葬式不明。

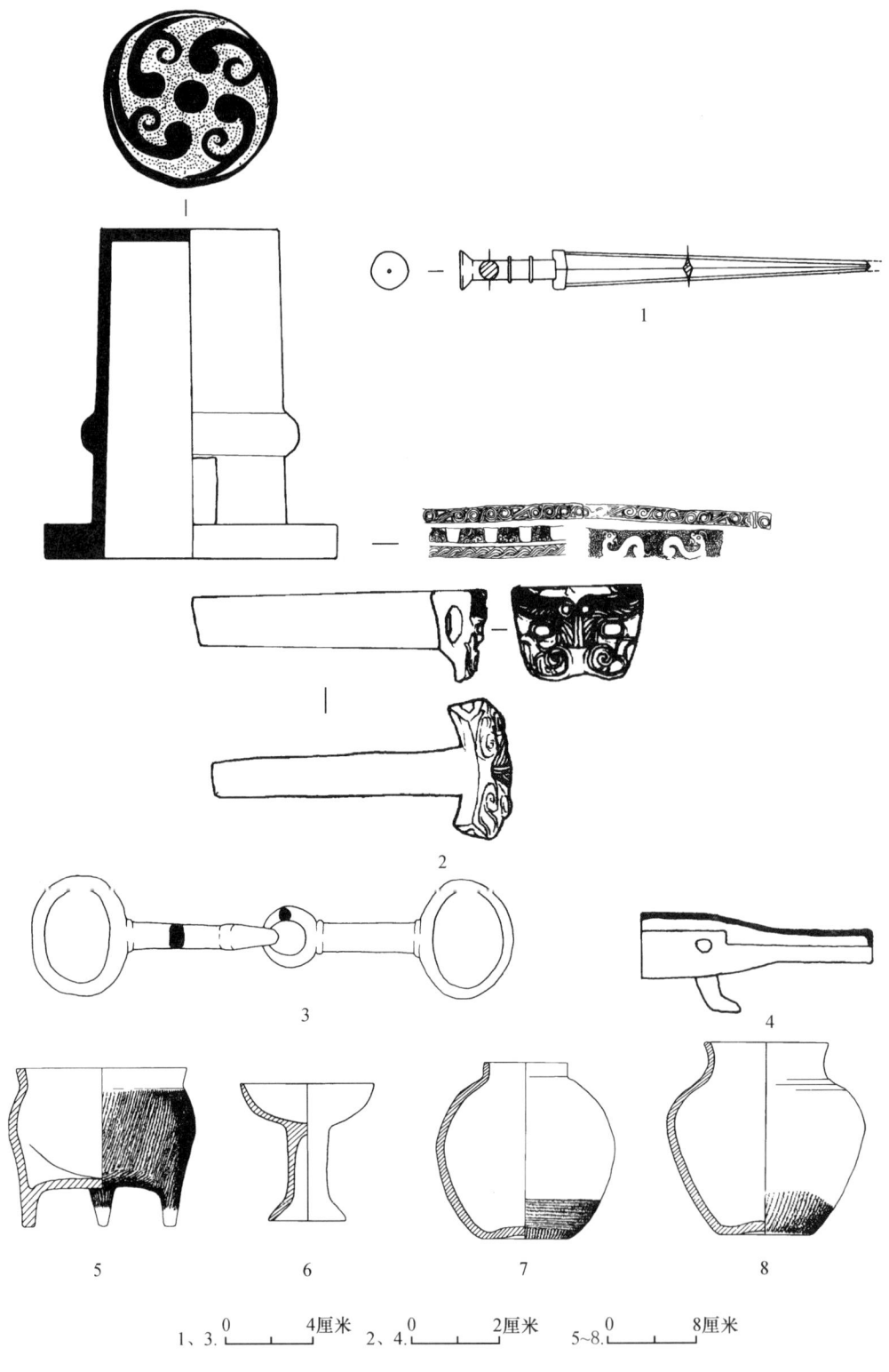

图四四 M55 出土器物
1. 铜剑（M55:1） 2. 铜车䇮（M55:2） 3. 铜马衔（M55:3） 4. 铜盖弓帽（M55:4） 5. 陶鬲（M55:5）
6. 陶豆（M55:6） 7、8. 陶罐（M55:8、M55:10）

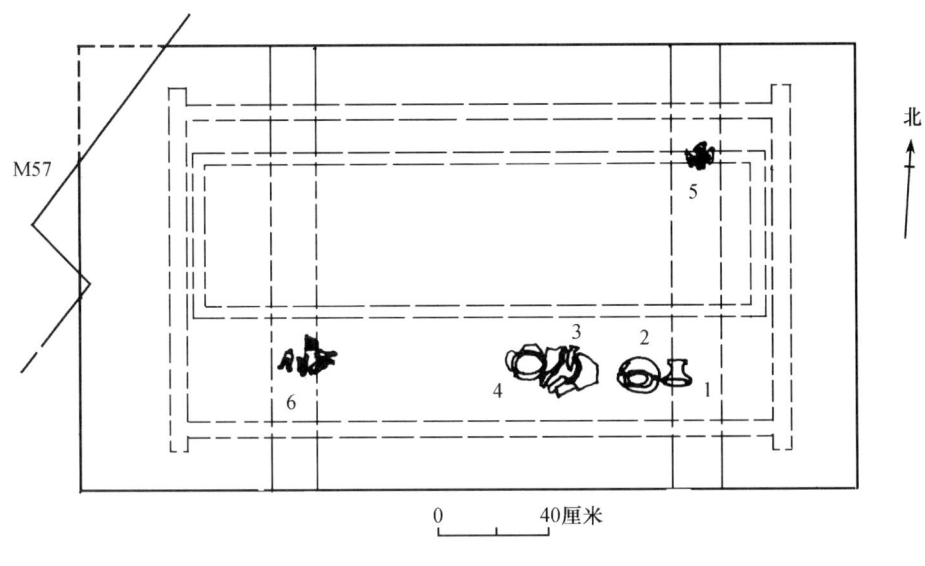

图四五 M58 平面图
1. 陶豆 2. 陶罐 3. 陶盂 4. 陶鬲 5. 铜铃 6. 骨饰件

2. 随葬品

器物出自两处，椁室南端出土有陶鬲、豆、罐、盂和铜铃，棺内出土一骨饰件。

陶豆 1件。M58∶1，泥质灰褐陶。圆唇，浅盘口，矮粗柄，喇叭状圈足。口径11.8、底径6.4、高10厘米（图四六，1；图版二九，2）。

陶罐 1件。M58∶2，泥质褐陶。方唇，侈口，矮领，鼓肩深斜腹内收为凹圜底。肩两侧对称置环耳。口径8.4、底径6、高10.2厘米（图四六，2；图版二三，2）。

陶盂 1件。M58∶3，泥质红褐陶，外黑。方唇，侈口，平沿。粗弧颈，斜折肩，弧腹斜内收为凹圜底。肩饰数道弦纹，下腹和底饰斜绳纹。口径14.4、底径9、高10厘米（图四六，3；图版二四，4）。

铜铃 8件。均朽残。M58∶6，弧形凹口，面开一槽，长6厘米（图四六，4；图版三○，6）。

骨饰 1件。M58∶5，方形，有四孔。长2.6、宽2、厚0.2厘米（图四六，5；彩版六，6）。

二十四、M60

1. 墓葬形制与结构

位于T5547的东北部，开口于表土层下，距地表深20厘米。墓葬形制为竖穴土坑墓，平面呈长方形，无墓道。西北部被M59打破，方向95°（图四七；图版六，3）。

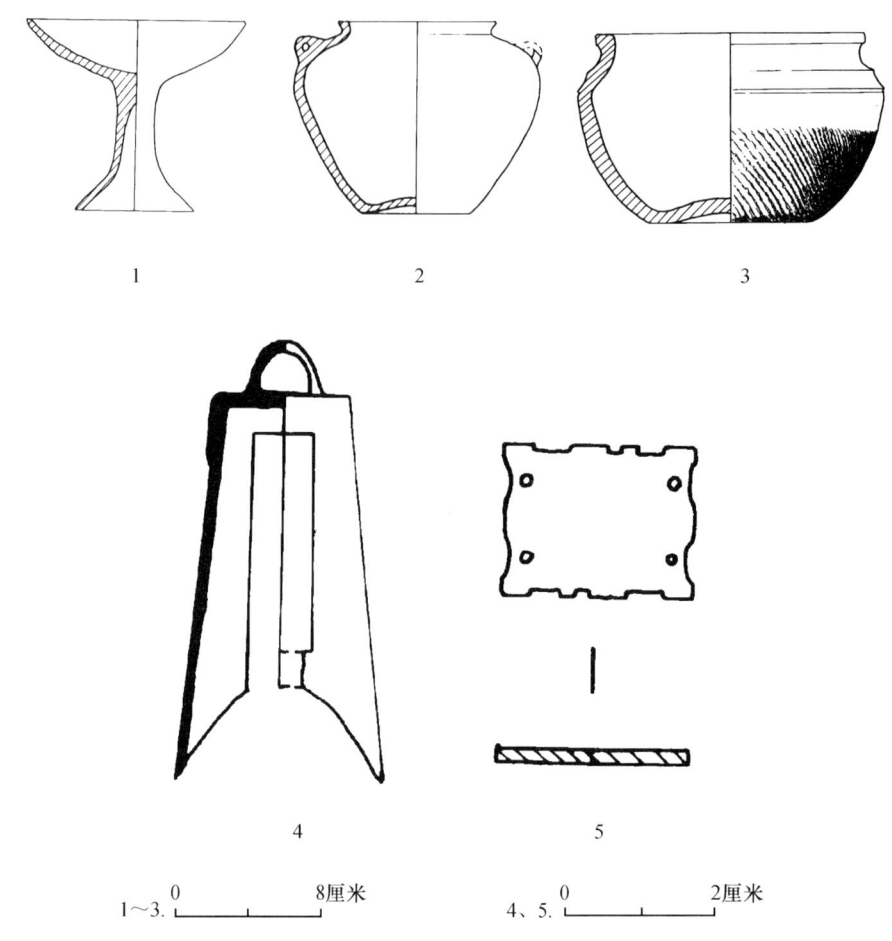

图四六 M58 出土器物

1. 陶豆（M58∶1） 2. 陶罐（M58∶2） 3. 陶盂（M58∶3） 4. 铜铃（M58∶6） 5. 骨饰（M58∶5）

墓室 坑口长280、宽150厘米，坑壁竖直，深260厘米。填土为回填的五花土，土色红褐，质黏。

葬具 单椁单棺，椁两端下置枕木，均朽，唯发现青灰色的朽痕。椁痕位于墓室的中部，长222、宽92厘米。棺痕位于椁室的北半部，长208、宽50厘米。枕木朽槽，长116、宽17、厚9厘米。

葬式 人骨已朽，葬式不明。

2. 随葬品

器物出自椁室的南部，陶质，器形有鼎、豆、壶、盂。

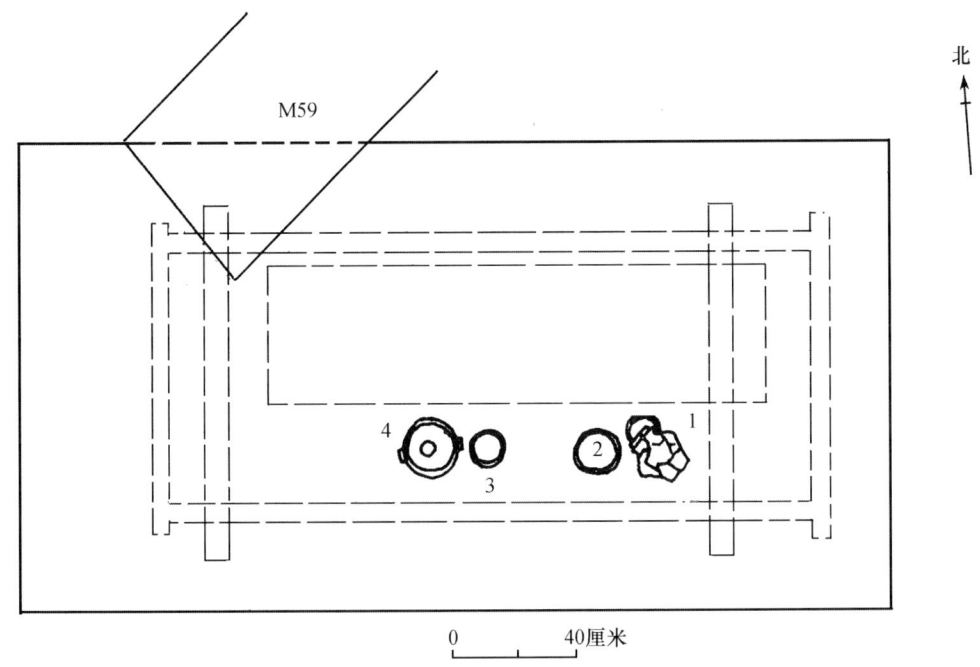

图四七　M60 平面图
1. 陶壶　2. 陶盂　3. 陶豆　4. 陶鼎

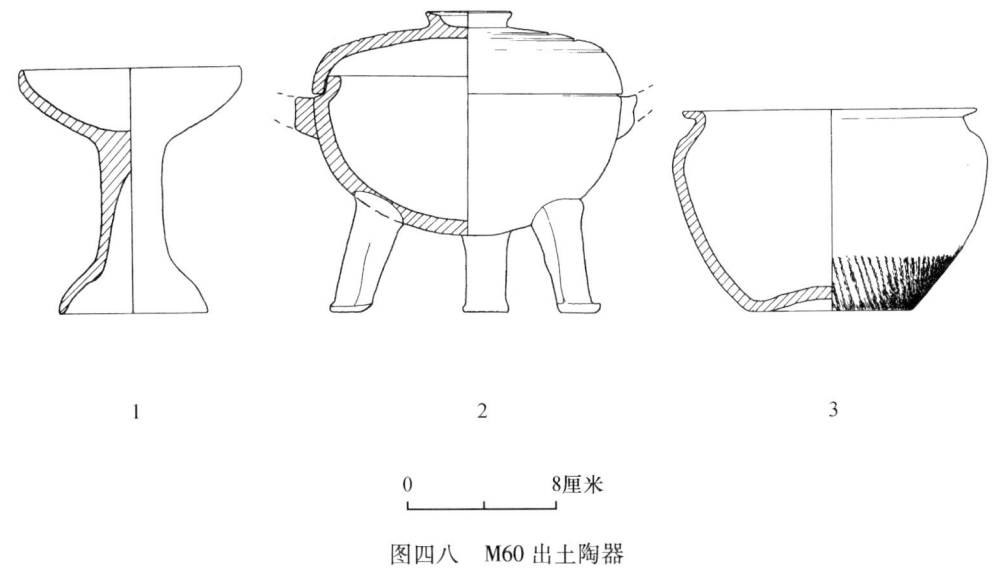

图四八　M60 出土陶器
1. 豆（M60:3）　2. 鼎（M60:4）　3. 盂（M60:2）

陶豆　1件。M60:3，泥质褐陶。圆唇，浅盘口，粗短柄，喇叭状圈足。口径11.8、底径8、高13厘米（图四八，1；图版二九，3）。

陶鼎　1件。M60:4，泥质红陶，外施银灰色陶衣。子母敛口，半球腹，矮兽蹄足。器盖顶微弧，上置圆捉手。腹两侧对称置环耳，残。口径15、通高15.6厘米（图四八，2；图版一七，6）。

陶盂　1件。M60:2，泥质褐陶。平折沿，短颈，圆肩，鼓腹斜内收，凹圜底。下腹饰绳纹。口径16、底径8.2、高10.8厘米（图四八，3）。

陶壶　因出土时过碎，无法修复。

二十五、M62

1. 墓葬形制与结构

位于T5547的南部及扩方内，开口于表土层下，距地表深20厘米。墓葬形制为竖穴土坑墓，平面呈长方形，无墓道。方向74°（图四九；图版七，1）。

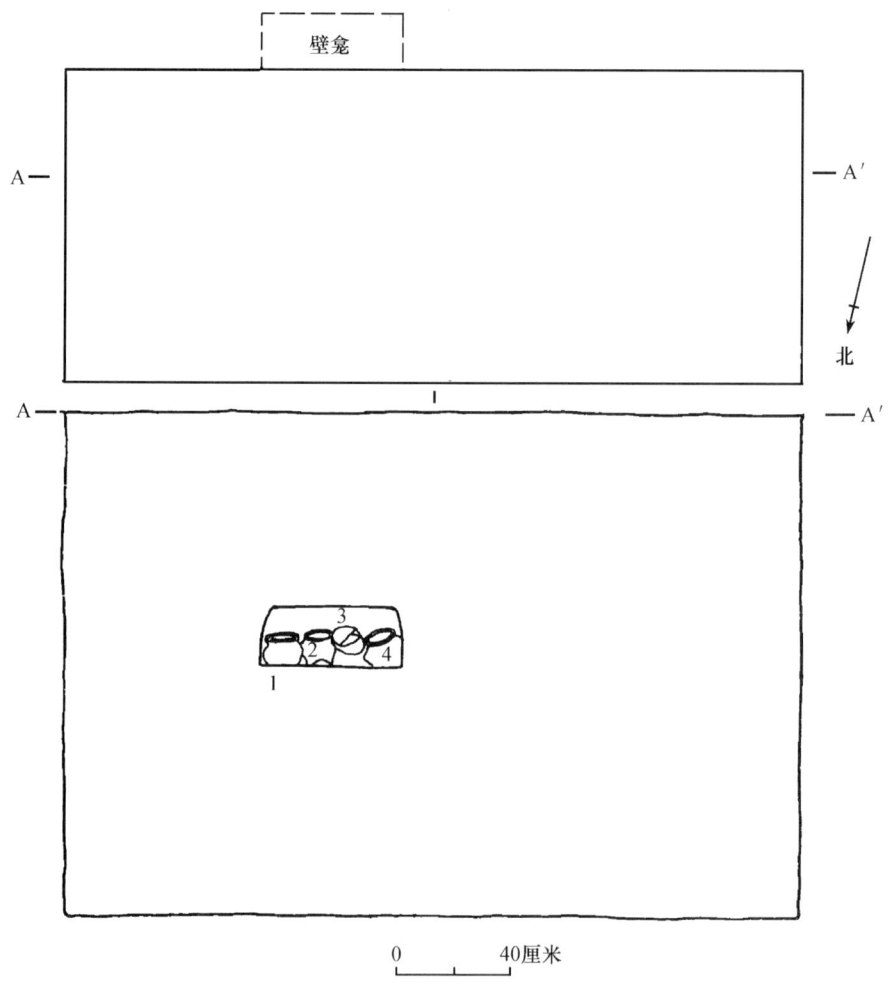

图四九　M62平、剖面图
1. 陶盂　2. 陶鬲　3. 陶豆　4. 陶罐

墓室 坑口长260、宽105厘米，坑壁竖直，深170厘米。在南壁近底91厘米处有一方形壁龛，长50、高20、进深20厘米。内置有陶鬲、盂、豆、罐。填土为回填的五花土，土色红褐，质黏。

葬具、葬式 不明。

2. 随葬品

均出自壁龛内，均为陶质，器形有鬲、盂、豆、罐。

陶盂 1件。M62:1，泥质褐陶，平折沿，侈口，束颈，鼓腹弧内收为凹圜底。下腹和底饰绳纹。口径12.4、底径5、高10厘米（图五〇，1；图版二四，5）。

陶鬲 1件。M62:2，泥质灰褐陶，平折沿，束颈，圆肩，深弧腹斜内收，裆近平，三锥形足。腹饰绳纹。口径12、高12.8厘米（图五〇，2；图版一九，4）。

陶罐 1件。M62:4，泥质红褐陶，圆唇，直口，矮领，斜肩，鼓腹斜内收为凹圜底。肩部饰数道凹弦纹。下腹和底饰绳纹。口径10.2、底径6、高11.3厘米（图五〇，3；图版二三，3）。

陶豆 由于出土时过碎无法修复。

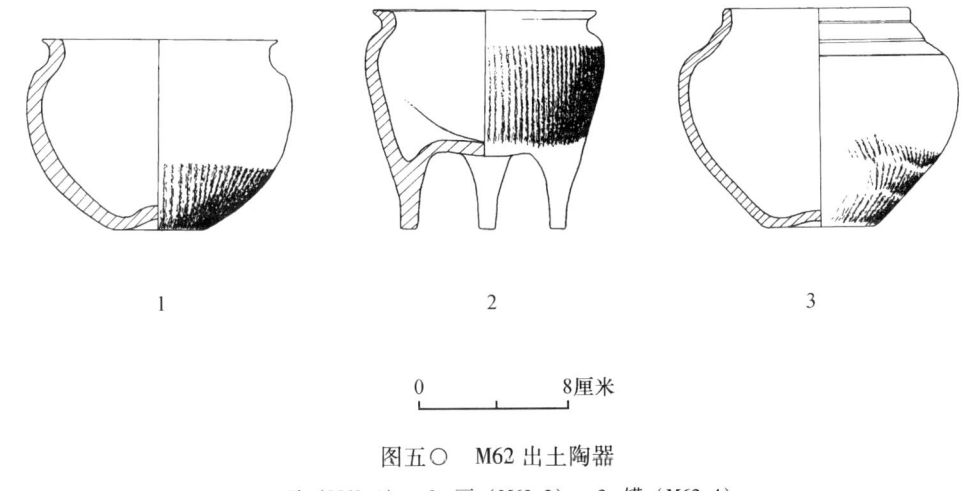

图五〇 M62出土陶器
1. 盂（M62:1） 2. 鬲（M62:2） 3. 罐（M62:4）

二十六、M68

1. 墓葬形制与结构

位于T5646的西部，开口于表土层下，距地表深30厘米。墓葬形制为竖穴土坑墓，平面呈长方形，无墓道。中东部被M67打破，方向105°（图五一；图版七，4）。

墓室　坑口长350、宽180厘米，坑壁直斜内收，底长310、宽160、深250厘米。填土为回填的五花土，土色红褐，质黏。

葬具　单椁单棺，均朽，唯发现青灰色的朽痕。椁痕位于墓室的中部，长240、宽100厘米。棺痕位于椁室的西北部，长198、宽50厘米。

葬式　人骨已朽，唯发现牙齿朽痕。头向105°。

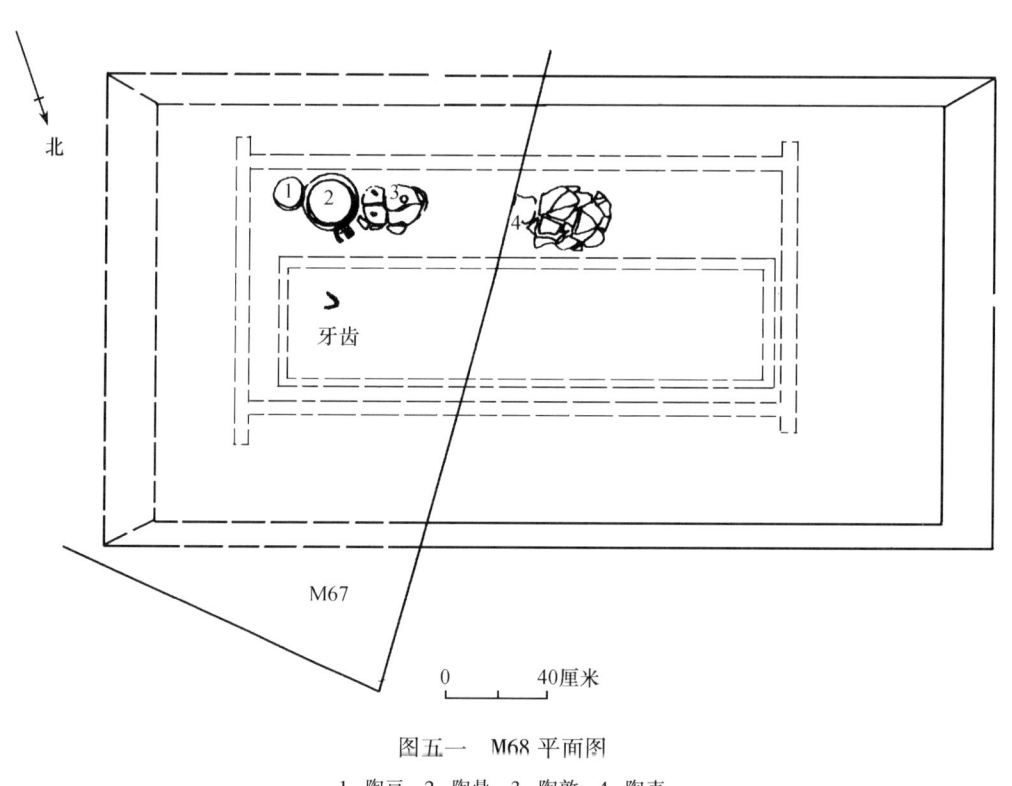

图五一　M68平面图
1. 陶豆　2. 陶鼎　3. 陶敦　4. 陶壶

2. 随葬品

出自椁室的南端，均为陶器，器形有鼎、敦、壶、豆。

陶豆　1件。M68:1，泥质灰陶，圆唇，浅盘口，直柄，喇叭状圈足。口径12.4、底径7.6、高14.8厘米（图五二，1；图版二九，4）。

陶鼎　1件。M68:2，泥质灰褐陶。子母敛口，扁球腹，三兽蹄足，方耳。盖顶平，上有纽，残。口径18.5、高19.5厘米（图五二，2；图版一八，1）。

陶敦　1件。M68:3，泥质红陶，外施银褐色陶衣。身、盖同形，扁球状，有双环耳，足为兽蹄足，残。口径19、残高15厘米（图五二，3；彩版四，2）。

陶壶　1件。M68:4，因太碎无法修复。

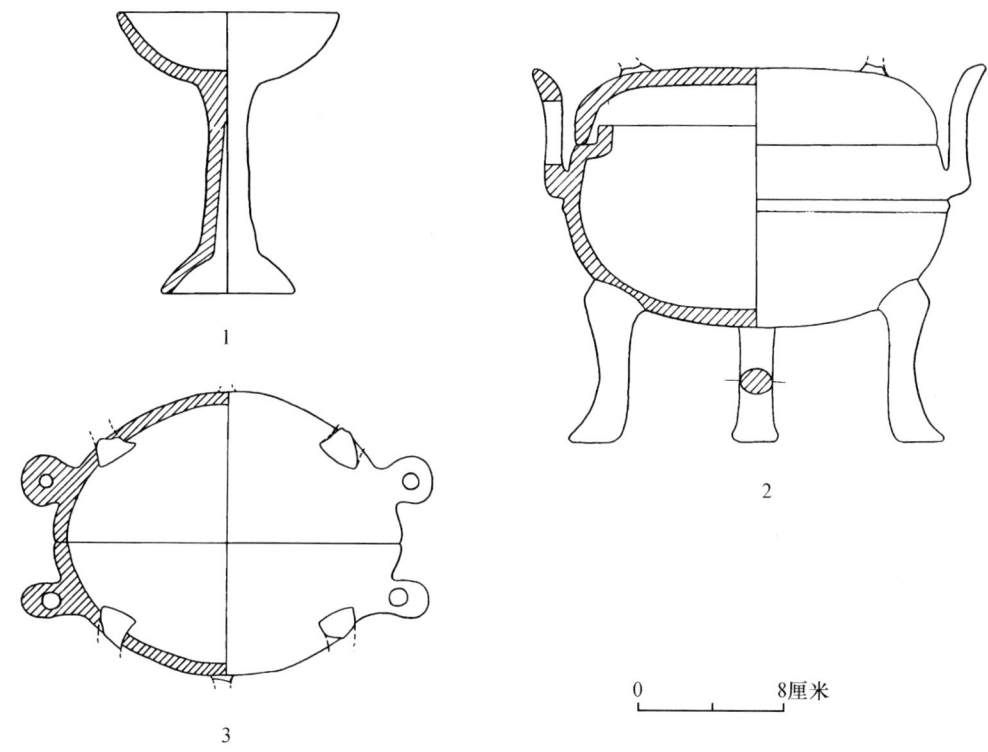

图五二 M68 出土陶器
1. 豆（M68:1） 2. 鼎（M68:2） 3. 敦（M68:3）

二十七、M71

1. 墓葬形制与结构

位于 T5346 和 T5446 的北部，开口于表土层下，距地表深 30 厘米。墓葬形制为竖穴土坑墓，平面呈近长方形，有墓道。方向 220°（图五三；图版八，1）。

墓道　位于墓室前端的中部，开口平面为长方形，底前端为斜坡式后接一级台阶。上口长 300、宽 216 厘米。斜坡底长 216 厘米，高出台阶 41 厘米。台阶宽 70 厘米。

墓室　平面为近长方形，东西两壁可能因为坍塌而变形。坑口长 390、宽 250、深 300 厘米，坑壁直。填土为回填的五花土，土色红褐，质黏。

葬具　单椁单棺，椁两端下置枕木，均朽，唯发现青灰色的朽痕。椁痕位于墓室的中部，长 270、宽 166 厘米。棺痕位于椁室的西北部，长 200、宽 64 厘米。枕木朽槽长 186、宽 10、厚 6 厘米。

葬式　人骨已朽，不明。

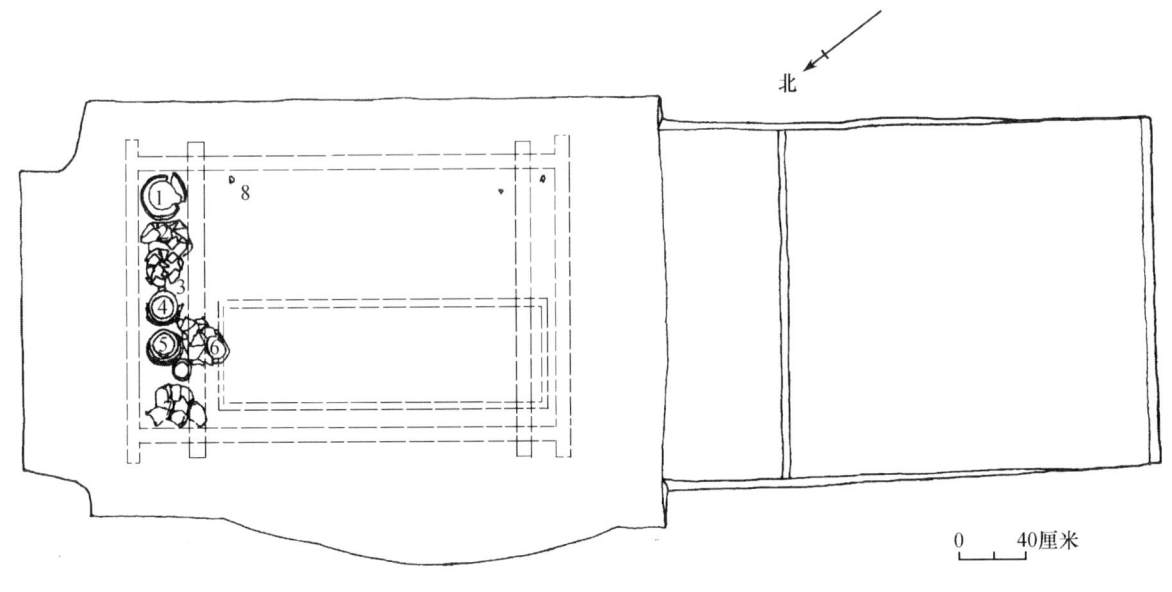

图五三 M71 平面图
1. 陶盘匜 2、3. 陶鼎 4、5. 陶敦 6、7. 陶壶 8. 铜铃

2. 随葬品

随葬品主要出自椁室的北端，器形有陶盘匜、鼎、敦、壶；椁室的东端仅发现铜铃。

陶盘匜 1套。M71：1，泥质灰褐陶，外施有一层陶衣。盘为平折沿，方唇，弧颈，鼓腹弧内收，凹圜底。口径18.6、底径8.6、高7.2厘米。匜呈勺状，短流微上翘，平底。长15、高4厘米（图五四，1）。

陶鼎 2件。M71：2，泥质红褐陶，外施一层银灰色陶衣。子母敛口，半球腹，三圆兽蹄足。方形耳。盖顶平均置三圆环纽。口径14.6、通高16.5厘米（图五四，2；图版一八，2）。M71：3与M71：2形制、大小相同（图版一八，3）。

陶敦 2件。M71：4，泥质红褐陶，外施一层银灰色陶衣。呈椭圆状，腹两侧对称置环耳，矮兽蹄足。口径16、通高18厘米（图五四，3；图版二一，3）。M71：5与M71：4形制、大小相同（图版二一，4）。

陶壶 2件。M71：6，泥质红褐陶，外施一层银灰色陶衣。子母敛口，粗颈，斜肩，扁鼓腹斜内收，平底略内凹。盖顶平，均置三纽。肩、腹饰数道凹弦纹。口径8、底径9、通高26.8厘米（图五四，4；图版二六，5）。M71：7与M71：6形制、大小相同（图版二六，6）。

铜铃 4件。M71：8，弧形凹口，器身两面开两竖条状孔。高4厘米（图五四，5；彩版六，2）。

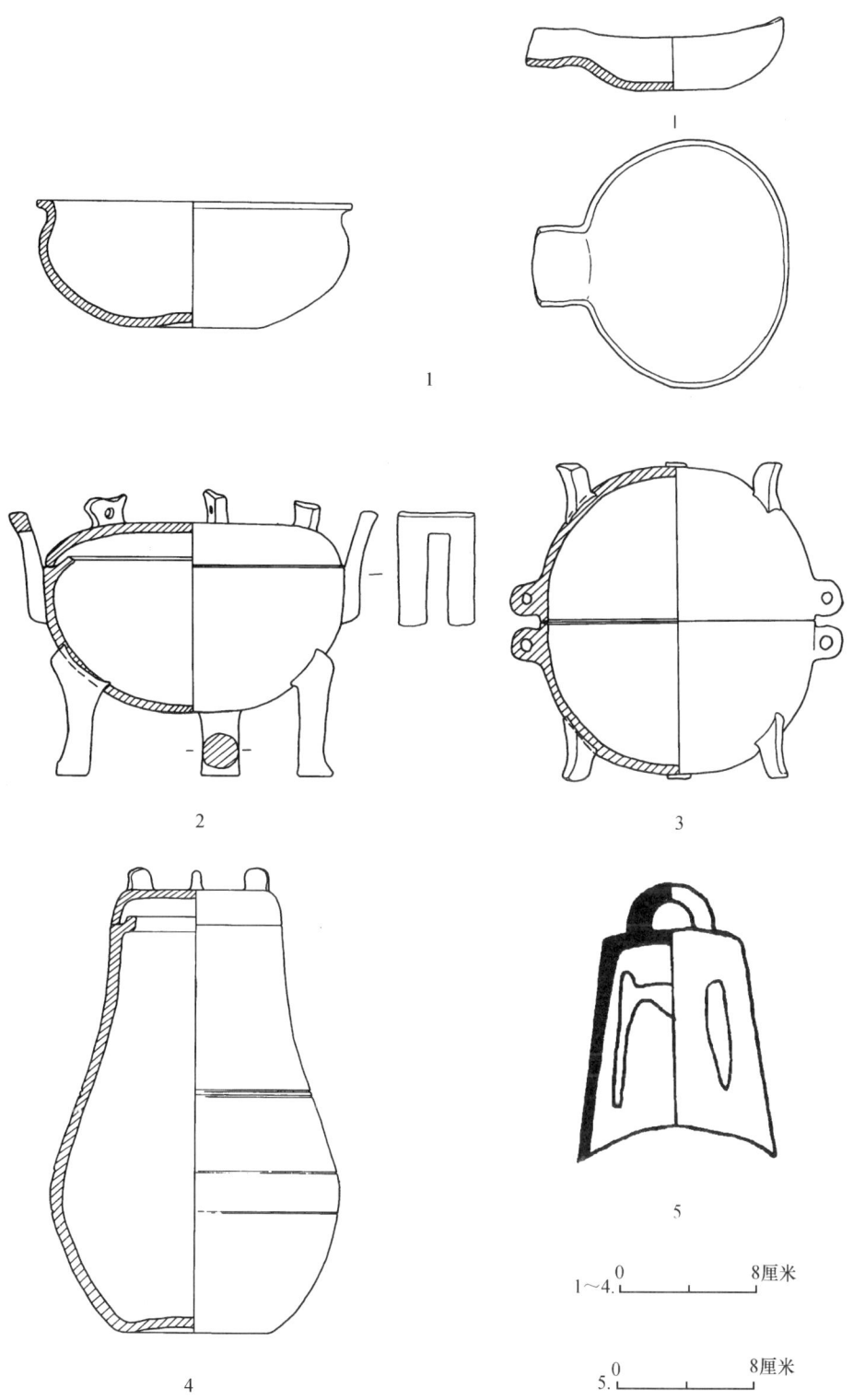

图五四　M71 出土器物

1. 陶盘匜（M71:1）　2. 陶鼎（M71:2）　3. 陶敦（M71:4）　4. 陶壶（M71:6）　5. 铜铃（M71:8）

二十八、M76

1. 墓葬形制与结构

位于 T5646 的西南部，开口于表土层下，距地表深 30 厘米。墓葬形制为竖穴土坑墓，平面呈长方形，无墓道。中部偏西被 M67 打破，南部为 M75 所打破，方向 97°（图五五；图版八，3）。

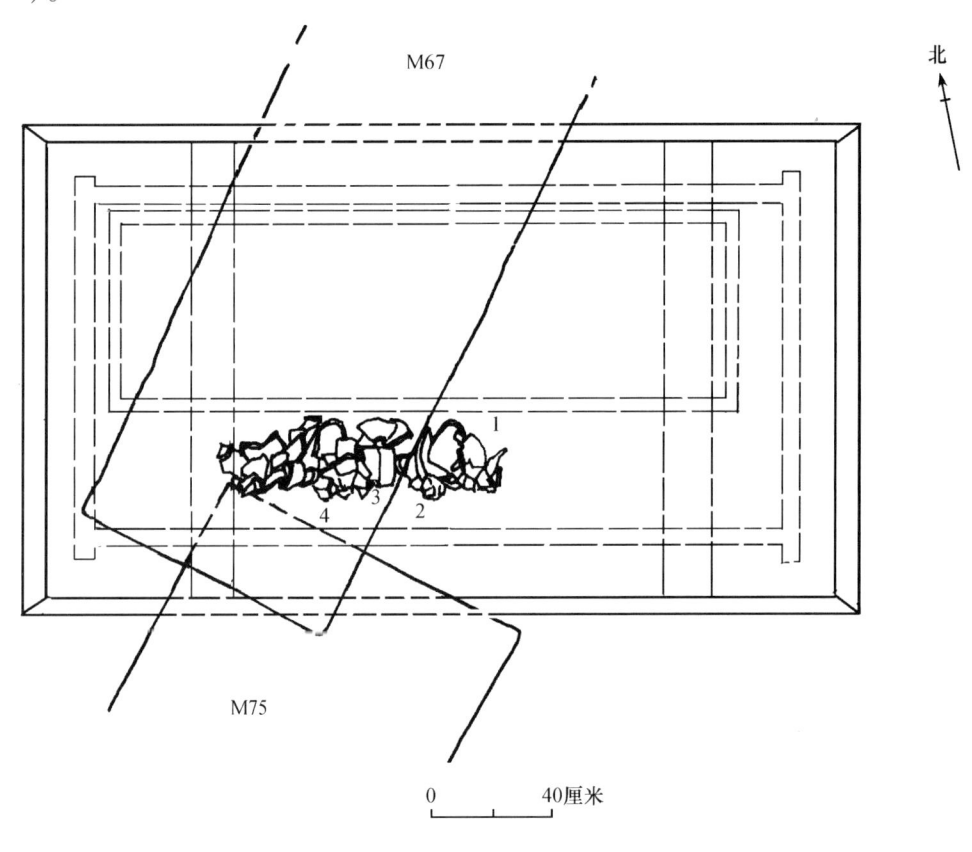

图五五　M76 平面图
1. 陶鼎　2. 陶豆　3. 陶罐　4. 陶盂

墓室　坑口长 285、宽 166 厘米，坑壁直斜内收，底长 264、宽 150 厘米，深 220 厘米。填土为回填的五花土，土色红褐，质黏。

葬具　单椁单棺，椁两端下置枕木，均朽，唯发现青灰色的朽痕。椁位于墓室的中部，长 242、宽 118 厘米。棺痕位于椁室的西北部，长 212、宽 76 厘米。枕木朽糟，长 150、宽 16、深 7 厘米。

葬式　人骨已朽，不明。

2. 随葬品

出自椁室的南侧，均为陶质，器形有鼎、豆、罐、盂。

陶鼎 1件。M76:1，泥质灰褐陶，侈口，平沿，束颈，鼓腹斜内收为圜底，兽蹄足。口径14.2、高13.5厘米（图五六，1；图版一八，4）。

陶豆 1件。M76:2，泥质灰褐陶，尖唇，浅盘口，直柄，喇叭状圈足。口径12、底径8、高14厘米（图五六，2）。

陶罐 1件。M76:3，泥质灰褐陶，平沿，侈口，矮颈，弧肩，鼓腹斜内收为凹圜底。肩部饰数道凹弦纹。口径11.6、底径7、高18厘米（图五六，3；图版二三，4）。

陶盂 1件。M76:4，泥质红褐陶，平沿，侈口，弧颈，鼓腹斜内收为凹圜底。口径16、底径6.5、高13.2厘米（图五六，4；图版二四，6）。

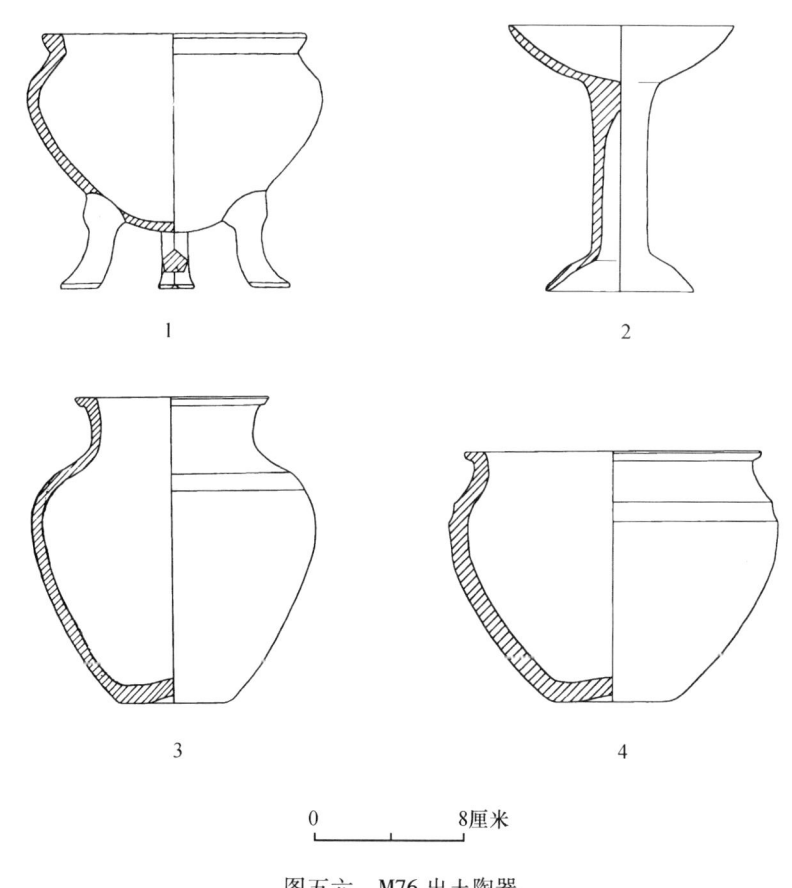

图五六　M76出土陶器
1. 鼎（M76:1） 2. 豆（M76:2） 3. 罐（M76:3） 4. 盂（M76:4）

二十九、M79

1. 墓葬形制与结构

位于 T5745 的西北部，开口于表土层下，距地表深 30 厘米。墓葬形制为竖穴土坑墓，平面呈长方形，无墓道。中北部被 M78 和 M80 打破，方向 102°（图五七；图版八，4）。

墓室　坑口长 240、宽 80 厘米，坑壁直，深 100 厘米。填土为回填的五花土，土色红褐，质黏。在墓室的南壁近墓口 60 厘米处有一方形壁龛，长 50、高 36、进深 10 厘米。内置鬲、盂、豆、罐。

葬具　单棺，已朽，唯发现青灰色的朽痕，位于墓室的中部，长 192、宽 50 厘米。

葬式　人骨 1 具，已朽，仅存部分头骨片和牙齿，但无法取出。

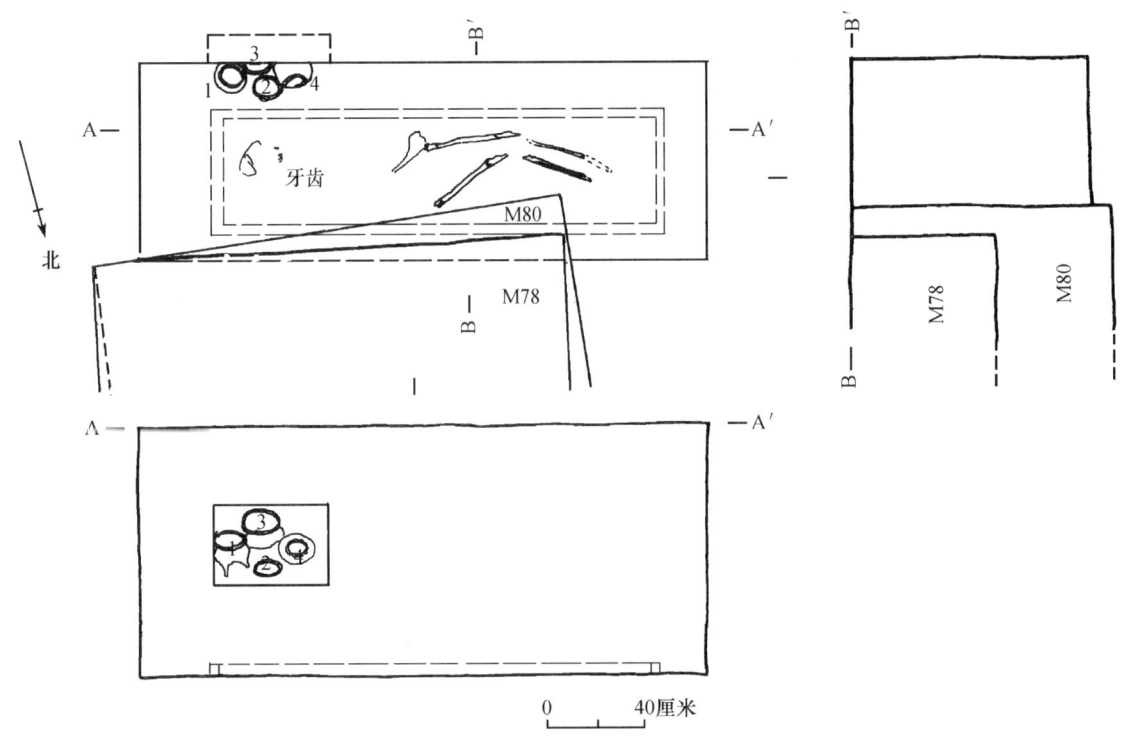

图五七　M79 平、剖面图
1. 陶鬲　2. 陶豆　3. 陶盂　4. 陶罐

2. 随葬品

均出自壁龛内，有陶鬲、盂、豆、罐。

陶鬲　1 件。M79:1，泥质灰褐陶，方唇外翻，平沿，侈口，束颈，鼓腹弧内收，裆平，三圆锥形足。器身饰绳纹。口径11.6、高13.2厘米（图五八，1；图版一九，5）。

陶盂　1件。M79：3，泥质灰陶，方唇外翻，平折沿，弧颈，斜折肩，弧内收为凹圜底。下腹饰交错绳纹。口径13.5、底径8.5、高9.5厘米（图五八，2；图版二五，1）。

陶豆、罐由于出土时太碎，无法修复。

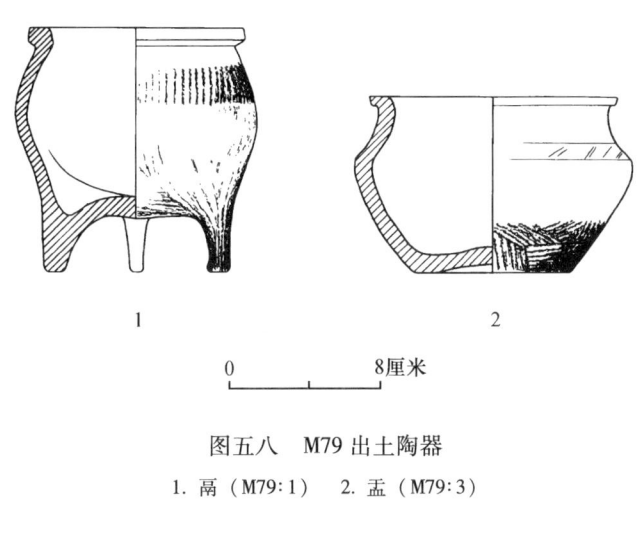

图五八　M79出土陶器
1. 鬲（M79：1）　2. 盂（M79：3）

三十、其他墓葬

以下墓葬多数未能发现器物，或者墓葬遭到破坏，出土器物太碎或少，但其形制均属单棺，墓坑狭小，有的还有生土二层台，应属东周时期，故在此章中一起叙述。

1. M6

位于T5252的西北部。开口于表土层下，距地表深20厘米。墓葬形制为竖穴土坑墓，平面呈长方形，无墓道。方向100°（图五九；图版一，4）。

墓室　坑口长238、宽94厘米，坑壁光滑斜直内收。底长230、宽86厘米，深32厘米。填土为回填的五花土，土色红褐，质黏。

葬具　单棺，已朽，唯发现青灰色的朽痕。棺痕位于墓室的中部，长190、宽52厘米。

葬式　人骨已朽，葬式不明。

2. M11

位于T5150和T5050的中北部，开口于表土层下，距地表深20厘米。墓葬形制为竖穴土坑墓，平面呈长方形，无墓道。方向125°（图六〇；图版二，3）。

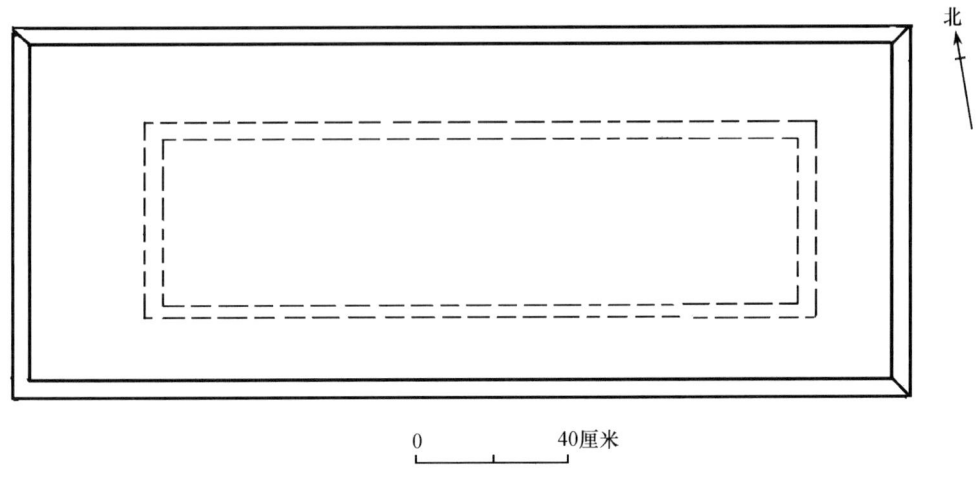

图五九　M6 平面图

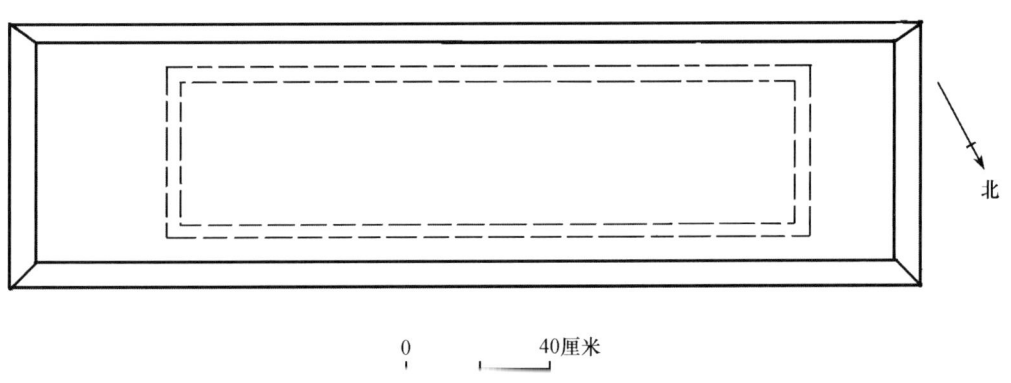

图六〇　M11 平面图

墓室　坑口长 254、宽 70 厘米，坑壁光滑斜直内收。底长 240、宽 60 厘米，深 16 厘米。填土为回填的五花土，土色红褐，质黏。

葬具　单棺，唯发现青灰色的朽痕，位于墓室的中部，长 180、宽 46 厘米。

葬式　人骨已朽，葬式不明。

3. M21

位于 T5350 的中北部，开口于表土层下，距地表深 20 厘米。墓葬形制为竖穴土坑墓，平面呈长方形，无墓道。中部被 M20 拦腰打破，方向 105°（图六一；图版三，3）。

墓室　坑口长 225、宽 75 厘米，坑壁光滑竖直，深 190 厘米。填土为回填的五花土，土色红褐，质黏。

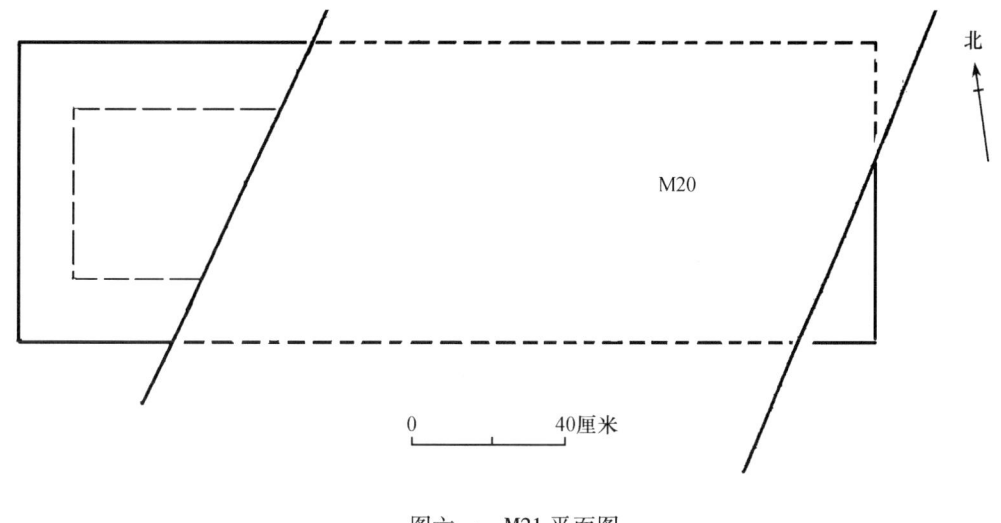

图六一　M21 平面图

葬具　单棺，唯发现青灰色的朽痕，位于墓室的中部，残长 34～54、宽 45 厘米。
葬式　人骨已朽，葬式不明。
未发现随葬品。

4. M36

位于 T5350 的东南部，开口于表土层下，距地表深 20 厘米。墓葬形制为竖穴土坑墓，平面呈长方形，无墓道。上半部为 M23 打破，方向 215°（图六二；图版四，4）。

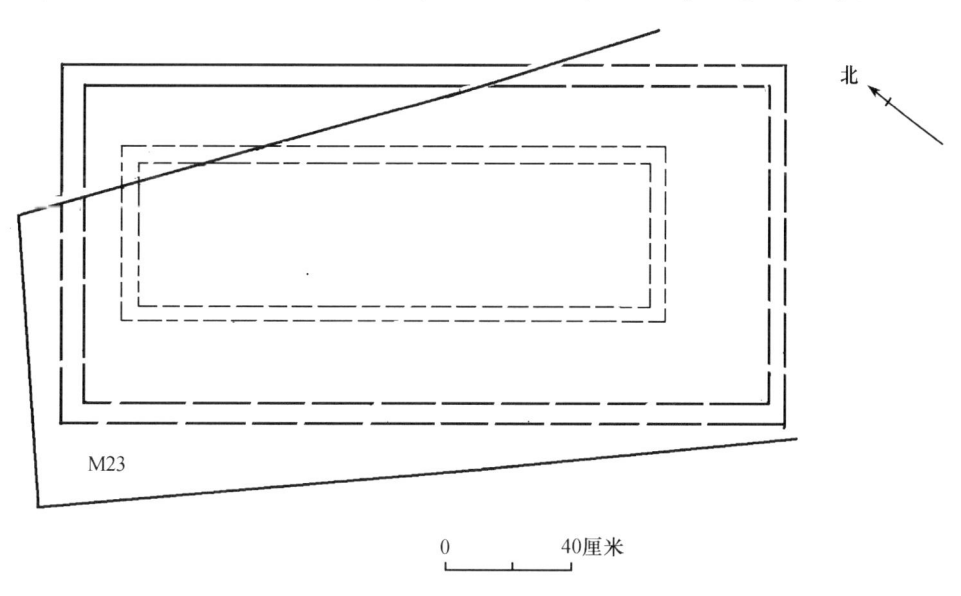

图六二　M36 平面图

墓室　坑口长230、宽110厘米，坑壁光滑斜直内收。底长220、宽102厘米，深126厘米。填土为回填的五花土，土色红褐，质黏。

葬具　单棺，已朽，唯发现青灰色的朽痕，位于墓室的中部，长172、宽56厘米。

葬式　人骨已朽，葬式不明。

未发现随葬品。

5. M37

位于T5450的东南部，开口于表土层下，距地表深20厘米。墓葬形制为竖穴土坑墓，平面呈长方形，无墓道。墓室基本被M24打破，唯剩东部。方向70°（图六三；图版五，1）。

墓室　坑口残长110～136、宽100厘米，深20厘米。填土为回填的五花土，土色红褐，质黏。

葬具、葬式不明。

随葬品，仅东部出土一堆陶片，夹砂红褐陶，绳纹，太碎无法修复和辨别器形。

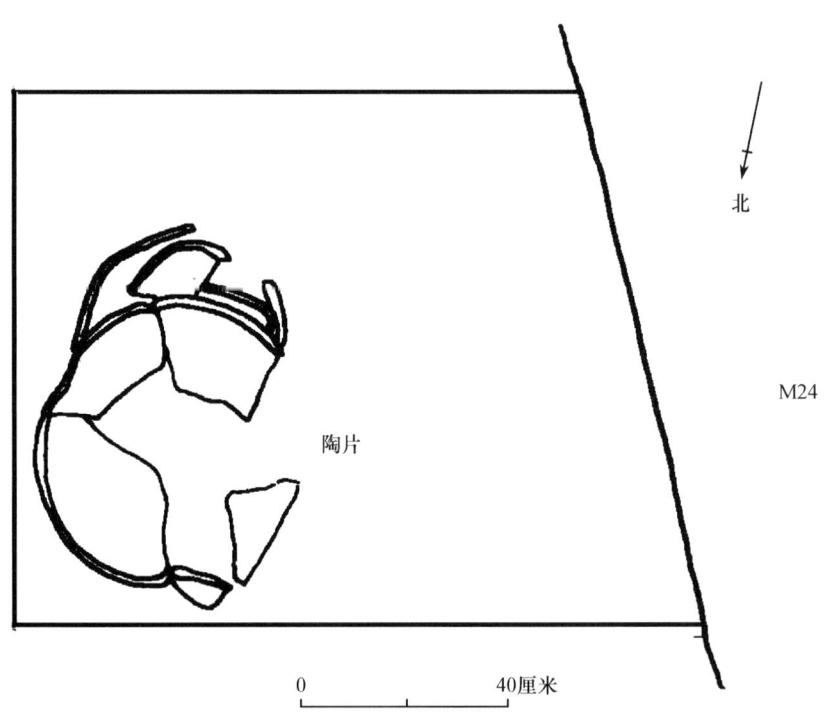

图六三　M37平面图

6. M46

位于 T5245 的东南部，开口于表土层下，距地表深 35 厘米。墓葬形制为竖穴土坑墓，平面呈长方形，无墓道。方向 107°（图六四）。

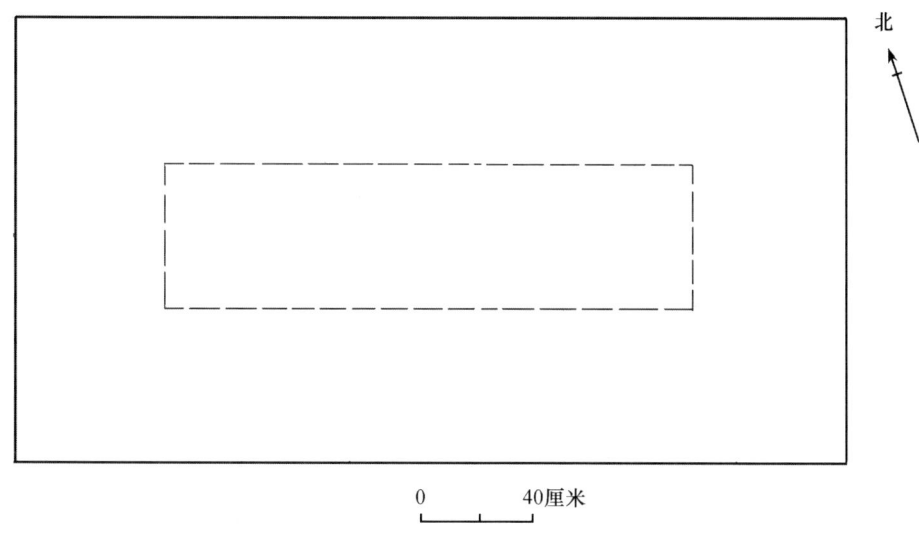

图六四　M46 平面图

墓室　坑口长 300、宽 154 厘米，坑壁竖直，深 95 厘米。填土为回填的五花土，土色红褐，质黏。

葬具　单棺，已朽，唯发现青灰色的朽痕，位于墓室的中部，长 190、宽 50 厘米。

葬式　人骨已朽，葬式不明。

未发现随葬品。

7. M61

位于 T5547 的东南部，开口于表土层下，距地表深 20 厘米。墓葬形制为竖穴土坑墓，平面呈长方形，无墓道。方向 150°（图六五；图版六，4）。

墓室　坑口长 240、宽 114 厘米，坑壁竖直，深 90 厘米。填土为回填的五花土，土色红褐，质黏。

葬具　单棺，朽，唯发现青灰色的朽痕，位于墓室的中部，长 200、宽 50 厘米。

葬式　人骨已朽，葬式不明。

未发现随葬品。

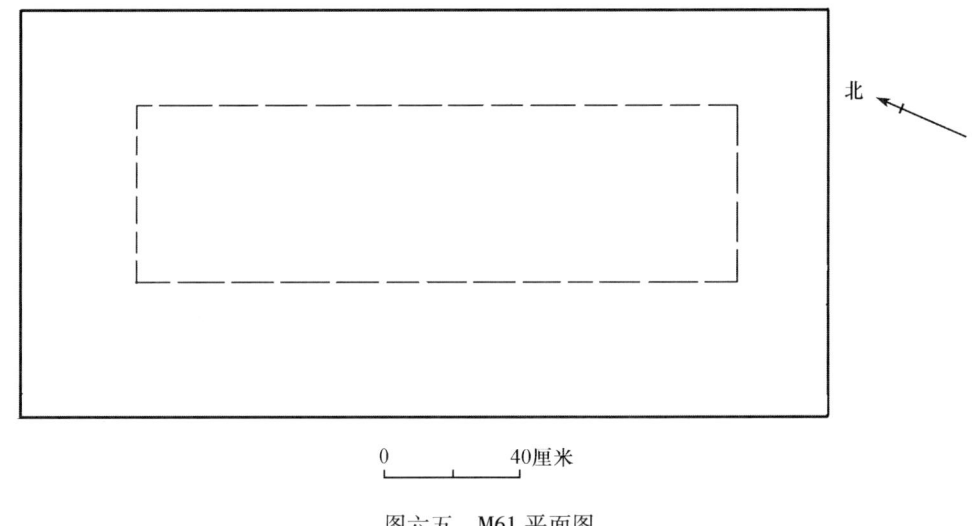

图六五　M61 平面图

8. M65

位于 T5647 的中部，开口于表土层下，距地表深 30 厘米。墓葬形制为竖穴土坑墓，平面呈长方形，无墓道。东北角北 M64 打破，方向 95°（图六六；图版七，2）。

墓室　坑口长 220、宽 90 厘米，坑壁竖直，深 90 厘米。填土为回填的五花土，土色红褐，质黏。

葬具、葬式　葬具、人骨均朽。

未发现随葬品。

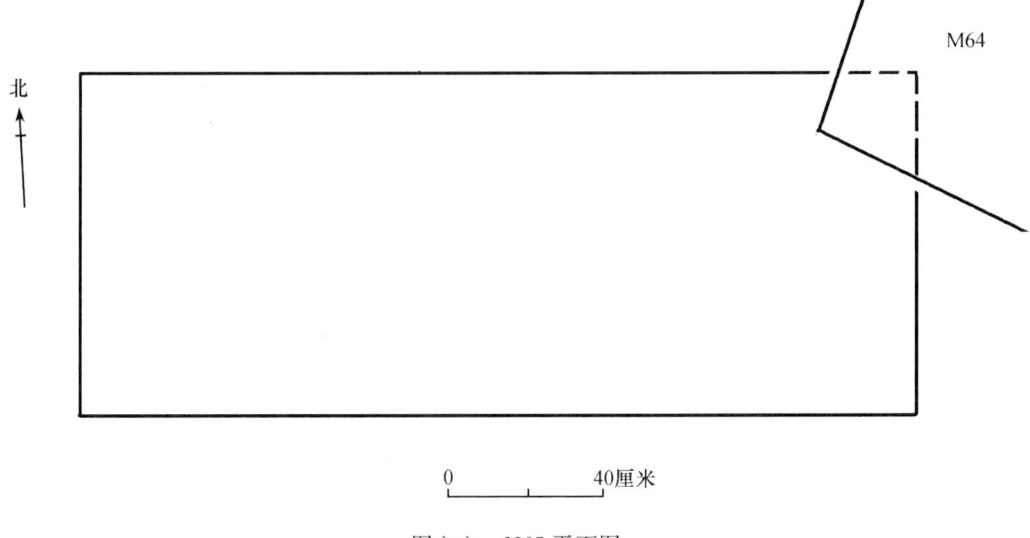

图六六　M65 平面图

9. M66

位于T5647和T5646的中东部，开口于表土层下，距地表深30厘米。墓葬形制为竖穴土坑墓，平面呈长方形，无墓道。方向85°（图六七；图版七，3）。

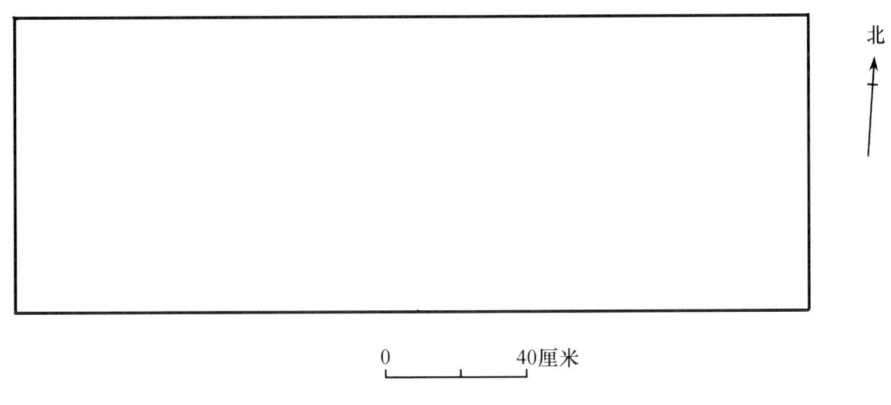

图六七 M66平面图

墓室 坑口长230、宽80厘米，坑壁竖直，深90厘米。填土为回填的五花土，土色红褐，质黏。

葬具、葬式 葬具、人骨已朽。

未发现随葬品。

10. M75

位于T5646、T5645、T5545的中部，开口于表土层下，距地表深30厘米。墓葬形制为竖穴土坑墓，平面呈梯形，无墓道。西北角被M67打破，同时打破M76，方向35°（图六八；图版八，2）。

墓室 坑口长270、宽100~108厘米，壁直，深80厘米。东西两壁留有生土二层台，高20、宽26~30厘米。填土为回填的五花土，土色红褐，质黏。

葬具、葬式 葬具、人骨已朽，不明。

未发现随葬品。

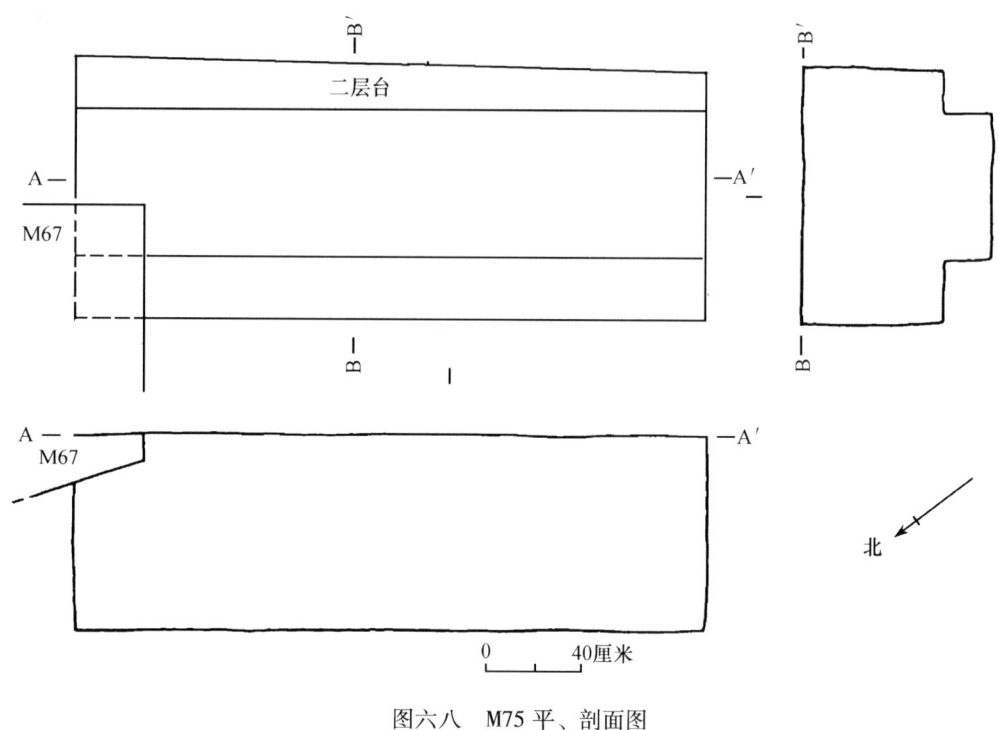

图六八 M75 平、剖面图

第二节 年代、分期与墓葬等级分析

一、典型器物的类型学分析

上述39座墓葬中，有29座出土器物，其中26座出成组陶器。陶器主要有鼎、敦、壶、鬲、盂、豆、罐；铜器主要为兵器和车马器具。下面对出土较多的陶器进行类型学分析。

1. 鼎

30件，出自18座墓葬中，在14座墓葬中和敦、壶共出，2座墓葬中和豆、罐、盂同出，1座墓中独出，1座墓葬中和盂、豆、壶共出。以泥质红褐陶为主，器表多施一层陶衣。陶质十分疏松，结合不牢，断面类似夹心饼干，仅修复了17件。

根据耳的有无分两型。

A型：14件。有附耳。根据腹部和足的差异分两亚型。

Aa型：13件。弧腹，矮兽蹄足。根据腹部深浅和足的高低变化分三式。

Ⅰ式：1件。深腹部，圜底近尖，矮足。M1∶1为此式（图六九，1）。

Ⅱ式：1件。腹略变浅，圜底，足变高。M25∶7属此式（图六九，2）。

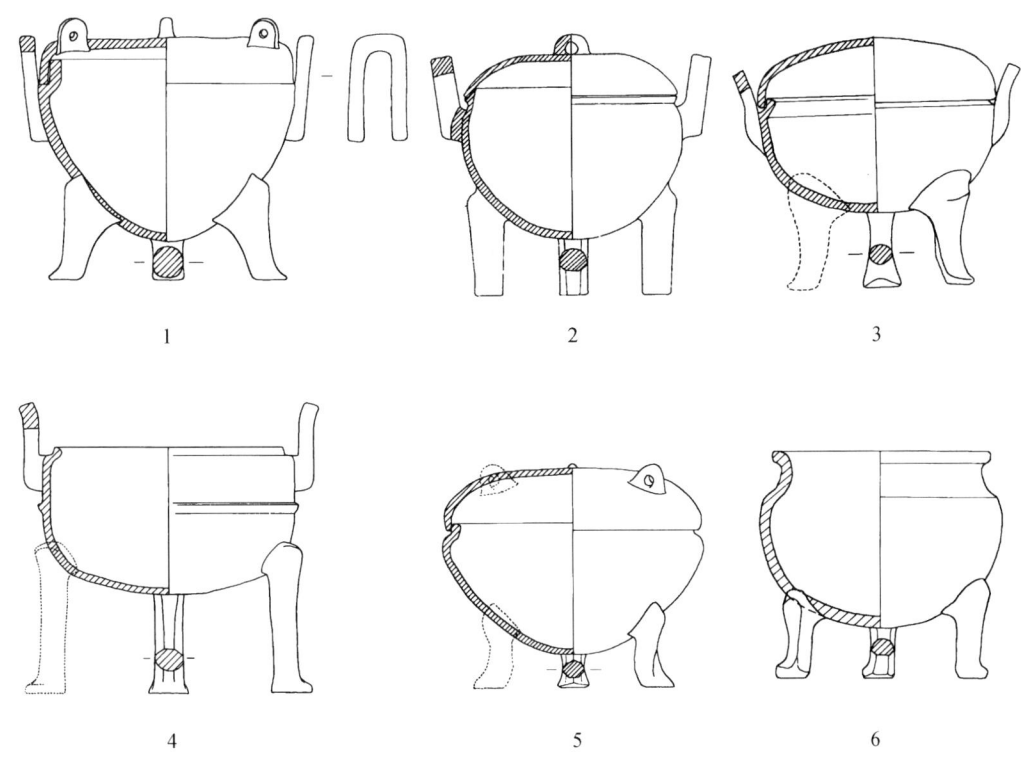

图六九　陶鼎形制示意图
1. Aa 型Ⅰ式（M1∶1）　2. Aa 型Ⅱ式（M25∶7）　3. Aa 型Ⅲ式（M5∶5）　4. Ab 型（M41∶2）
5. Ba 型（M4∶1）　6. Bb 型（M13∶1）

Ⅲ式：11件。腹更浅，为扁球状，圜底略弧。M2∶4、M5∶5、M5∶6、M8∶3、M8∶4、M12∶5、M38∶8、M38∶9、M60∶4、M68∶2、M71∶2、M71∶3为此式。标本M5∶5（图六九，3）。

Ab 型：1件。直腹，瘦长蹄足。M41∶2属此型（图六九，4）。

A 型变化规律为：腹由深→浅，尖圜底→近平，足由矮→高。

B 型：3件。无耳。根据口沿的差异分两亚型。

Ba 型：1件。敛口。M4∶1为此型，深弧腹，圜底近尖（图六九，5）。

Bb 型：2件。侈口。M13∶1、M76∶1属此型，均为深腹。标本M13∶1（图六九，6）。

2. 豆

30件，出自23座墓中。和鼎、敦、壶共出的有11座；和鬲、盂、罐共出的有10座；其他几座或为鼎、豆、壶、盂，或鬲、豆、罐。以泥质红陶为主，多施陶衣，陶质疏松，仅修复15件，盘口状，弧腹，有柄，喇叭状圈足。

根据盘口和柄的变化分三式。

Ⅰ式：1件。敞口，腹较深，粗短柄。M1∶2属此式（图七〇，1）。

Ⅱ式：13件。腹变浅，柄较细长。M4∶2、M5∶7、M8∶7、M10∶4、M15∶1、M25∶4、M52∶5、M54∶2、M55∶6、M58∶1、M60∶3、M68∶1、M76∶2属此式，标本M4∶2（图七○，2）。

Ⅲ式：1件。盘口近直，柄更细长。M12∶7属此式（图七○，3）。

豆的变化规律为：盘腹由深→浅，柄由粗短→细长。

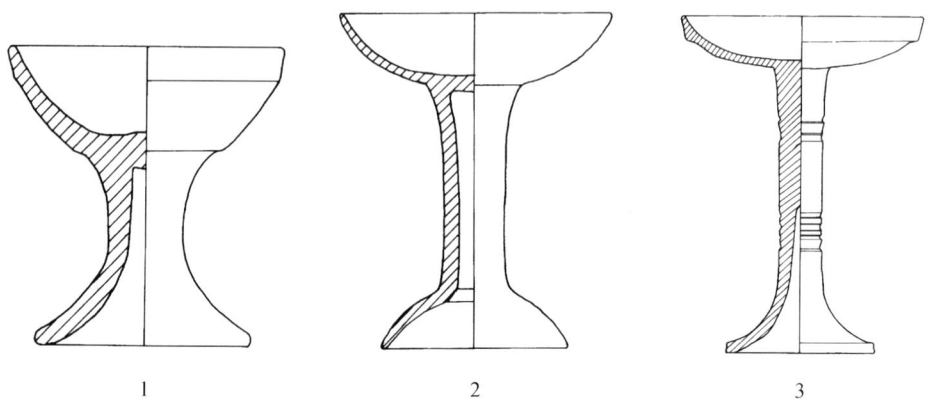

图七○ 陶豆形制示意图
1. Ⅰ式（M1∶2）　2. Ⅱ式（M4∶2）　3. Ⅲ式（M12∶7）

3. 敦

26件，出自13座墓葬中，均和鼎、壶同出，有11座墓葬中为双数，仅两座墓所出为1件。均为泥质红褐陶，陶质疏松易碎，外施陶衣。仅修复9件。根据足和腹部深浅的变化大致分三式。

Ⅰ式：2件。圆兽蹄足，浅腹。M1∶3、M4∶6属此式。标本M1∶3（图七一，1）。

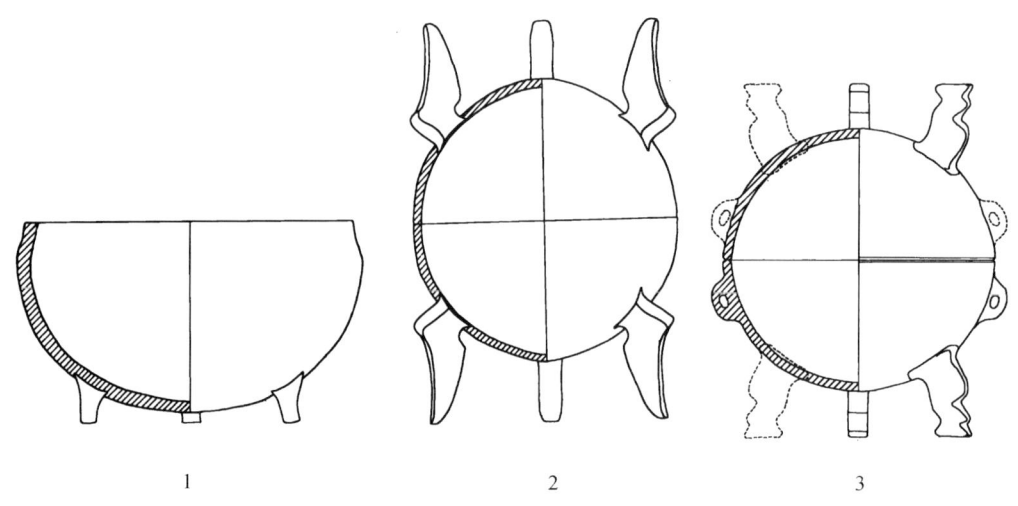

图七一 陶敦形制示意图
1. Ⅰ式（M1∶3）　2. Ⅱ式（M2∶2）　3. Ⅲ式（M8∶1）

Ⅱ式：5件。扁状蹄足，腹深，器形呈竖椭圆状。M2∶2、M5∶3、M38∶10、M68∶3、M71∶4为此式。标本 M2∶2（图七一，2）。

Ⅲ式：2件。与上式接近，腹略变浅，器形近圆。M8、M12 为此式。标本 M8∶1（图七一，3）。

敦的变化趋势为：圆兽蹄足→扁，腹由浅→深→中度。

4. 壶

28件。出自16座墓葬中，和鼎、敦同出的有14座，1座由于破坏而仅发现1件，1座则和鼎、豆、盂同出。以泥质红褐陶为主，多施有陶衣，质地疏松，仅修复9件。

根据口沿侈口或敛口的差异分两型。

A 型：7件。子母敛口。根据颈、腹的变化分三式。

Ⅰ式：1件。颈粗短，腹浅。M18 出土。标本 M18∶1（图七二，1）。

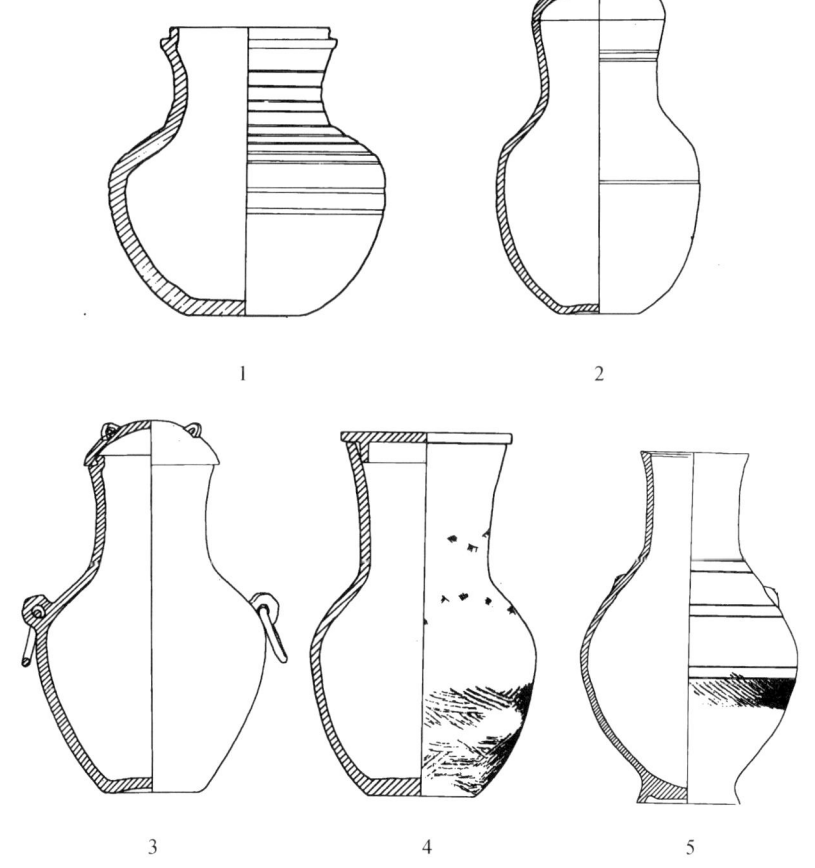

图七二　陶壶形制示意图
1. A 型Ⅰ式（M18∶1）　2. A 型Ⅱ式（M2∶6）　3. A 型Ⅲ式（M12∶1）　4. B 型Ⅰ式（M5∶2）　5. B 型Ⅱ式（M41∶6）

Ⅱ式：4件。颈略变长、细，腹变深。M2∶6、M32∶1、M38∶6、M71∶6为此式。标本M2∶6（图七二，2）。

Ⅲ式：2件。颈更长。M8∶5、M12∶1为此式。标本M12∶1（图七二，3）。

B型：2件。敞口。根据颈、腹和器底的变化分两式。

Ⅰ式：1件。颈略粗，深鼓腹，平底。M5出土。M5∶2（图七二，4）。

Ⅱ式：1件。颈细长，腹更深，矮圈足。M41出土。M41∶6（图七二，5）。

壶的总体变化为：颈由粗→细长，腹由浅→深。

5. 鬲

11件。出自11座墓葬中，均和盂、豆、罐同出。以夹砂褐陶为主，饰绳纹，修复7件。根据口沿的变化分四式。

Ⅰ式：1件。侈口，斜领。M55出土。M55∶5（图七三，1）。

Ⅱ式：3件。侈口，斜卷沿。M25∶6、M28∶1、M62∶2为此式。标本M25∶6（图七三，2）。

Ⅲ式：2件。矮卷沿。M33∶1、M79∶1为此式。标本M33∶1（图七三，3）。

Ⅳ式：1件。平沿。M54出土。M54∶3（图七三，4）。

鬲的变化趋势为：斜领→卷沿→平沿。

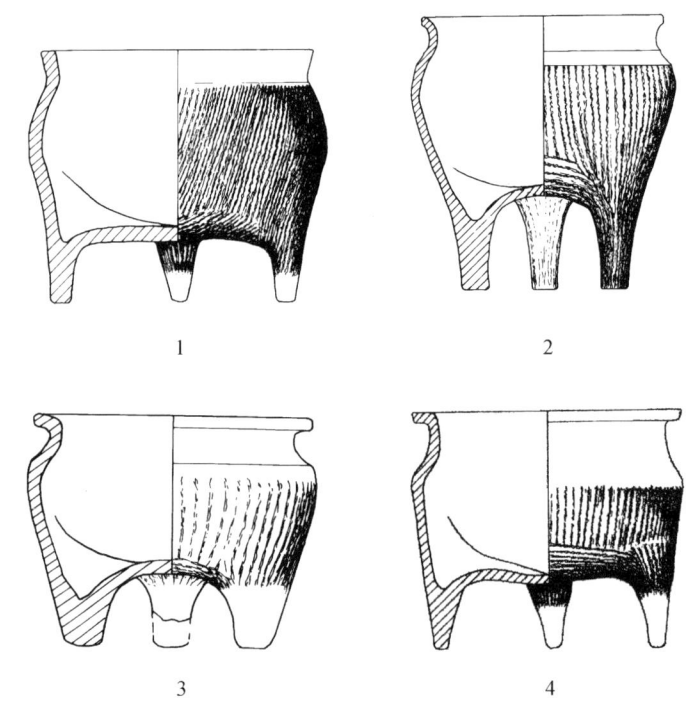

图七三 陶鬲形制示意图

1. Ⅰ式（M55∶5）　2. Ⅱ式（M25∶6）　3. Ⅲ式（M33∶1）　4. Ⅳ式（M54∶3）

6. 罐

16件。出自13座墓葬中,其中和鬲、豆、盂同出的有11座,和鼎、豆、盂同出的有2座。陶质以泥质红褐陶为主,修复11件。根据领的高低差异分三型。

A型:4件。高领。根据口沿的变化分两式。

Ⅰ式:3件。直口。M13∶3、M25∶2、M55∶10属此式。标本M25∶2(图七四,1)。

Ⅱ式:1件。口略外侈,唇略外翻。M52出土。M52∶1(图七四,2)。

B型:6件。矮领。根据口沿的变化分两式。

Ⅰ式:3件。直口。M28∶4、M55∶8、M62∶4为此式。标本M55∶8(图七四,3)。

Ⅱ式:3件。口略外侈。M33∶2、M54∶4、M76∶3为此式。标本M54∶4(图七四,4)。

C型:1件。侈口,平折沿。M58出土。M58∶2(图七四,5)。

罐的变化趋势为:直口→口略外侈→侈口、平折沿。

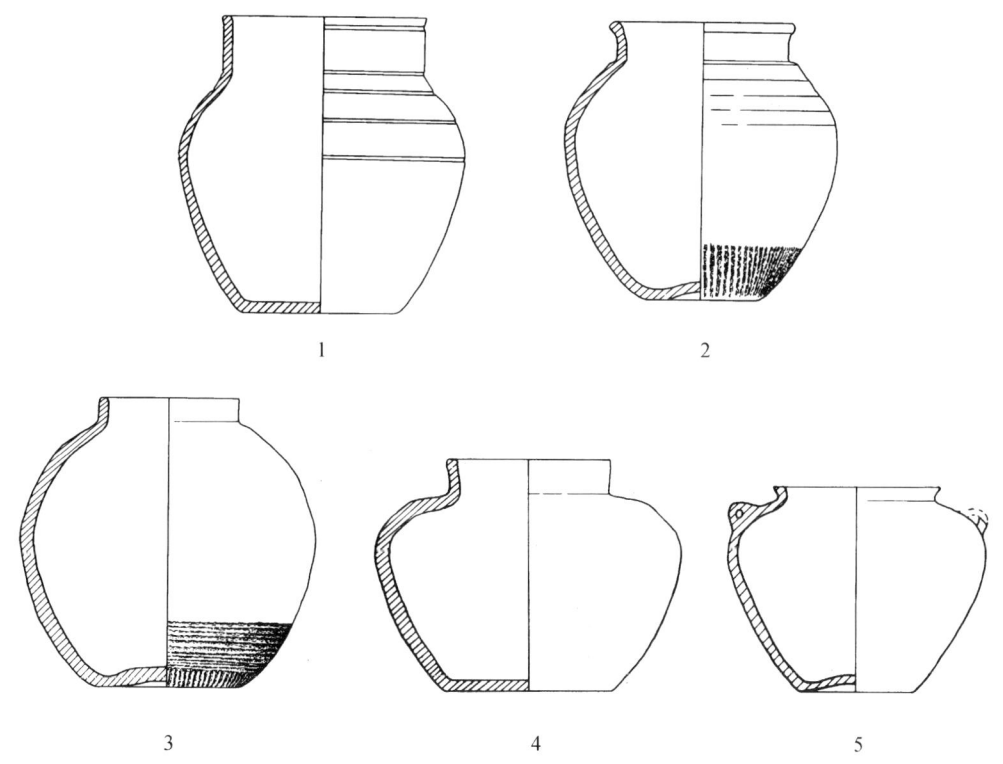

图七四 陶罐形制示意图

1. A型Ⅰ式(M25∶2) 2. A型Ⅱ式(M52∶1) 3. B型Ⅰ式(M55∶8) 4. B型Ⅱ式(M54∶4) 5. C型(M58∶2)

7. 盂

14件，出自13座墓葬中，和鬲、豆、罐同出的有11座，其他两座和鼎、豆、壶同出。以泥质红褐陶为主，多施绳纹，修复的有9件。根据口沿、肩和腹的变化分三式。

Ⅰ式：3件。圆唇外侈，圆肩，深鼓腹。M25：5、M52：2、M62：1为此式。标本M52：2（图七五，1）。

Ⅱ式：3件。圆肩，腹斜内收，肩腹分界稍明显。M10、M13：4、M58：3、M76：4为此式。标本M13：4（图七五，2）。

Ⅲ式：3件。平折沿，斜肩，折腹斜内收，肩腹处有一明显折棱。M54：1、M79：3为此式。标本M54：1（图七五，3）。

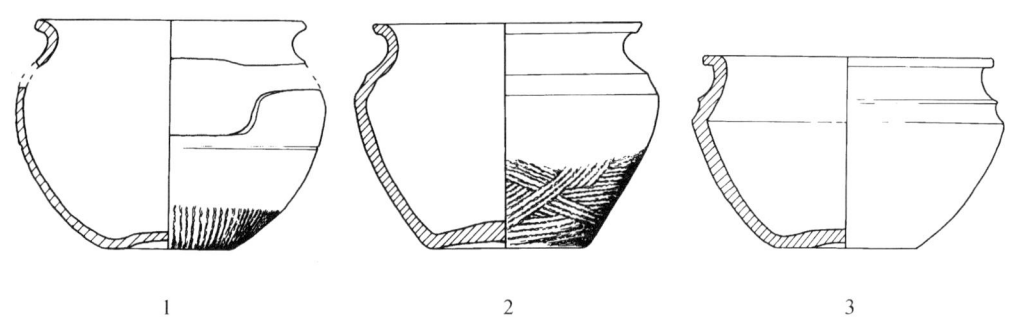

图七五　陶盂形制示意图
1. Ⅰ式（M52：2）　2. Ⅱ式（M13：4）　3. Ⅲ式（M54：1）

盂的变化趋势为：口沿从圆唇侈口→平折沿，肩由圆→斜，肩腹分界不明晰→有明显折棱。

其他器物由于出土或修复成器较少，无法进行类型学的研究。

二、组合、分期与年代

（一）组合

在上述26座出土成组的陶器墓葬中，根据出土器物组合的差异，可大致分为以下几组：

A组：鬲、盂、豆、罐。墓葬有M10、M28、M33、M52、M55、M58、M62、M79。

B组：鼎、豆、罐、盂。墓葬有M13、M76。

C组：鼎、豆、壶、盂。墓葬有M60。

D组：鼎、敦、壶，加上豆或盘匜。墓葬有M1、M2、M4、M5、M8、M12、M15、M22、M38、M41、M68、M71。

E组：鼎、敦、壶和鬲、盂、豆、罐。墓葬有M18和M54。

F组：鼎和鬲、盂、豆、罐。墓葬有M25。

各组的器物型式组合具体如下。

1. A组

M55：鬲Ⅰ、盂（？）、罐AⅠ、罐BⅠ、豆Ⅱ；
M28：鬲Ⅱ、盂（？）、罐BⅠ、豆（？）；
M62：鬲Ⅱ、盂Ⅰ、罐BⅠ、豆（？）；
M52：鬲（？）、盂Ⅰ、罐AⅡ、豆Ⅱ；
M10：鬲（？）、盂Ⅱ、罐（？）、豆Ⅱ；
M58：鬲（？）、盂Ⅱ、罐BⅡ、豆Ⅱ；
M33：鬲Ⅲ、盂（？）、罐BⅡ、豆（？）；
M79：鬲Ⅲ、盂Ⅲ、豆（？）、罐（？）。

在以上各墓中，鬲Ⅰ、Ⅱ式均与罐BⅠ、豆Ⅱ同出，豆Ⅱ又和盂Ⅱ同出，故它们可归为一类，而鬲Ⅲ则与盂Ⅲ同出。因此根据上面分析A组可再分为两段。

一段：墓葬有M10、M28、M52、M55、M58和M62。器物有鬲Ⅰ、鬲Ⅱ、罐AⅠ、罐AⅡ、罐BⅠ、豆Ⅱ和盂Ⅰ、盂Ⅱ。

二段：墓葬有M33、M79。器物有鬲Ⅲ、罐BⅡ、豆Ⅱ、盂Ⅲ。

2. B段

M13：鼎Bb、罐AⅠ、盂Ⅱ、豆（？）；
M76：鼎Bb、罐C、盂Ⅱ、豆Ⅱ。

两墓均出鼎Bb和盂Ⅱ，故年代应接近，故B组不分期段。

3. C组

仅见一墓。

M60：鼎AaⅢ、豆Ⅱ、壶（？）、盂（？）。

4. D组

M1：鼎AaⅠ、豆Ⅰ、敦Ⅰ、壶（？）；
M2：鼎AaⅢ、豆（？）、敦Ⅱ、壶AⅡ；
M4：鼎Ba、豆Ⅱ、敦（？）、壶（？）；

M5：鼎 AaⅢ、豆Ⅱ、敦Ⅱ、壶 BⅠ；

M15：鼎（?）、豆Ⅱ、敦（?）、壶（?）；

M22：鼎（?）、豆（?）、敦（?）、壶（?）；

M38：鼎 AaⅢ、豆（?）、敦Ⅱ、壶 AⅡ；

M41：鼎 Ab、豆（?）、敦（?）、壶 BⅡ；

M68：鼎 AaⅢ、豆Ⅱ、敦Ⅱ、壶（?）；

M71：鼎 AaⅢ、豆（?）、敦Ⅱ、壶Ⅱ；

M8：鼎 AaⅢ、豆Ⅱ、敦Ⅲ、壶 AⅢ；

M12：鼎 AaⅢ、豆Ⅲ、敦Ⅲ、壶 AⅢ。

在以上各墓中，豆Ⅰ、敦Ⅰ、鼎Ⅰ未见和其他型式器物同出，可归为一段；鼎 AaⅢ既和豆Ⅱ，敦Ⅱ，壶Ⅰ、Ⅱ同出，也和豆Ⅲ、敦Ⅲ、壶 AⅢ同出，但敦Ⅱ、壶Ⅰ、壶Ⅱ与敦Ⅲ、壶Ⅲ分界明显，未见和其他型式器物同出，故两类可细分为两段。据此 D 组可再细分为三段：

一段：M1，有鼎 AⅠ、豆Ⅰ、敦Ⅰ。

二段：M2、M4、M5、M15、M38、M41、M68、M71，有鼎 AⅢ和鼎 B，豆Ⅱ、敦Ⅱ和壶 AⅡ、壶 B。

三段：有 M8 和 M12，有鼎 AⅢ、敦Ⅲ、壶 AⅢ和豆Ⅱ、豆Ⅲ。

5. E 组

M18：鼎（?）、敦（?）、壶 AⅠ、鬲（?）、盂（?）、豆（?）、罐（?）；

M54：鼎（?）、敦（?）、壶（?）、鬲Ⅳ、盂（?）、豆Ⅱ、罐 BⅡ。

两墓器物组合与其他墓不同，可单独归为一类，由于 M18 已修复器物少，故 E 组暂不分段。

6. F 组：有 M25

M25：鼎 AaⅡ、鬲Ⅱ、罐 AⅠ、豆Ⅱ、盂Ⅰ。

（二）分期

根据以上的分析，以上 26 座墓可分为以下几期。

第一期：A 组一段、B 组、E 组和 F 组。墓葬有 M1、M10、M13、M18、M25、M28、M52、M55、M58、M62 和 M76。典型器物有鬲Ⅰ、鬲Ⅱ、罐 AⅠ、罐 AⅡ、罐 BⅠ、罐 C、豆Ⅰ、豆Ⅱ、盂Ⅰ、盂Ⅱ、鼎 AaⅠ、鼎 AaⅡ、鼎 B、敦Ⅰ、壶 AⅠ。

第二期：A 组二段，C 组和 D 组的一、二段。墓葬有 M2、M4、M5、M15、M33、M38、M41、M54、M60、M68、M71、M79。典型器物有鬲Ⅲ、鬲Ⅳ、罐 BⅡ、鼎 AaⅢ、鼎 Ab、豆

Ⅱ、敦Ⅱ、盂Ⅲ和壶AⅡ、壶B。

第三期：D组的三段。墓葬有M8和M12，典型器物有鼎AaⅢ、敦Ⅲ、壶AⅢ和豆Ⅱ、豆Ⅲ。

以上各墓出土陶器组合关系经归纳如下表（表一）。

根据各类陶器不同型式的共出关系，东周时期墓葬的陶器分期表和图如下（表二、图七六）。

表一

墓葬	鬲	盂	罐			豆	鼎				壶		敦
			A	B	C		Aa	Ab	Ba	Bb	A	B	
M55	Ⅰ	?	Ⅰ	Ⅰ		Ⅱ							
M28	Ⅱ	?	Ⅰ			?							
M62	Ⅱ	Ⅰ	Ⅰ			?							
M52	?	Ⅰ	Ⅱ			Ⅱ							
M10	?	Ⅱ	?			Ⅱ							
M58	?	Ⅱ	Ⅱ			Ⅱ							
M1						Ⅰ	Ⅰ				?		Ⅰ
M18	?	?	?			?	?				Ⅰ		?
M13		Ⅱ	Ⅰ			?			▲				
M76		Ⅱ			▲	Ⅱ			▲				
M25	Ⅱ	Ⅰ	Ⅰ			Ⅱ	Ⅱ						
M79	Ⅲ	Ⅲ	?			?							
M33	Ⅲ	?		Ⅱ		?							
M60		?				Ⅱ	Ⅲ				?		
M2						?	Ⅲ				Ⅱ		Ⅱ
M4					Ⅱ			▲			?		?
M5						Ⅱ	Ⅲ				Ⅰ		Ⅱ
M15						Ⅱ	?				?		?
M38						?	Ⅲ				Ⅱ		Ⅱ
M41						?		▲			Ⅱ		?
M68						Ⅱ	Ⅲ				?		Ⅱ
M71						?	Ⅲ				Ⅱ		Ⅱ
M54	Ⅳ	?		Ⅱ		Ⅱ	?				?		?
M8						Ⅱ	Ⅲ				Ⅲ		Ⅲ
M12						Ⅲ	Ⅲ				Ⅲ		Ⅲ

表二

分期	鬲	盂	豆	罐			鼎				敦	壶	
				A	B	C	Aa	Ab	Ba	Bb		A	B
一	ⅠⅡ	ⅠⅡ	ⅠⅡ	ⅠⅡ	Ⅰ	▲	ⅠⅡ		▲	▲	Ⅰ	Ⅰ	
二	ⅢⅣ	Ⅲ	Ⅱ		Ⅱ		Ⅲ	▲			Ⅱ	ⅠⅡ	
三			ⅡⅢ				Ⅲ				Ⅲ	Ⅲ	

分期	鼎 A		鼎 B		豆	盂
	a	b	a	b		
第一期	M1:1 Ⅰ M25:7 Ⅱ		M4:1	M13:1	M1:2 Ⅰ M4:2 Ⅱ	M52:2 Ⅰ M13:4 Ⅱ
第二期	M5:5 Ⅲ	M41:2				M54:1 Ⅲ
第三期	M8:3 Ⅲ				M12:7 Ⅲ	

图七六（一） 东周墓葬出土典型器物分期图

分期	敦	壶		鬲	罐		
		A	B		A	B	C
第一期	M1:3 Ⅰ	M18:1 Ⅰ		M55:5 Ⅰ M25:6 Ⅱ	M25:2 Ⅰ M52:1 Ⅱ	M55:8 Ⅰ	M58:2 Ⅰ
第二期	M2:2 Ⅱ	M2:6 Ⅱ	M5:2 Ⅰ M41:6 Ⅱ	M33:1 Ⅲ M54:3 Ⅳ		M54:4 Ⅱ	
第三期	M8:1 Ⅲ	M12:1 Ⅲ					

图七六（二） 东周墓葬出土典型器物分期图

(三) 年代

1. 第一期

鼎 AaⅠ式与春秋晚期襄阳山湾 M24 所出相同[①]，均为深腹圜底矮兽蹄足风格，器盖近平，Ba 型风格与其接近，仅无耳而已。Bb 型鼎为盂形鼎，器身为盂，同类器物在丹江口均县外边沟 M31 也有出土[②]。豆Ⅰ式与春秋中期秭归柳林溪 H1 所出相同[③]，豆Ⅱ式与春秋晚期襄樊彭岗 M20、M2 所出相同[④]。盂Ⅰ、Ⅱ式同样在襄樊彭岗 M2、M40 中可以发现[⑤]。敦Ⅰ式与襄阳山湾 M24 所出相同[⑥]。壶 AⅠ式形制类似罐，可能为罐和壶的过渡形态，具有一定的原始性，目前尚未在其他地区发现。鬲Ⅰ式与春秋晚期江陵雨台山 M39 所出相同[⑦]，鬲Ⅱ式与春秋晚期襄樊团山 M5 所出一致[⑧]。罐 B 型与襄樊彭岗 M20、江陵雨台山 M13 所出相同，罐 A 型与春秋晚期襄樊团山 M5 所出接近，罐 C 型风格与本报告所列罐 AⅡ式接近，年代应相差不远。

据上面所分析，第一期的器物年代基本在春秋晚期，部分器物在春秋中期便已出现。

2. 第二期

鼎 AaⅢ和 Ab 型深腹风格与战国早期襄樊团山 M6 所出相同，与同时期的麻城李家湾 M70 所出基本一致[⑨]。盂Ⅲ式与战国早期襄樊彭岗 M10、M9 所出相同[⑩]。敦Ⅱ式在襄樊团山 M6 中可以找到。壶 AⅡ与春秋晚期襄阳山湾 M28 所出一致，壶 B 型长颈风格类似同时期襄樊团山 M6 所出。鬲Ⅲ、Ⅳ式与战国早期江陵纪南城龙桥河西Ⅰ段 3 号堆积所出[⑪]，与同时期襄樊彭岗 M10 所出也相同。

据上所述，以上器物年代为战国早期。

---

① 湖北省博物馆：《襄阳山湾东周墓葬发掘报告》，《江汉考古》1983 年第 2 期。
② 湖北省文物考古研究所、丹江口市博物馆：《湖北丹江口市外边沟东周两汉墓》，《考古学集刊》第 14 集，文物出版社，2004 年。
③ 湖北省博物馆江陵工作站：《一九八一年湖北省秭归县柳林溪遗址的发掘》，《考古与文物》1986 年第 6 期。
④ 襄樊市文物管理处、襄樊市博物馆：《襄樊彭岗东周墓地第一次发掘简报》，《江汉考古》1999 年第 4 期；湖北省文物考古研究所、襄樊市博物馆：《湖北襄樊市彭岗东周墓群第三次发掘》，《考古》1997 年第 8 期。
⑤ 襄樊市文物管理处、襄樊市博物馆：《襄樊彭岗东周墓地第一次发掘简报》，《江汉考古》1999 年第 4 期；湖北省文物考古研究所、襄樊市博物馆：《湖北襄樊市彭岗东周墓群第三次发掘》，《考古》1997 年第 8 期。
⑥ 湖北省博物馆：《襄阳山湾东周墓葬发掘报告》，《江汉考古》1983 年第 2 期。
⑦ 湖北省荆州地区博物馆：《江陵雨台山楚墓》，文物出版社，1984 年。
⑧ 襄樊市博物馆：《湖北襄阳团山东周墓》，《考古》1991 年第 9 期。
⑨ 襄樊市博物馆：《湖北襄阳团山东周墓》，《考古》1991 年第 9 期；湖北省文物考古研究所：《湖北麻城市李家湾春秋楚墓》，《考古》2000 年第 5 期。
⑩ 襄樊市文物管理处、襄樊市博物馆：《襄樊彭岗东周墓地第一次发掘简报》，《江汉考古》1999 年第 4 期；湖北省文物考古研究所、襄樊市博物馆：《湖北襄樊市彭岗东周墓群第三次发掘》，《考古》1997 年第 8 期。
⑪ 湖北省博物馆：《楚都纪南城的勘察与发掘》（下），《考古学报》1982 年第 4 期。

3. 第三期

鼎AⅢ与战国中期襄樊团山M8所出相同，与同时期汉阳熊家岭M3所出接近①。豆Ⅲ式与战国中期丹江口均县吉家院M2所出一致，也类似同时期丹江口均县外边沟M16所出②。敦Ⅲ式与战国中期谷城过山M7所出相同。壶Ⅲ式类似同时期的房县松嘴M27，与谷城过山M7所出也接近③。

因此，第三期年代为战国中期。

还有一些未出器物或器物太碎无法修复的墓葬，如M6、M11、M21、M36、M37、M46、M61、M65、M66、M75，目前只能推断年代属东周时期，无法具体确定属春秋还是战国。

三、墓葬等级

在上述墓葬中，墓室的大小、椁棺的使用、墓道的有无与器物组合之间存在较大关系，反映了不同的等级，可大致分为以下几级。

第一等级：M38、M42、M55和M71。

均有墓道，墓室长4、宽3.5米以上，一棺一椁。有较多的铜车马器具和兵器。其中M55年代偏早，属春秋晚期，陶器组合为鬲、盂、豆、罐，其他两墓为战国早期，为鼎、敦、壶、盘匜。M38中还发现陪葬棺。M42也应属此等级，由于遭到后期严重破坏，仅发现铜兵器和车马器具。

第二等级：M1、M2、M4、M5、M8、M12、M13、M15、M18、M22、M25、M41、M54、M68、M71、M76。

无墓道，墓室长3米、宽1.5米以上，一棺一椁。无铜器出土，陶器组合可大致分为三组：鼎、敦、壶、豆；鼎、盂、豆、罐；鬲、盂、豆、罐。

第三等级：M10、M28、M32、M33、M62、M79。

无墓道，墓室长2.5、宽1米左右，一棺无椁，无铜器出土，陶器组合为鬲、盂、豆、罐，有壁龛。

第四等级：M6、M11、M21、M36、M37、M46、M61、M65、M66、M75。

无墓道，墓室长2、宽在1米以下，单棺或无，基本未发现随葬品。

值得注意的是，刘家沟口墓地东周墓虽然可分为四个等级，但均未发现青铜礼器，表明墓主等级并不高，应为低下层官员、士或普通百姓。

---

① 武汉市考古队、汉阳县文化馆：《武汉市汉阳县熊家岭楚墓》，《考古》1988年第12期；《武汉市汉阳县熊家岭东周墓发掘》，《文物》1993年第6期。
② 湖北省文物考古研究所、十堰市博物馆、丹江口市博物馆：《湖北丹江口市吉家院墓地的发掘》，《考古》2000年第8期；湖北省文物考古研究所、丹江口市博物馆：《湖北丹江口市外边沟东周两汉墓》，《考古学集刊》第14集，文物出版社，2004年。
③ 湖北省文物考古研究所、谷城县博物馆：《谷城过山战国西汉墓葬》，《江汉考古》1990年第3期；湖北省文物考古研究所、十堰市博物馆、房县博物馆：《湖北房县松嘴战国两汉墓地第三、四次发掘报告》，《考古学报》1998年第2期；湖北省文物考古研究所、郧阳地区博物馆、房县博物馆：《1986～1987年湖北房县松嘴战国两汉墓发掘报告》，《考古学报》1992年第2期。

第三章　秦汉时期墓葬

第一节　墓葬介绍

秦汉时期的墓葬共发现 40 座，其中砖室墓 12 座、土坑墓 28 座。现分别介绍如下。

一、M3

1. 墓葬形制与结构

位于 T5251 和 T5151 的中部。开口于表土层下，距地表深 20 厘米。墓葬形制为竖穴土坑墓，平面呈长方形，无墓道。方向 40°（图七七；图版九，1）。

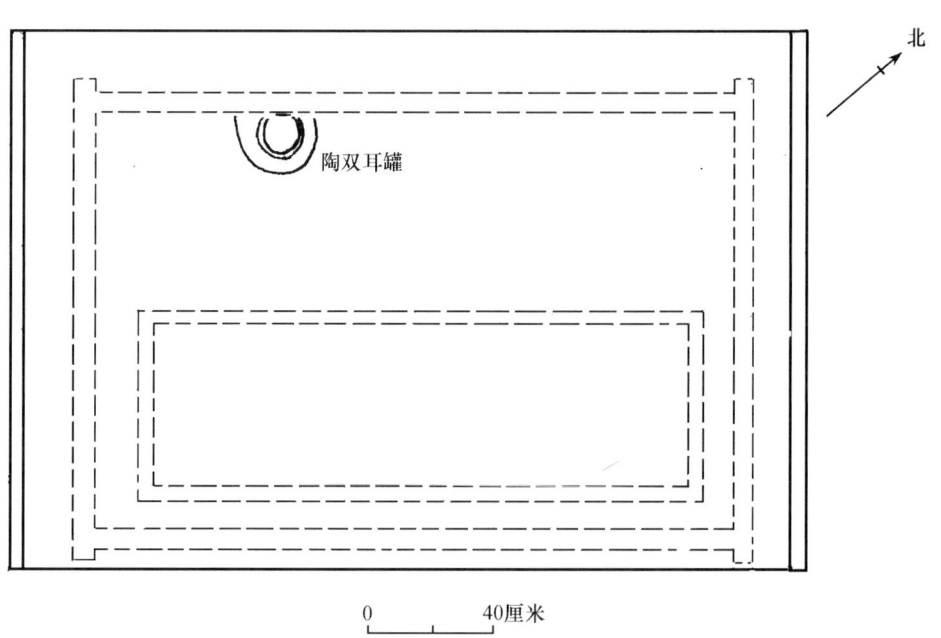

图七七　M3 平面图

墓室　坑口长254、宽166厘米，南北坑壁光滑斜直内收。底长245、宽166厘米，深98厘米。填土为回填的五花土，土色红褐，质黏。

葬具　单棺单椁，均朽，唯发现青灰色的朽痕。椁痕位于墓室的中部，长218、宽138厘米；棺痕位于椁室的东部，长182、宽54厘米。

葬式　人骨已朽，葬式不明。

2. 随葬品

仅在椁室的西部出土1件陶双耳罐。M3∶1，泥质灰陶，质地硬。侈口，方唇，卷沿，粗颈，弧肩，鼓腹弧内收为凹圜底。肩腹部两侧对称施双牛鼻式耳。腹部饰五道间断绳纹，下腹及底为交错绳纹。口径12、底径7、通高22厘米（图七八；图版三五，3）。

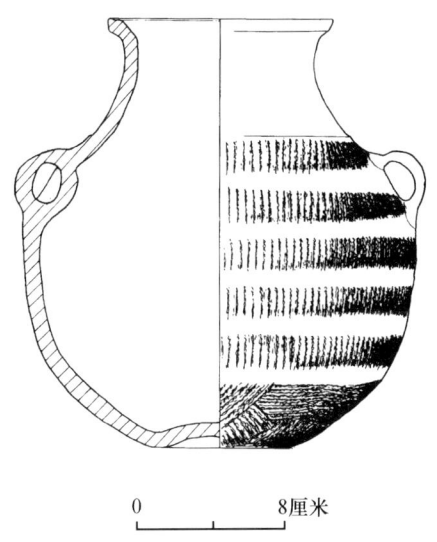

图七八　M3出土陶双耳罐（M3∶1）

二、M7

1. 墓葬形制与结构

位于T5253的西南角。开口于表土层下，距地表深20厘米。墓葬形制为竖穴土坑墓，平面呈长方形，无墓道。方向60°（图七九；图版九，2）。

墓室　坑口长250、宽190厘米，坑壁光滑斜直内收。底长244、宽178厘米，深180厘米。填土为回填的五花土，土色红褐，质黏。

葬具　单棺单椁，椁两端下各置有枕木，均朽，唯发现青灰色的朽痕。椁痕位于墓室的中部，长230、宽158厘米；棺痕位于椁室的南端，长190、宽50厘米；枕木朽糟，长度与墓室底部相同，宽度15、深7厘米。

葬式　人骨已朽，葬式不明。

2. 随葬品

均出自椁室的北端，有陶器、漆器和铜器，器形有陶鼎、陶盒、陶壶、铜铃、铜钱和漆器残片。

陶壶　2件。M7∶1，泥质灰陶，方唇，口沿内翻，粗短颈，圆鼓腹，喇叭状高圈足。肩部两侧对称置铺首。盖顶端弧起。口径16.8、底径17.2、通高39.6厘米（图八〇，1；图版三三，4）。M7∶2与M7∶1形制、大小相同（图版三三，5）。

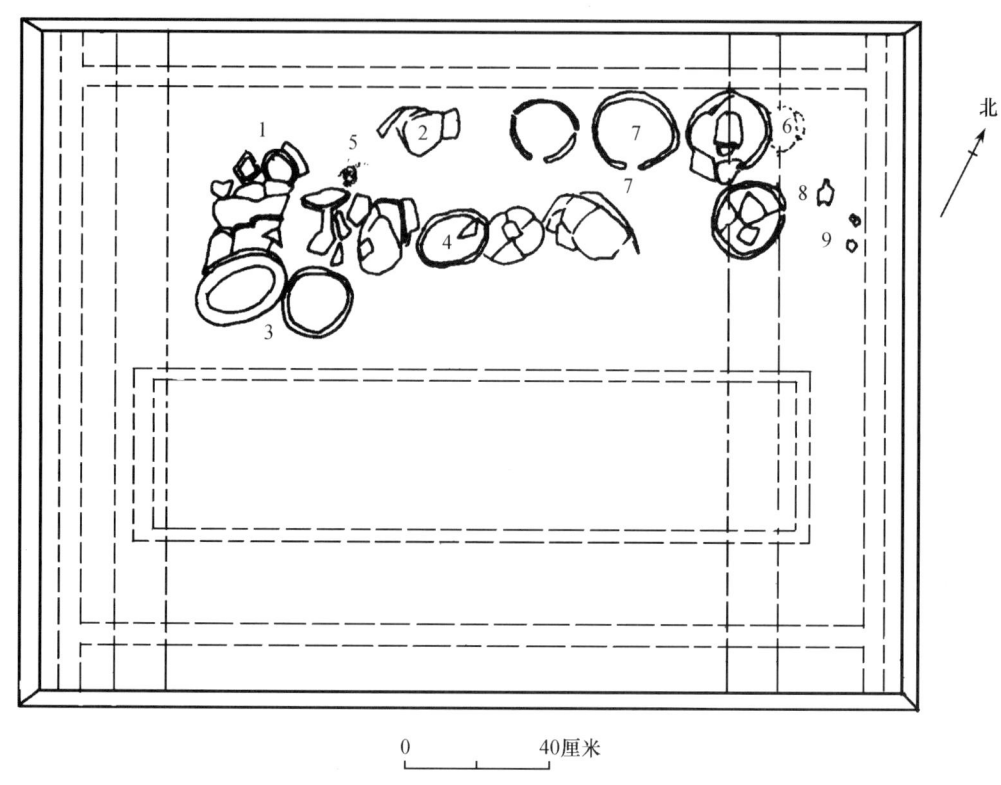

图七九 M7平面图
1、2. 陶壶 3、4. 陶盒 5、7. 陶鼎 6. 漆耳杯 8. 铜铃 9. 半两铜钱

陶盒 2件。M7:3，泥质灰陶，器盖未能修复。子母敛口，弧腹内收为平底。口径19、底径8、通高6.2厘米（图八○，2；图版四○，1）。M7:4与M7:3形制、大小相同。

陶鼎 2件。M7:7，泥质灰陶，器盖未能修复。子母敛口，弧腹内收为圜底，下置三矮兽蹄足。腹两侧施对称长方形耳。口径19、通高12.5厘米（图八○，3；图版三二，1）。M7:5未能修复。

半两铜钱 7枚。M7:9，外径3厘米（图八○，4；彩版八，3）。

铜铃 1件。M7:8，甚朽，无法复原。

另有一漆器耳杯，为M7:6，因甚朽无法提取。

三、M9

1. 墓葬形制与结构

位于T5352的西南部，开口于表土层下，距地表深20厘米。墓葬形制为竖穴土坑墓，平面呈长方形，无墓道。方向70°（图八一；图版九，3）。

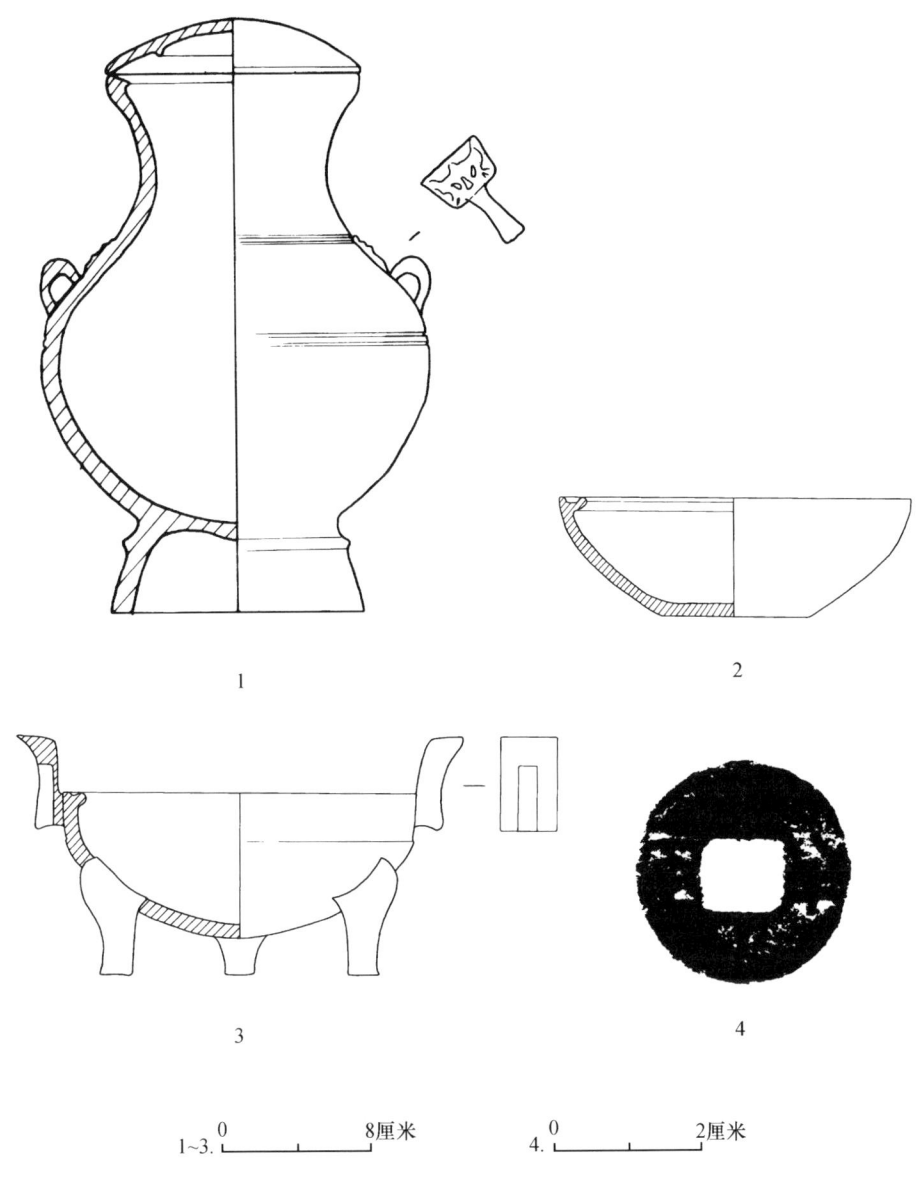

图八〇　M7 出土器物

1. 陶壶（M7:1）　2. 陶盒（M7:3）　3. 陶鼎（M7:7）　4. 半两铜钱（M7:9）

墓室　坑口长240、宽128厘米，坑壁光滑斜直内收。底长222、宽96厘米，深84厘米。填土为回填的五花土，土色红褐，质黏。

葬具　单棺，唯发现青灰色的朽痕，位于墓室的中西端，长170、宽49厘米。棺北南西三面为生土二层台，台面宽24～28、厚11厘米。东面有一头箱，生土面上挖成，方形，长70、宽38、深11厘米。内置有陶罐、釜。

葬式　人骨已朽，葬式不明。

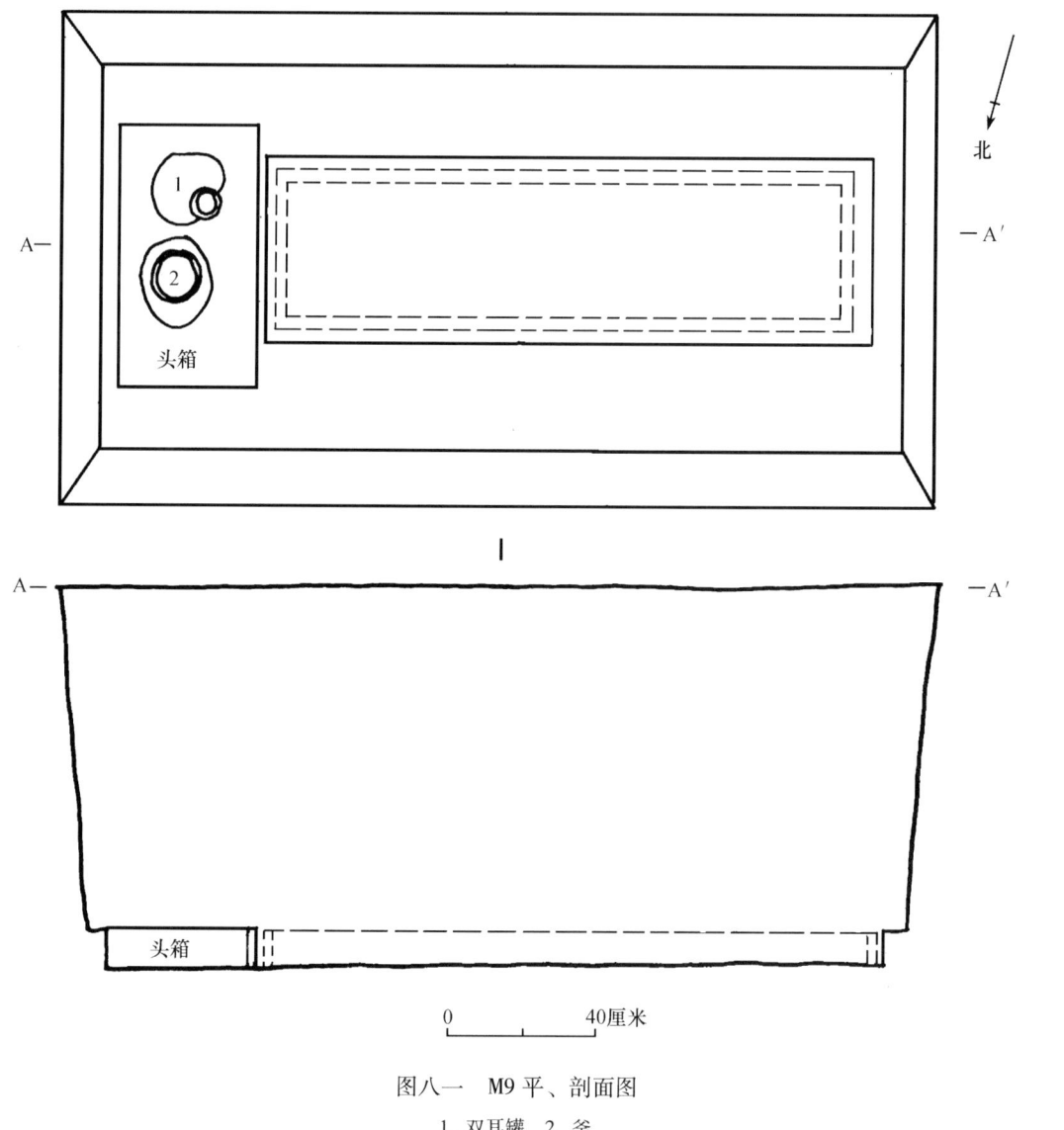

图八一 M9 平、剖面图
1. 双耳罐 2. 釜

2. 随葬品

仅在头箱内出土陶罐和釜 2 件。

陶双耳罐 1件。M9:1,泥质灰褐陶,方唇,敞口,粗短颈,鼓腹内收为圜底,肩、腹部饰对称牛鼻式环耳。腹部饰四道间断竖绳纹,下腹和底饰交错绳纹。口径14.2、高22.5厘米(图八二,1;图版三五,4)。

陶釜 1件。M9:2,夹砂灰褐陶,圆唇,短直颈,扁鼓腹,圜底。中腹饰两道竖绳纹,下腹和底饰交错绳纹。口径14.6、高13.3厘米(图八二,2;图版三七,5)。

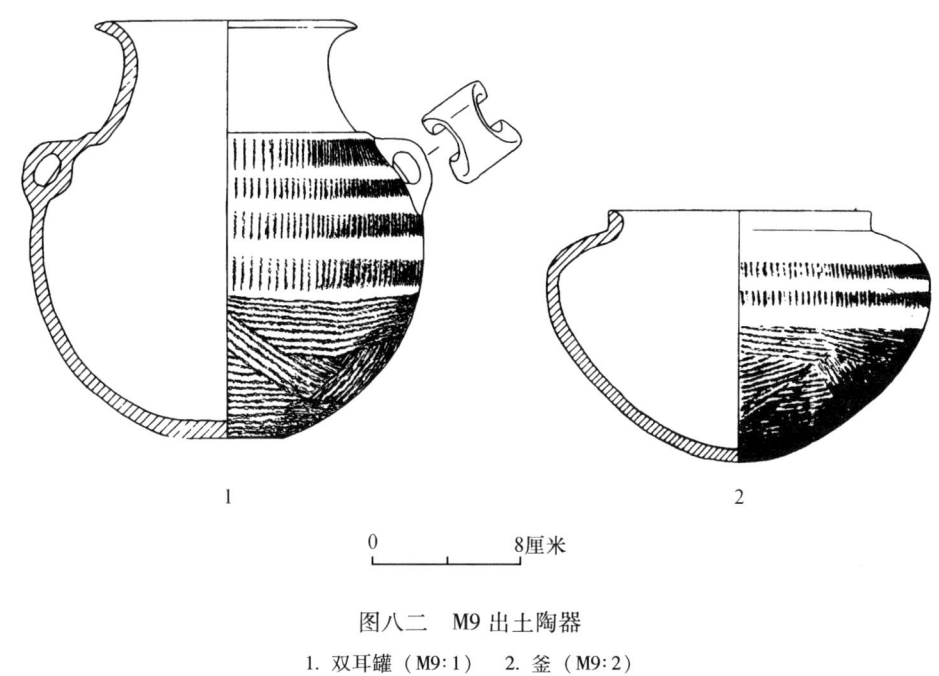

图八二　M9 出土陶器
1. 双耳罐（M9:1）　2. 釜（M9:2）

四、M14

1. 墓葬形制与结构

位于 T572 的西南部，开口于表土层下，距地表深 20 厘米。墓葬形制为竖穴土坑墓，平面呈长方形，无墓道。方向 180°（图八三；图版九，4）。

墓室　坑口长 238、宽 80 厘米，坑壁光滑直，深 160 厘米。填土为回填的五花土，土色红褐，质黏。在墓室的西壁表土层下有一个三角状壁龛，长 70、高 40、最大进深 29 厘米。

葬具　单棺，已朽，唯发现青灰色的朽痕。位于椁室的中部，长 200、宽 50 厘米。

葬式　人骨已朽，仅发现数枚牙齿朽痕，头向正南。

2. 随葬品

仅壁龛内出土 1 件陶双耳罐，M14:1，泥质灰褐陶，圆唇外翻，侈口，粗颈，圆肩，鼓腹斜内收为凹圜底。肩部两侧对称分布两牛鼻式耳。肩至中腹饰四道竖绳纹，下腹和底饰交错绳纹。口径 13、高 22.5 厘米（图八四；图版三六，1）。

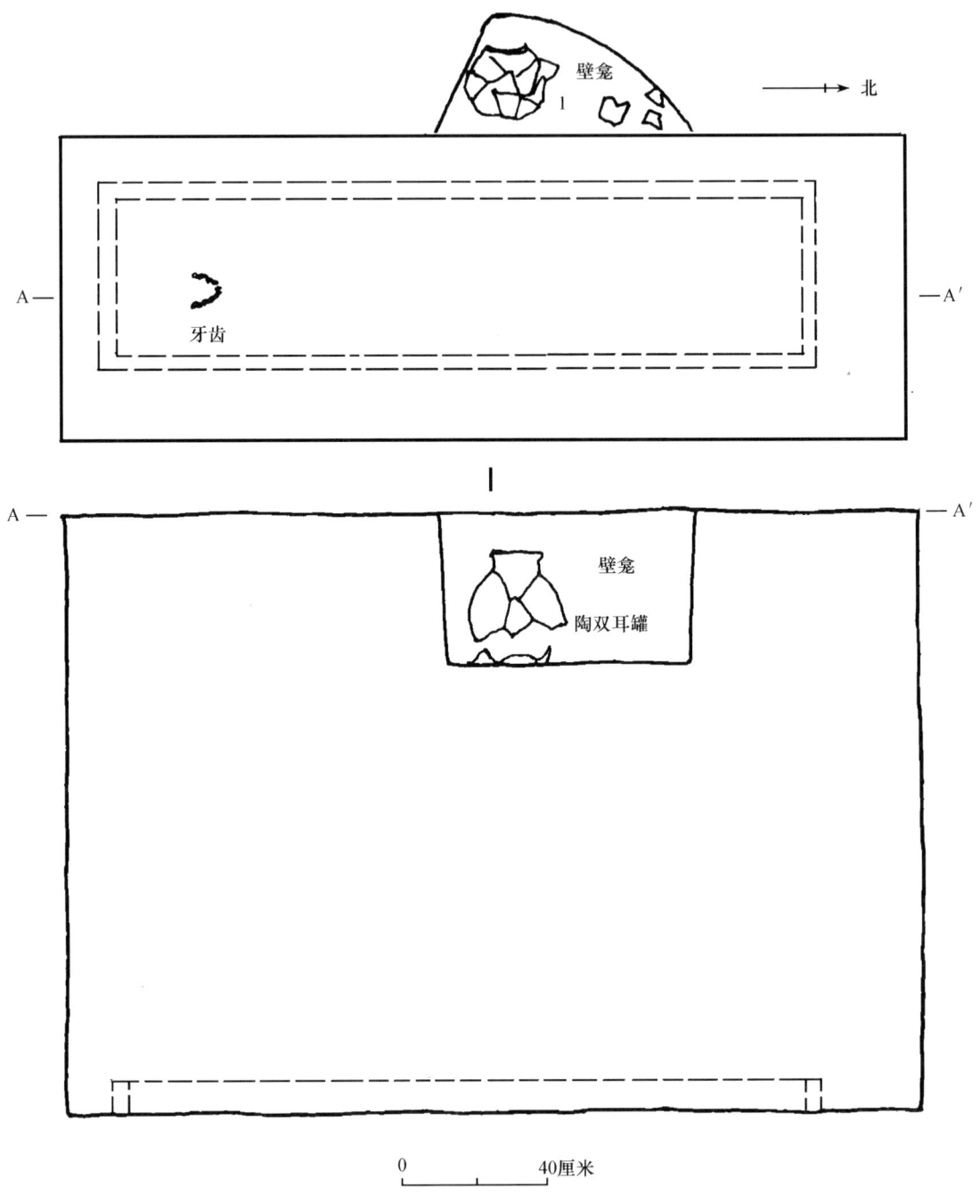

图八三　M14 平、剖面图

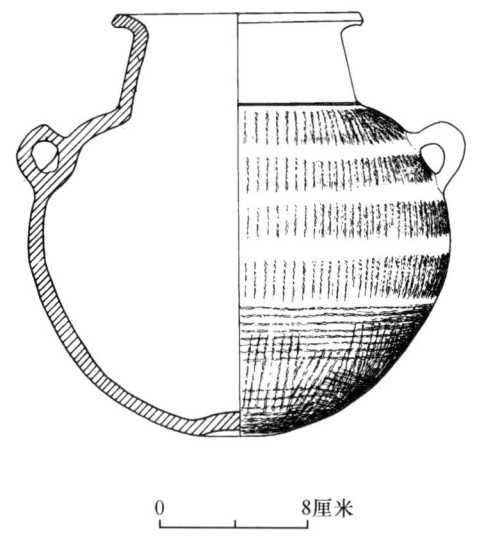

图八四　M14出土陶双耳罐（M14:1）

五、M16

1. 墓葬形制与结构

位于T5651的西南部，开口于表土层下，距地表深30厘米。墓葬形制为带墓道长方形单室砖室墓，平面呈长方形，方向5°（图八五；图版九，5）。

墓道　位于墓室的中部，开口为长方形，底为斜坡状。开口长130、上口宽100、下端宽80、深0~64厘米。坡底长145厘米。

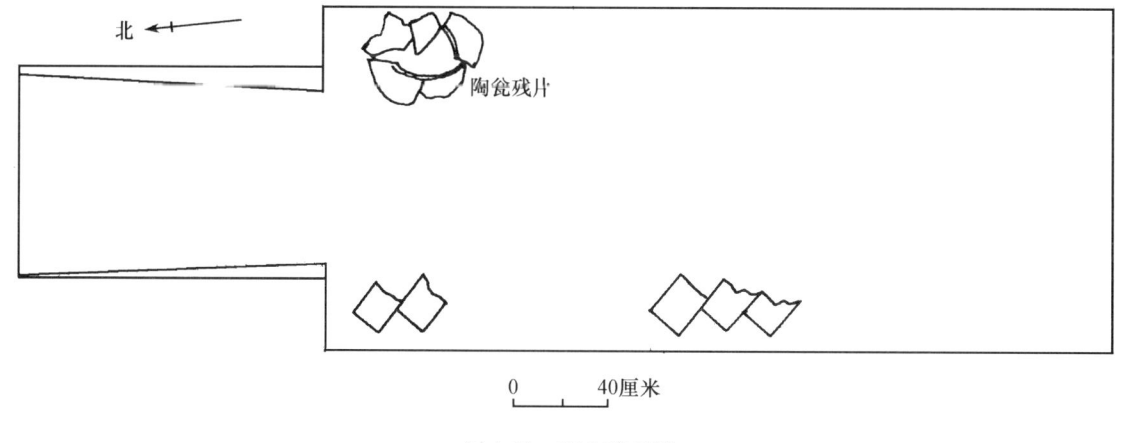

图八五　M16平面图

墓室　由于墓室遭到严重破坏，砖块和器物基本不见，仅剩墓坑和残存的几块铺地砖。坑口长340、宽140厘米，坑壁光滑竖直，深90厘米。砖为青灰色，残，宽16、厚6.5厘米，从残存的几块底砖来看，墓底应为斜向铺砌。

葬具葬式　不明。

2. 随葬品

仅发现数片类似陶瓮的腹片，泥质灰陶，无法修复。

六、M17

1. 墓葬形制与结构

位于T5552东部，开口于表土层下，距地表深0.20米，打破黄褐色生土。墓葬形制为带墓道的多室砖室墓，由墓道、耳室、主室组成。方向340°（图八六；图版九，6）。

墓道　位于墓室的中部，开口为长方形，底为斜坡状。开口长270、宽90厘米，底坡长284、深0~90厘米。

墓室　主室平面为长方形，两侧各有一方形耳室。由于遭到后期严重破坏，仅剩土坑和数层壁砖。主室长310、宽298厘米。东耳室长140、宽130厘米，西耳室长140、宽148厘米。砖为青灰色，长32、宽16、厚4厘米，一侧模印复线倒"8"字形纹饰。从残存的墓底砖来看，底为斜向横铺，壁为平砖顺砌错缝法堆砌。

葬具和葬式　不明。

2. 随葬品

由于被严重破坏，未能发现器物。

七、M19

1. 墓葬形制与结构

位于T5648和T5548的中北部，开口于表土层下，距地表深30厘米。墓葬形制为竖穴土坑墓，平面呈长方形，无墓道。方向120°（图八七；图版一〇，1）。

墓室　坑口长310、宽200厘米，坑壁光滑竖直，深160厘米。填土为回填的五花土，土色红褐，质黏。

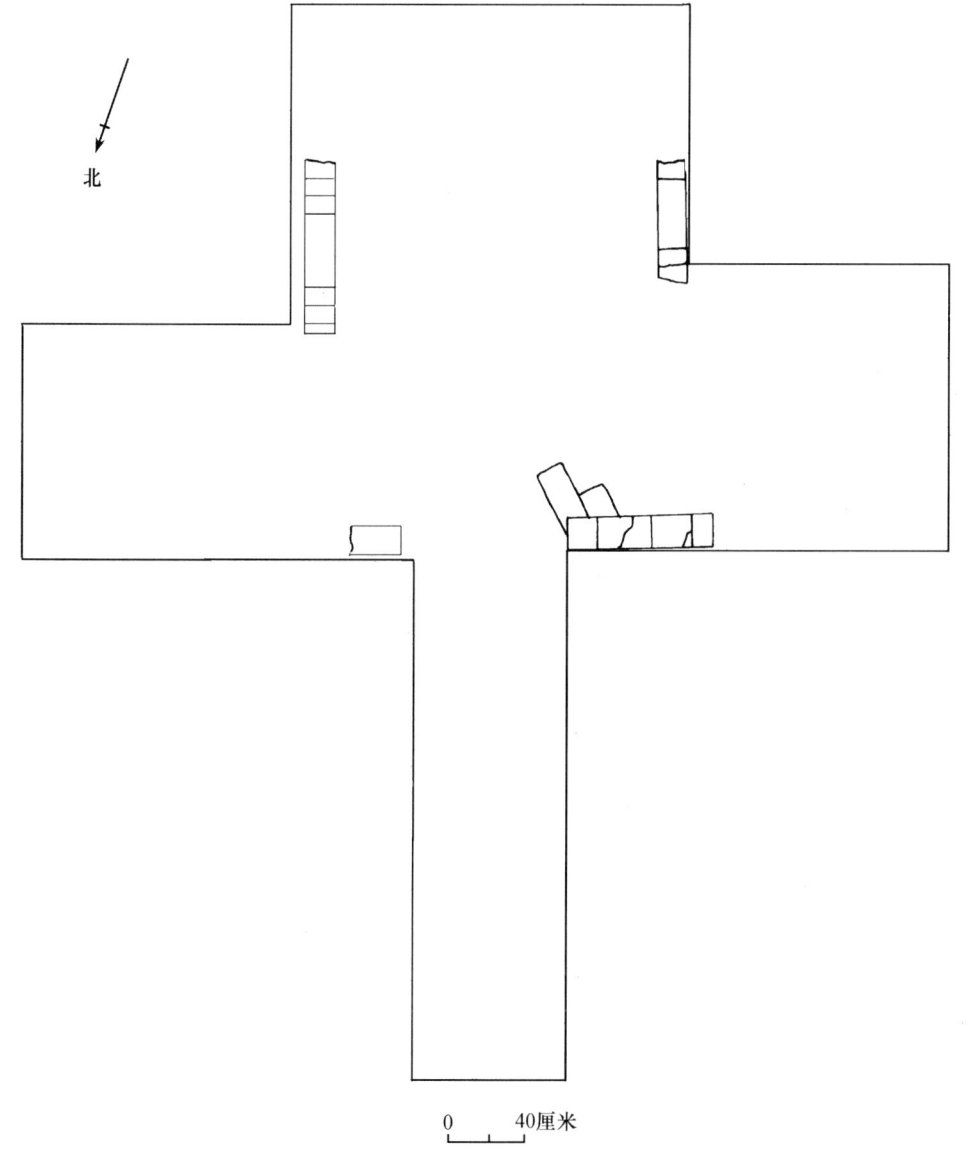

图八六　M17 平面图

葬具　单棺，已朽，唯发现青灰色的朽痕，位于墓室的中北部，长190、宽60厘米左右。

葬式　人骨已朽，葬式不明。

2. 随葬品

器物主要出自墓室的东南部，有陶仓、釜甑、灶、井、盆、瓮和铜钵、五铢。

陶仓　5件。泥质灰陶，形制接近，敛口，斜肩，直腹近底处斜内收，平底。M19：2，口

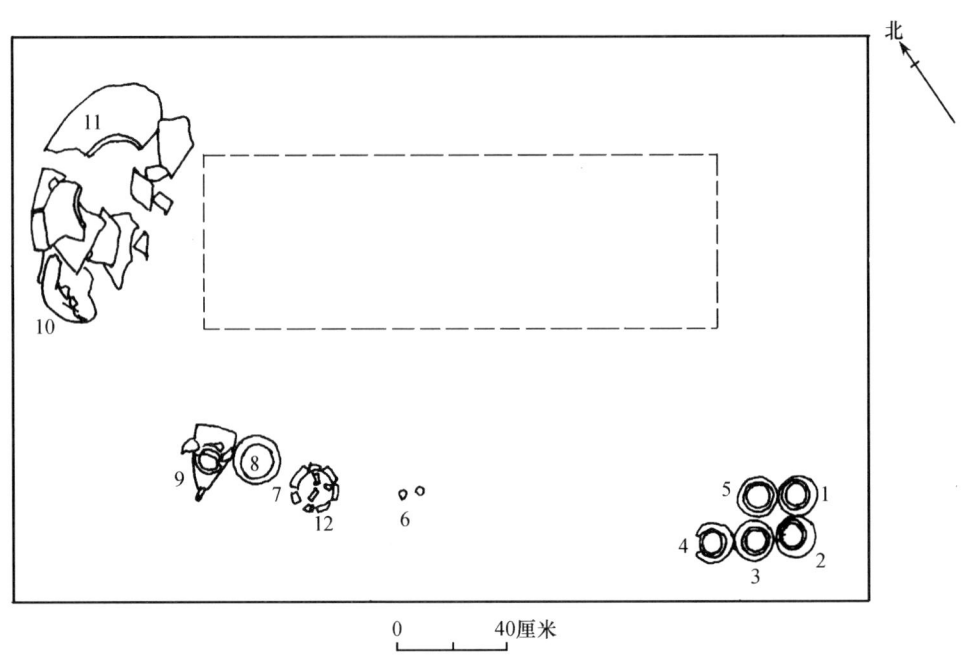

图八七　M19 平面图

1~5. 陶仓　6. 五铢　7. 陶釜甑　8. 陶井　9. 陶灶　10. 铜钵　11. 陶瓮　12. 陶盆

径 7.5、底径 10、高 16.5 厘米（图八八，1；图版四五，1）。M19:4，因烧造过高变形，口径 7、底径 12、高 16.5 厘米（图八八，2；图版四五，2）。M19:5，口径 8.4、底径 11.6、高 15.7 厘米（图八八，3；图版四五，3）。M19:1、M19:3 未能修复。

陶灶釜甑　1 套。M19:7、M19:9，泥质灰陶。灶面为圆头三角形，有一灶眼，上置釜、甑，在灶头有一圆管状烟道。灶正面开一门，半弧形。釜为敛口，方唇，斜折腹，平底。甑为宽平沿，斜折腹，平底内开数小孔（图版四四，1）。

陶井　1 套。M19:8，泥质灰陶，方唇，平折沿，侈口，斜腹直内收，平底。口径 12、底径 11.5、高 10.3 厘米。水桶圆唇，高领，扁折腹斜内收，平底。腹两侧对称置双耳。口径 3.8、底径 2、高 11.2 厘米（图八八，4；彩版七，3）。

陶瓮　1 件。M19:11，泥质灰陶。圆唇，侈口，矮领，圆肩，鼓腹弧内收，平底（图版三九，1）。

陶盆　1 件。M19:12，泥质灰陶，敞口，圆唇，束颈，鼓腹斜内收为平底。口径 13、底径 5、高 6.2 厘米（图八八，5；图版三九，3）。

五铢　数枚。M19:6（图版四八，4）。

铜盆　1 件。因太碎无法复原。

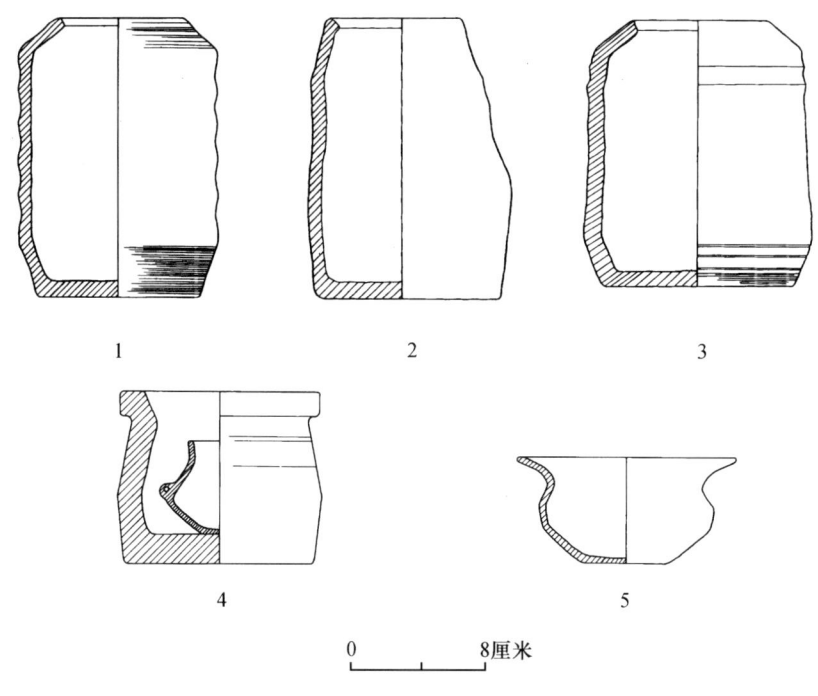

图八八　M19 出土陶器

1~3. 仓（M19：2、M19：4、M19：5）　4. 井（M19：8）　5. 盆（M19：12）

八、M20

1. 墓葬形制与结构

位于 T5350 的中北部，开口于表土层下，距地表深 20 厘米。墓葬形制为竖穴土坑墓，平面呈长方形，无墓道。拦腰打破 M21，方向 37°（图八九；图版一〇，2）。

墓室　坑口长 270、宽 150 厘米，坑壁光滑竖直，深 230 厘米。填土为回填的五花土，土色红褐，质黏。

葬具　单棺单椁，均朽，唯发现青灰色的朽痕。椁痕位于墓室的中部，长 240、宽 125 厘米左右。棺痕位于椁室的东南，长 190、宽 50 厘米。

葬式　人骨已朽，葬式不明。

2. 随葬品

位于椁室的东北角，均为陶器，器形有罐、壶。

陶罐　1件。M20：1，泥质灰陶，侈口方唇，矮领，广肩，扁鼓腹斜内收，平底。口径

13.5、底径15.5、高15.7厘米（图九〇，1；图版三七，6）。

陶壶　1件。M20:2，夹砂灰陶，圆唇外翻，侈口，弧颈，广肩，鼓腹斜内收，平底。口径11、底径9、高17.5厘米（图九〇，2；图版三三，6）。

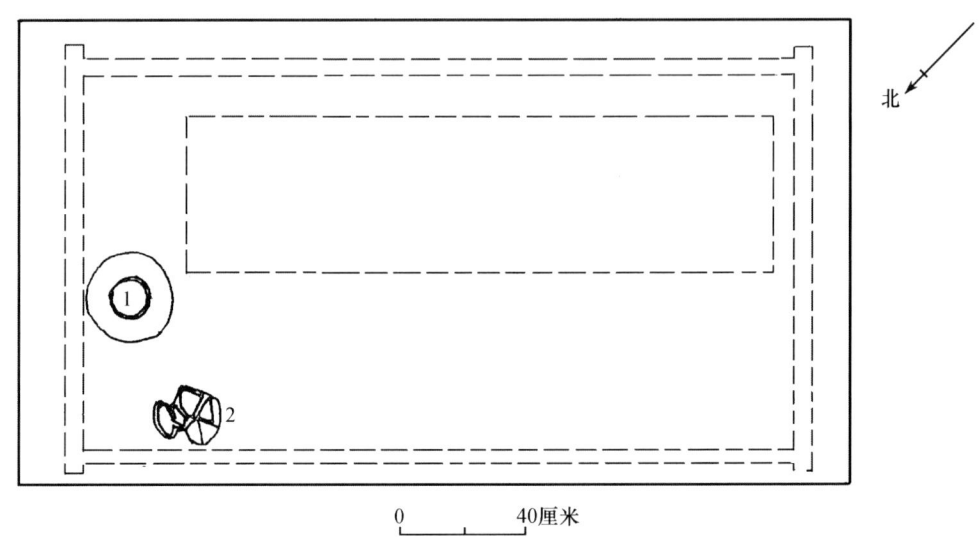

图八九　M20平面图
1. 陶罐　2. 陶壶

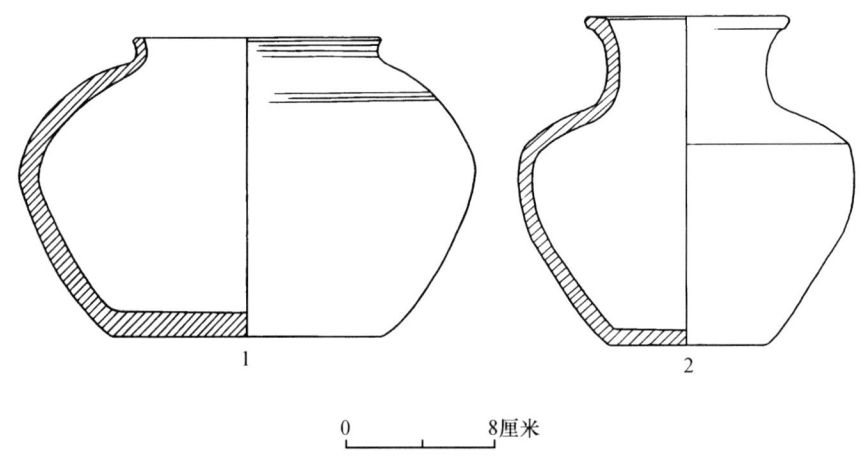

图九〇　M20出土陶器
1. 罐（M20:1）　2. 壶（M20:2）

九、M23

1. 墓葬形制与结构

位于T5350、T5450的中南部，开口于表土层下，距地表深20厘米。墓葬形制为带斜坡墓道的"刀"字形单室砖室墓，由墓道、甬道和墓室组成，方向200°（图九一；图版一〇，3）。

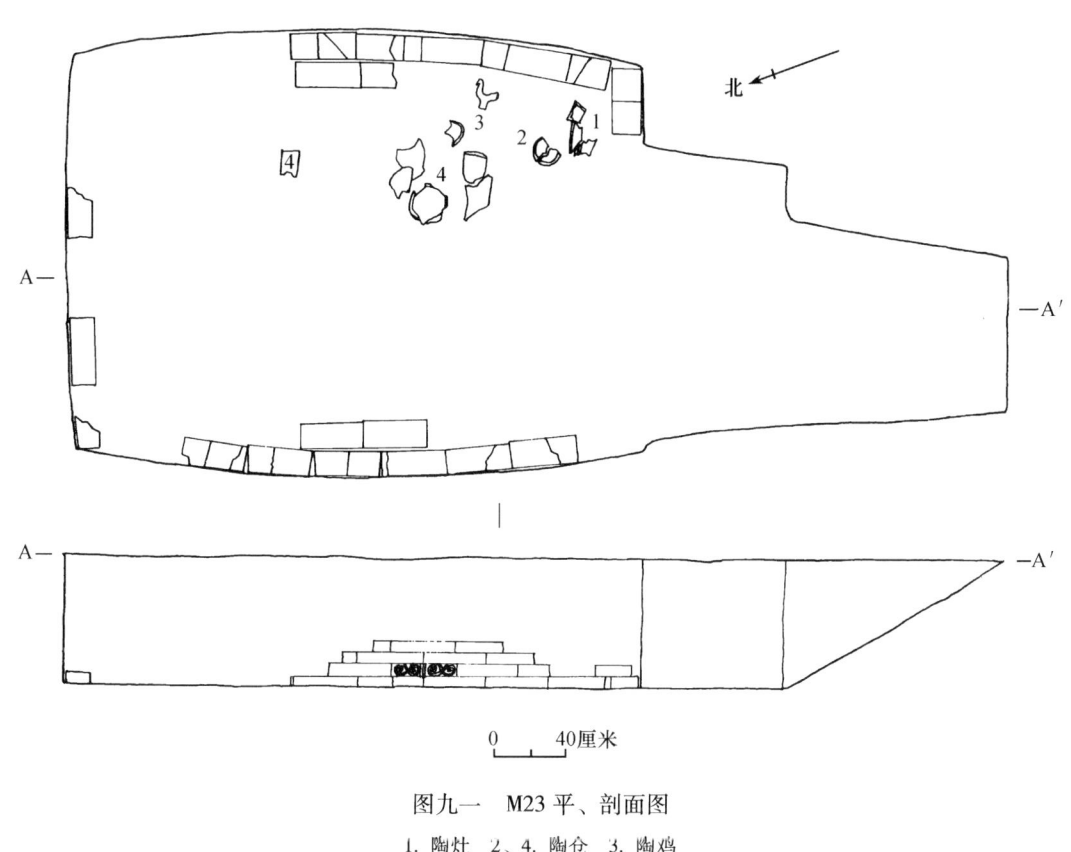

图九一 M23平、剖面图
1. 陶灶 2、4. 陶仓 3. 陶鸡

墓道 位于墓室的南面，平面为梯形，上口长114、底长130、宽90~106厘米。

甬道和墓室均遭到严重破坏，仅存数层壁砖。甬道位于墓室的一侧，未发现砖块，平面为长方形。长104、宽96、深70厘米。

墓室 平面为弧长方形，两壁外弧。坑口长324、宽212厘米，坑壁光滑竖直，深70厘米。两壁残存部分砖块，为平砖顺砌法堆砌，砖为青灰色，长36、宽16、厚6.5厘米，一侧模印复线倒"8"字纹饰。

2. 随葬品

在扰土和底部发现数片陶器，均碎，可辨器形有灶、仓、鸡。

陶鸡　1件。M23:3，泥质灰褐陶，高10.2厘米（图九二，1；彩版七，4）。

陶仓　2件。泥质灰陶。M23:4，敛口，鼓肩，斜弧腹内收，平底。肩至底饰五道凹弦纹。口径8.4、底径12、高13.8厘米（图九二，2；图版四五，4）。M23:1未能修复。

陶灶　1件。泥质灰陶，M23:1，未能修复。

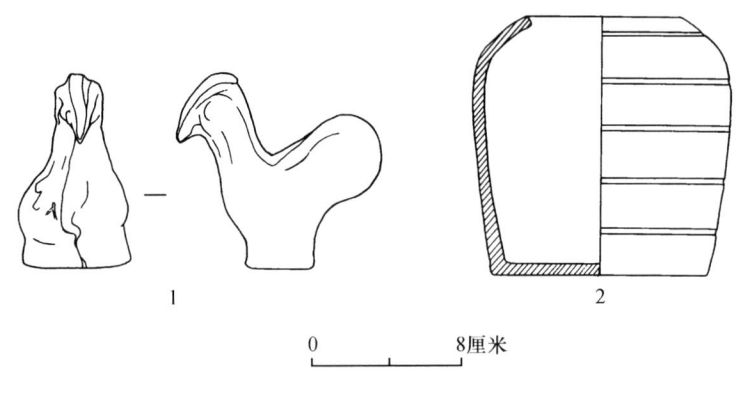

图九二　M23 出土陶器
1. 鸡（M23:3）　2. 仓（M23:4）

十、M24

1. 墓葬形制与结构

位于T5450的东南部，开口于耕土层下，距地表深20厘米，打破M28、M37和生土。为带墓道的单室砖室墓，方向175°（图九三；图版一〇，4）。

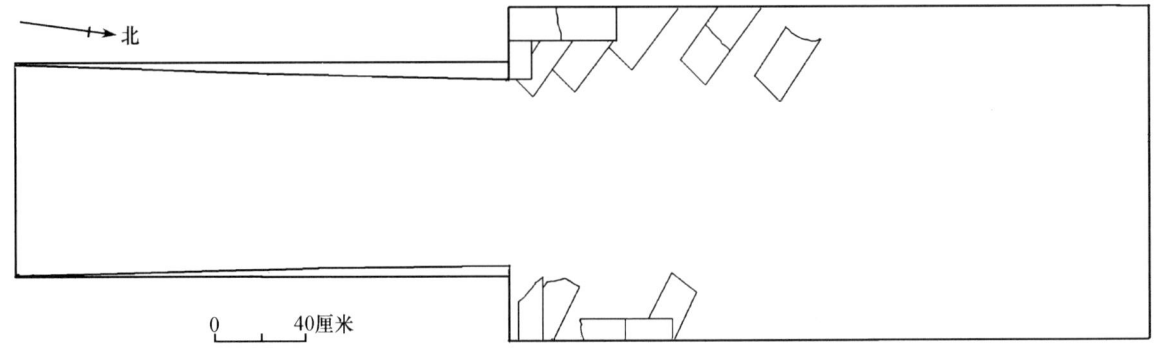

图九三　M24 平面图

墓道　位于墓室前端的中部，平面为长方形状，底呈斜坡。开口长220、宽90、底长252厘米。

墓室遭到后期严重破坏，仅剩数块铺地砖和壁砖。坑口长280、宽140、深130厘米。从残存的砖块来看，底部为斜向平铺法，错缝平铺单砖砌墙。距墓室72厘米处的墓道东侧残存三块残砖，并伸出东壁近10厘米。砖为红色，长33、宽14、厚6.5厘米。砖一侧模印"X"纹（图九四）。

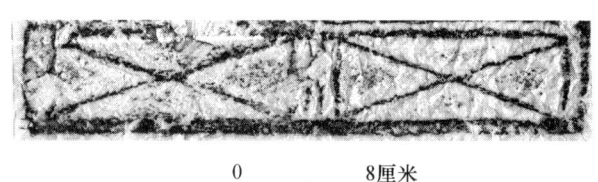

图九四　M24墓室墓砖拓片

2. 随葬品

由于遭到严重破坏，未能发现随葬品。

十一、M26

1. 墓葬形制与结构

位于T5450的东北部，开口于表土层下，距地表深30厘米。墓葬形制为竖穴土坑墓，平面呈长方形，无墓道。打破M25，方向28°（图九五；图版一一，1）。

墓室　坑口长270、宽180厘米，坑壁光滑斜直内收。底长260、宽160厘米，深180厘米。填土为回填的五花土，土色红褐，质黏。

葬具　单椁单棺，唯发现青灰色的朽痕。椁痕位于墓室的中西端，长236、宽110厘米。棺痕位于椁室的中东部，长200、宽56厘米。

葬式　人骨已朽，葬式不明。

2. 随葬品

出自椁室的西部，均为陶器，有双耳罐、双耳釜。

陶双耳罐　1件。M26∶1，泥质灰褐陶，方唇，侈口，弧颈，鼓腹斜内收，凹圜底。肩腹结合处两侧对称有两牛鼻式耳。肩和上腹饰三道间断竖绳纹，下腹和底为交错绳纹。口径

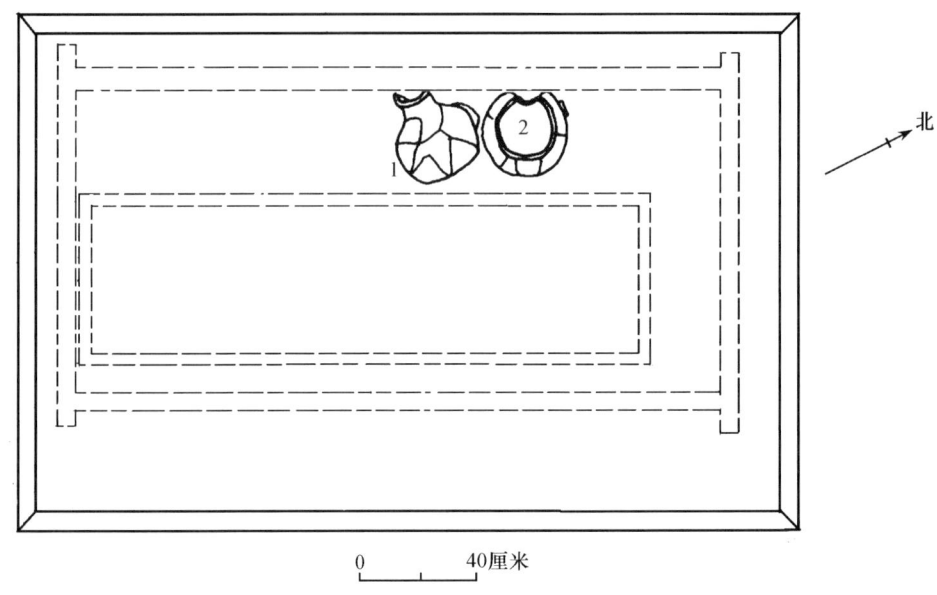

图九五　M26 平面图
1. 陶双耳罐　2. 陶双耳釜

14.2、底径 7.6、高 22.5 厘米（图九六，1；图版三六，2）。

陶双耳釜　1 件。M26:2，泥质红褐陶。方唇，侈口，矮斜领，斜肩，扁鼓腹，圜底。肩两侧对称有牛鼻式环耳。上腹饰三道间断竖绳纹，下腹和底为交错绳纹。口径 15、高 15.4 厘米（图九六，2；图版三七，2）。

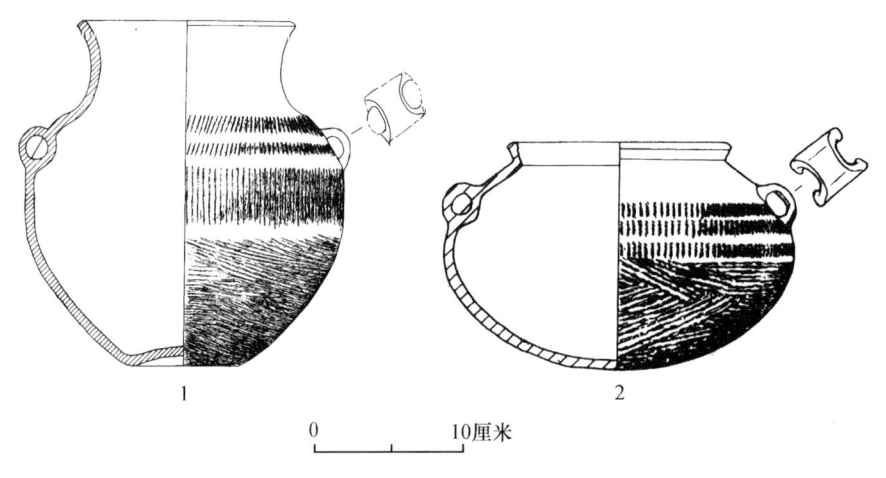

图九六　M26 出土陶器
1. 双耳罐（M26:1）　2. 双耳釜（M26:2）

十二、M27

1. 墓葬形制与结构

位于T5450、T5449的中部，开口于表土层下，距地表深20厘米。墓葬形制为竖穴土坑墓，平面呈长方形，无墓道。方向60°（图九七；图版一一，2）。

墓室　坑口长235、宽130厘米，坑壁光滑竖直，深140厘米。距坑口深110厘米处东、南、西三面各有生土二层台，南宽20、东宽25、西宽30、高30厘米。填土为回填的五花土，土色红褐，质黏。

葬具和葬式　不明。

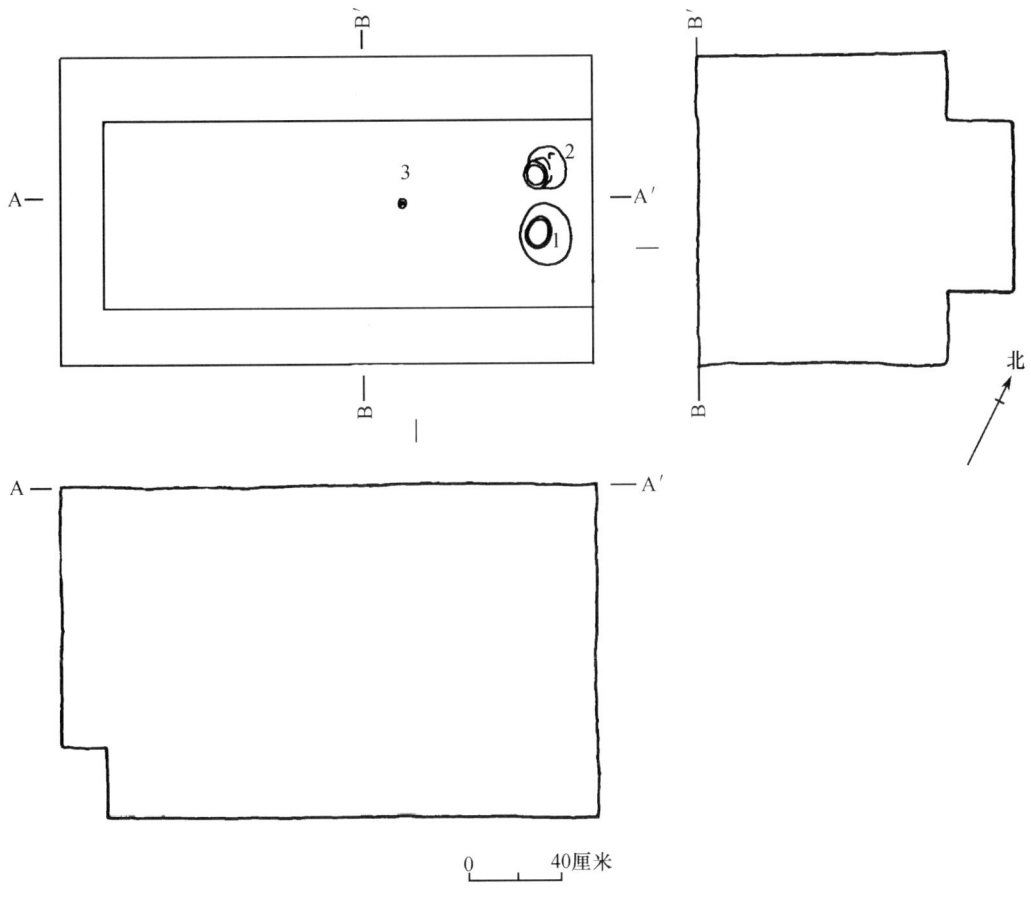

图九七　M27平、剖面图
1. 陶罐　2. 陶双耳釜　3. 铜钱

2. 随葬品

在墓室的北壁底部出土两件器物，均属陶器，器形有罐和双耳釜，在墓室中部出土一铜钱。

陶罐　1件。M27：1，泥质灰陶，方唇外翻，侈口，矮直领，广肩，鼓腹弧内收，平底。上腹饰两道凹弦纹，内饰一周斜绳纹。口径15、底径17.2、高15.8厘米（图九八，1；图版三八，1）。

陶双耳釜　1件。M27：2，泥质灰陶，侈口，高领，弧肩，扁鼓腹弧内收圜底，肩两侧对称施环耳。肩和颈部饰数道凹弦纹，下腹和底饰绳纹。口径13、高18.5厘米（图九八，2；彩版七，2）。

铜钱　甚残，编号为M27：3，无法辨别器形。

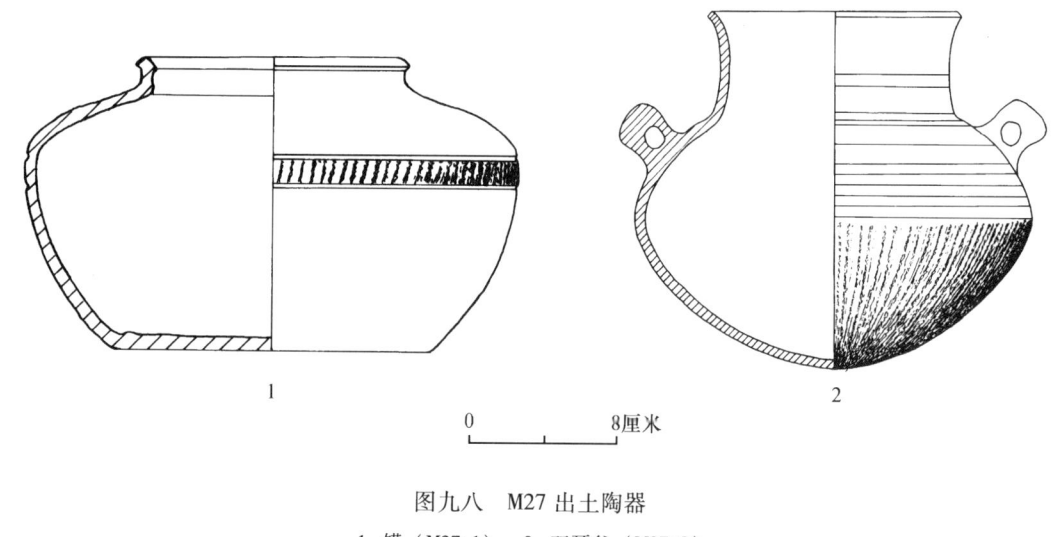

图九八　M27出土陶器
1. 罐（M27：1）　2. 双耳釜（M27：2）

十三、M31

1. 墓葬形制与结构

位于T5549的北部及扩方内，开口于表土层下，距地表深20厘米。墓葬形制为带墓道的"凸"字形单室砖室墓。打破M32和M33，方向205°（图九九；图版一一，4）。

墓道　位于墓室甬道前端的中部，平面呈长方形，底为斜坡式。上口长520、宽100、底坡长570厘米。

甬道　位于墓道前端的中部稍偏西，由于遭到后期严重破坏，仅剩底砖和土圹。平面为长方形，长61、宽100、深247厘米。封门为弧形。

墓室　平面呈长方形，仅剩底砖和土圹。长375、宽280厘米，坑壁直，深247厘米。底砖为青灰色，长33、宽17、厚6.5厘米，侧面模印双对角三角形与滴水纹饰。底为斜平铺错缝法。

葬具、葬式　不明。

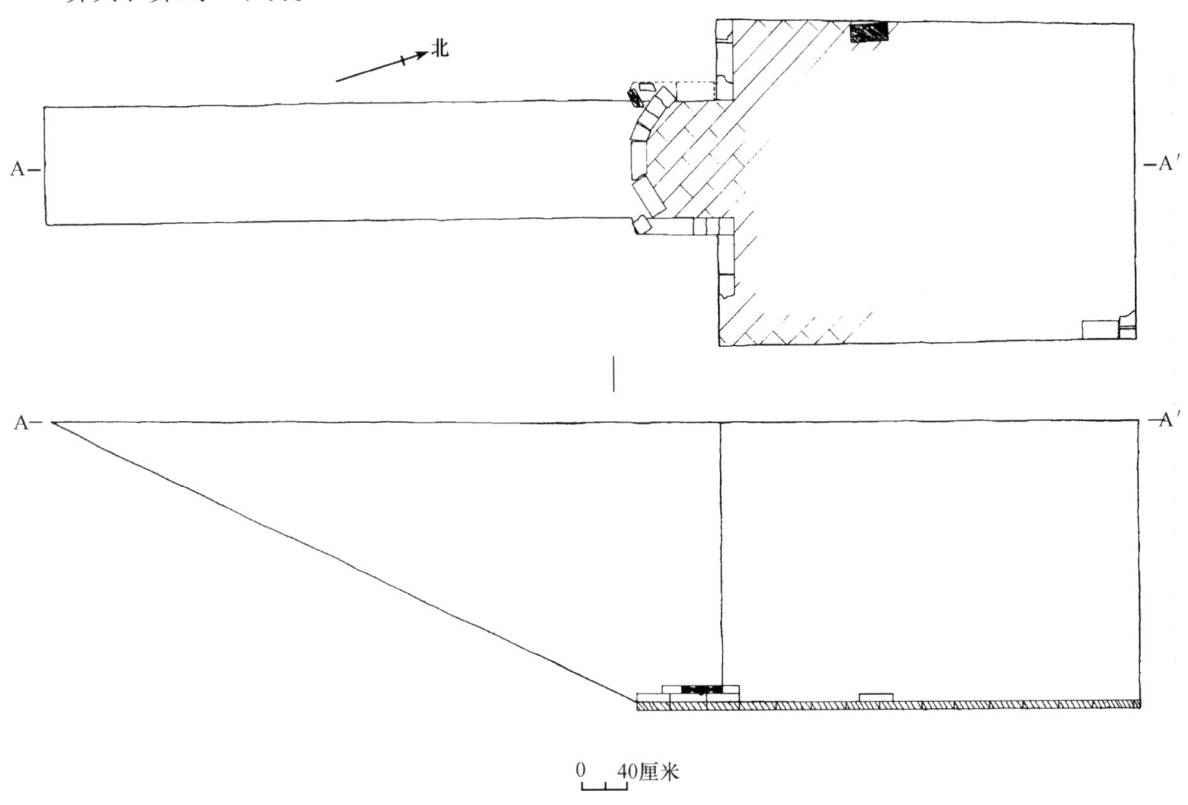

图九九　M31平、剖面图

2. 随葬品

填土中出土陶罐和甑残片，无法复原。

十四、M35

1. 墓葬形制与结构

位于T5448的中部，开口于表土层下，距地表深20厘米。墓葬形制为带墓道长方形单室砖室墓，方向25°（图一〇〇；图版一二，1）。

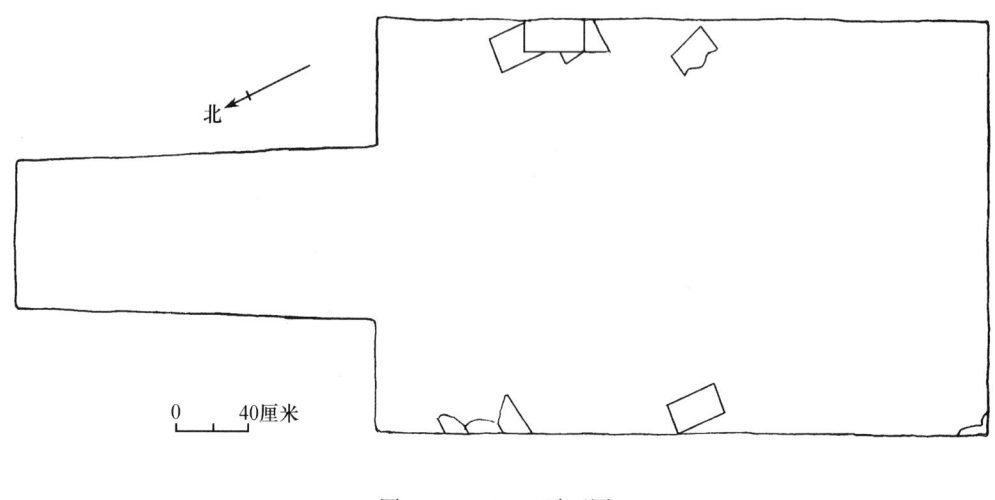

图一〇〇　M35 平面图

墓道　位于墓室前端的中部，开口平面为长方形，底为斜坡状。开口长200、宽90、底坡长262厘米。

墓室　平面为长方形，由于遭到后期严重破坏，基本仅存墓圹。坑口长340、宽223厘米，坑壁竖直，深170厘米。仅残存数块残砖，青灰色，长34、宽17、厚5厘米，一侧模印双对角三角形纹饰。

葬具、葬式　不明。

2. 随葬品

在扰土中出土数枚铅器，多属车马构件明器，已朽，无法提取。

十五、M39

1. 墓葬形制与结构

位于T5247的东南部及扩方内，开口于表土层下，距地表深20厘米。墓葬形制为竖穴土坑墓，平面呈梯形，无墓道。方向35°（图一〇一；图版一二，3）。

墓室　坑口长260、宽160~180厘米，坑壁竖直，深170厘米。填土为回填的五花土，土色红褐，质黏。

葬具　单椁单棺，均朽，唯发现青灰色的朽痕。椁痕位于墓室的中部，长225、宽150厘米。棺痕位于椁室的东部，长190、宽50厘米。

葬式　人骨已朽，葬式不明。

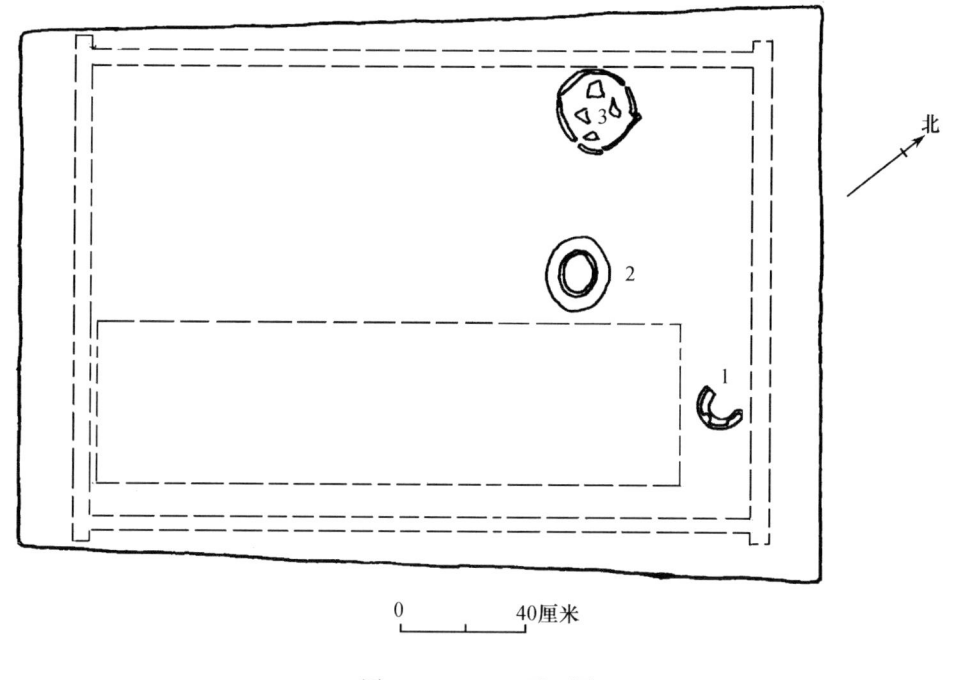

图一〇一　M39 平面图
1. 陶壶残片　2. 陶釜　3. 陶甑

2. 随葬品

器物出自椁室的西、北部，均为陶器，器形有壶、釜甑，仅修复一套釜甑。

陶釜甑　1套。编号为M39∶2、M39∶3，泥质灰陶。甑为盆状，侈口，斜直折腹内收。底有五孔。口径23.3、底径11、高10厘米。釜，方唇，敛口，扁鼓腹，平底。口径13.7、底径11.4、高10厘米（图一〇二；图版四二，3）。

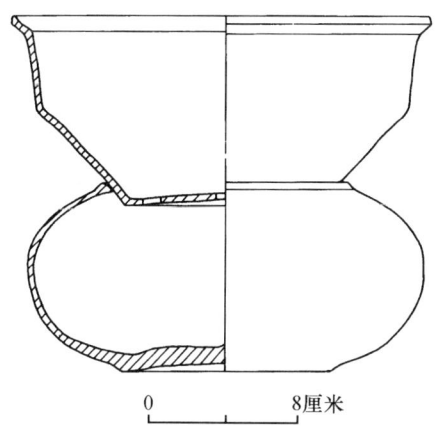

图一〇二　M39 出土陶釜甑（M39∶2、M39∶3）

十六、M40

1. 墓葬形制与结构

位于T5346、T5246的中北部，开口于表土层下，距地表深20厘米。墓葬形制为竖穴土坑墓，平面呈长方形，无墓道。方向45°（图一〇三；图一二，2）。

墓室　坑口长220、宽124厘米，坑壁竖直，深20厘米。填土为回填的五花土，土色红褐，质黏。

葬具　单棺，已朽，唯发现青灰色的朽痕，位于墓室的北部，长198、宽58厘米。

葬式　人骨已朽，葬式不明。

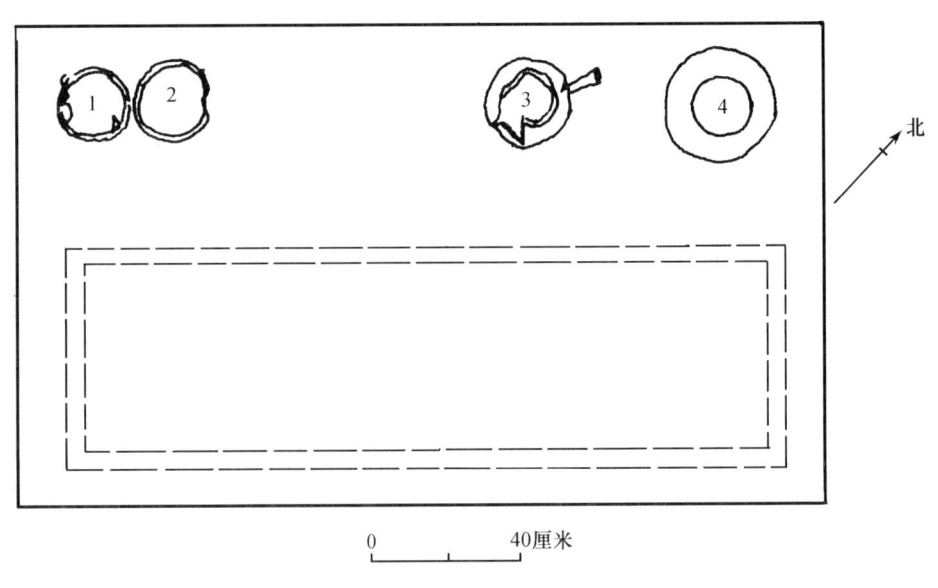

图一〇三　M40平面图
1. 陶双耳罐　2. 陶钵　3. 陶温鏊　4. 漆器残片

2. 随葬品

器物出自墓室的南部，有陶器和漆器。陶器有双耳罐、钵、温鏊。

陶双耳罐　1件。M40:1，上半部无法修复，泥质灰陶，鼓腹弧内收，凹圜底。腹两侧施牛鼻式耳。器身饰间断绳纹和横绳纹。底径9.5、残高17.7厘米（图一〇四，1）。

陶钵　1件。M40:2，泥质灰陶，敛口圆唇，弧腹斜内收，平底。口径21.5、底径9.2、高7厘米（图一〇四，2；图版四〇，3）。

陶温鏊　1件。M40:3，夹砂红褐陶，外表有烟熏痕迹。侈口，弧颈，扁鼓腹，圜底，一侧施空心柄。下腹和底饰横绳纹。口径 12.5、高 12.5 厘米（图一〇四，3；图版四二，1）。

另有漆器残片，编号为 M40:4，器形不明，无法提及。

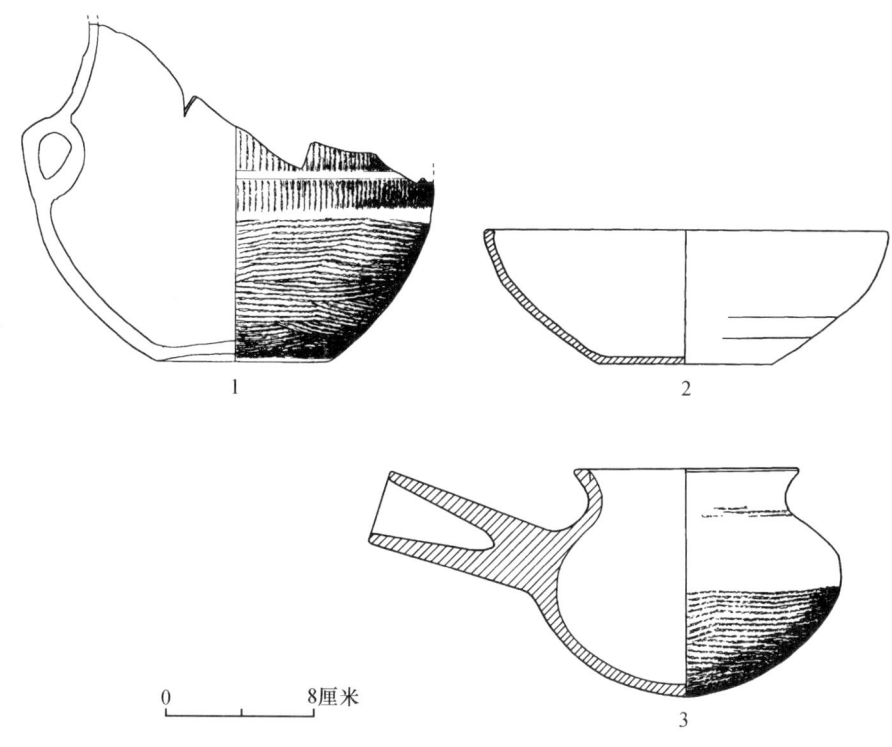

图一〇四　M40 出土陶器
1. 双耳罐（M40:1）　2. 钵（M40:2）　3. 温鏊（M40:3）

十七、M43

1. 墓葬形制与结构

位于 T5245、T5246 的中部，开口于表土层下，距地表深 20 厘米。墓葬形制为竖穴土坑墓，平面呈梯形，无墓道。方向 20°（图一〇五；图版一二，4）。

墓室　坑口长 248、宽 160~180 厘米，坑壁竖直，深 140 厘米。填土为回填的五花土，土色红褐，质黏。

葬具　单椁单棺，均朽，唯发现青灰色的朽痕。椁痕位于墓室的中部，长 226、宽 151 厘米。棺痕位于椁室的东部，长 200、宽 50 厘米。

葬式　人骨已朽，葬式不明。

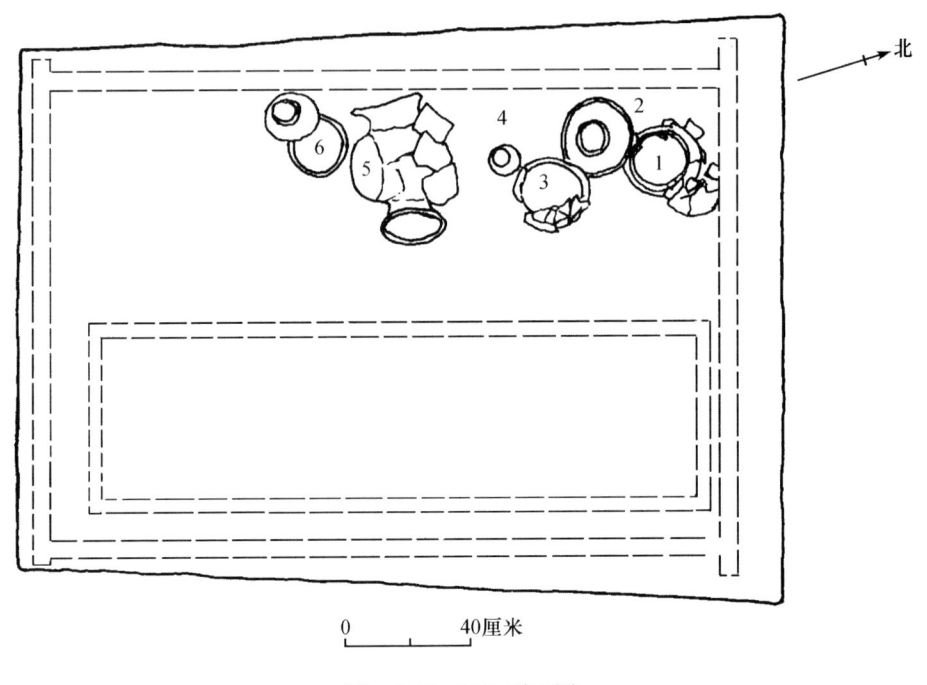

图一〇五　M43 平面图
1. 陶鼎　2. 陶釜　3. 陶甑　4. 陶罐　5. 陶壶　6. 陶盒

2. 随葬品

器物出自椁室的西部，均为陶质，器形有鼎、釜甑、罐、壶、盒。

陶鼎　1件。M43:1，泥质灰褐陶，子母敛口，半球腹，平底。兽蹄足瘦长。腹两侧对称施折方耳。盖顶隆起。口径18.2、通高23.3厘米（图一〇六，1；图版三二，2）。

陶釜甑　1套。M43:2、M43:3，泥质灰褐陶，甑为盆形，平折沿，弧腹内收为平底，底部施12小孔。口径21、底径8.6、高9.6厘米。釜为敛口，斜肩，扁鼓腹中起一周宽棱，斜内收为凹圜底。口径9.2、底径4.4、高14.5厘米（图一〇六，2；图版四二，4）。

陶罐　1件。M43:4，泥质灰褐陶，圆唇，侈口，斜肩，扁鼓腹斜内收，平底。口径6.6、底径5、高5.4厘米（图一〇六，3；图版三八，2）。

陶盒　1件。M43:6，泥质灰褐陶，子母敛口，弧腹内收，平底。器盖上弧，顶有矮圈足捉手。器身饰数道凸弦纹。口径7.8、底径7、通高17.2厘米（图一〇六，4；图版四一，2）。

陶壶　1件。M43:5，残，泥质灰陶，敞口，弧颈，扁鼓腹，喇叭状圈足。腹两侧对称置铺首。口径20.8、底径22、高36.4厘米（图一〇六，5）。

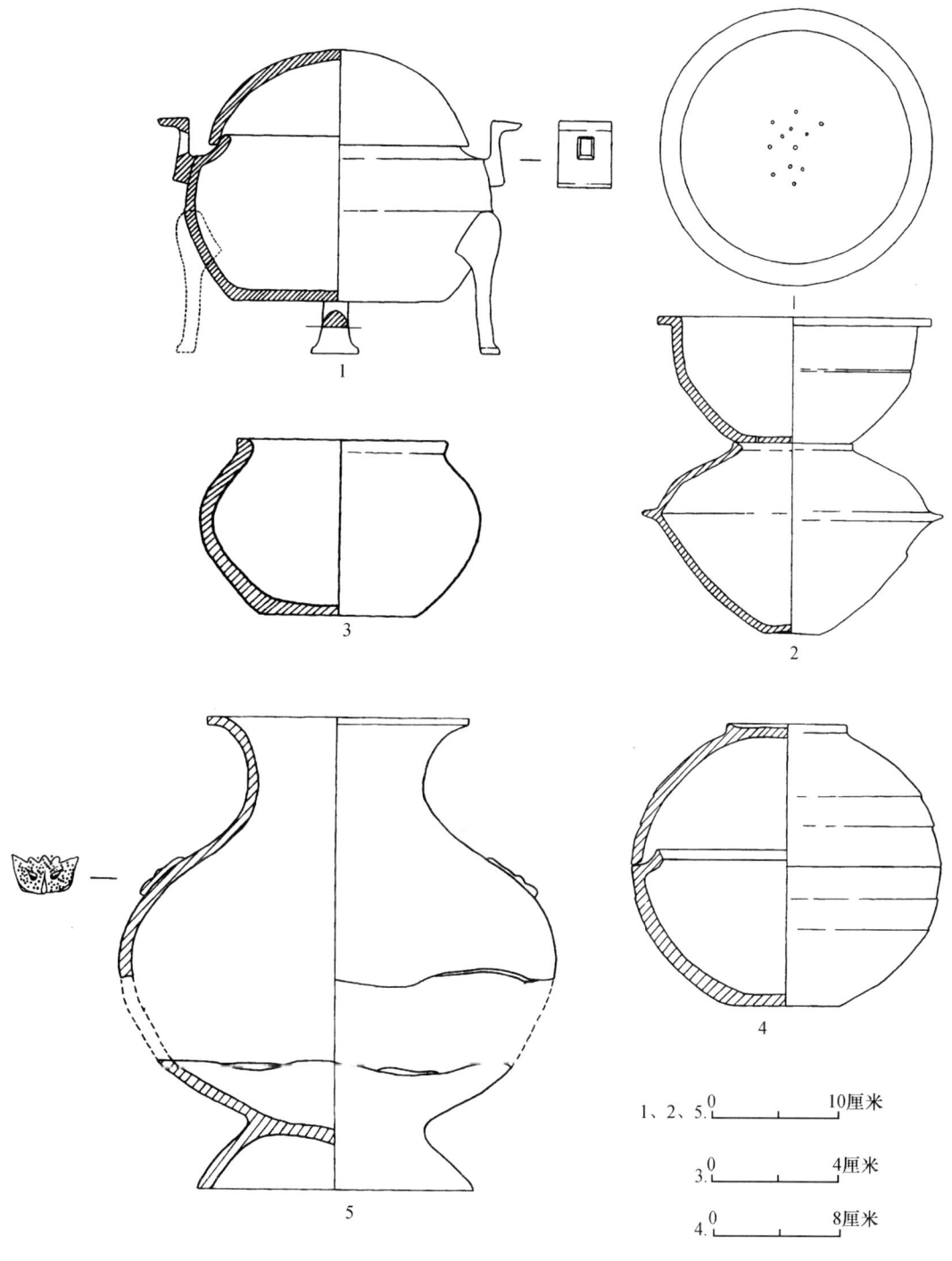

图一〇六 M43 出土陶器

1. 鼎（M43:1） 2. 釜甑（M43:2、M43:3） 3. 罐（M43:4） 4. 盒（M43:6） 5. 壶（M43:5）

十八、M44

位于T5345、T5346的中东部，开口于表土层下，距地表深20厘米。墓葬形制为带斜坡墓道单室砖室墓，打破M45一角，方向30°（图一〇七）。

墓道　位于墓室前端的中部，平面为长方形，底呈斜坡状。开口长94、底坡长108、宽90厘米。

墓室　由于遭到后期严重破坏，仅剩墓圹。平面为长方形，长320、宽160、深40厘米。

葬具、葬式　不明。

未发现随葬品。

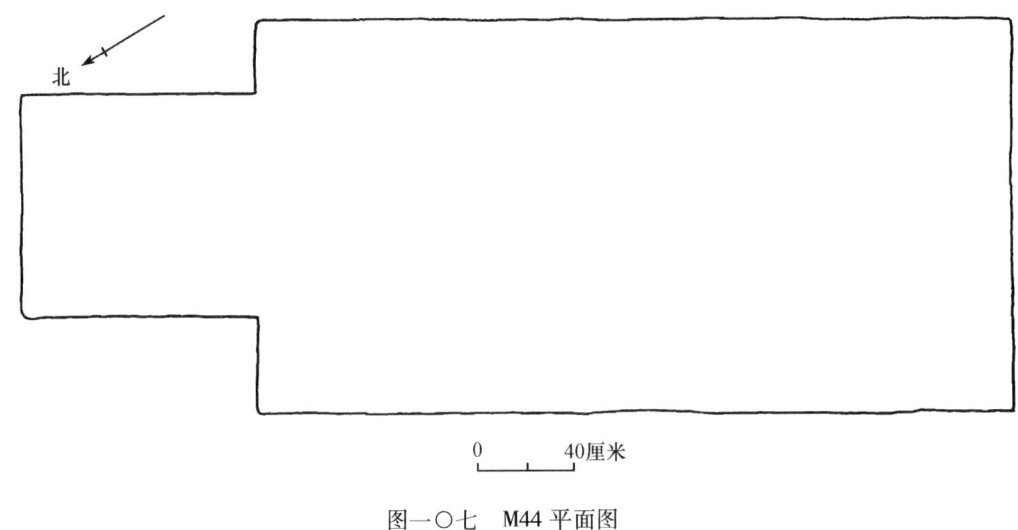

图一〇七　M44平面图

十九、M45

位于T5345的中部，开口于表土层下，距地表深20厘米。墓葬形制为长方形单室砖室墓，未发现墓道。一角被M44打破，方向21°（图一〇八）。

墓室　由于遭到后期严重破坏，仅剩土圹。平面为长方形，坑口长330、宽210、深34厘米。

葬具、葬式　不明。

未发现随葬品。

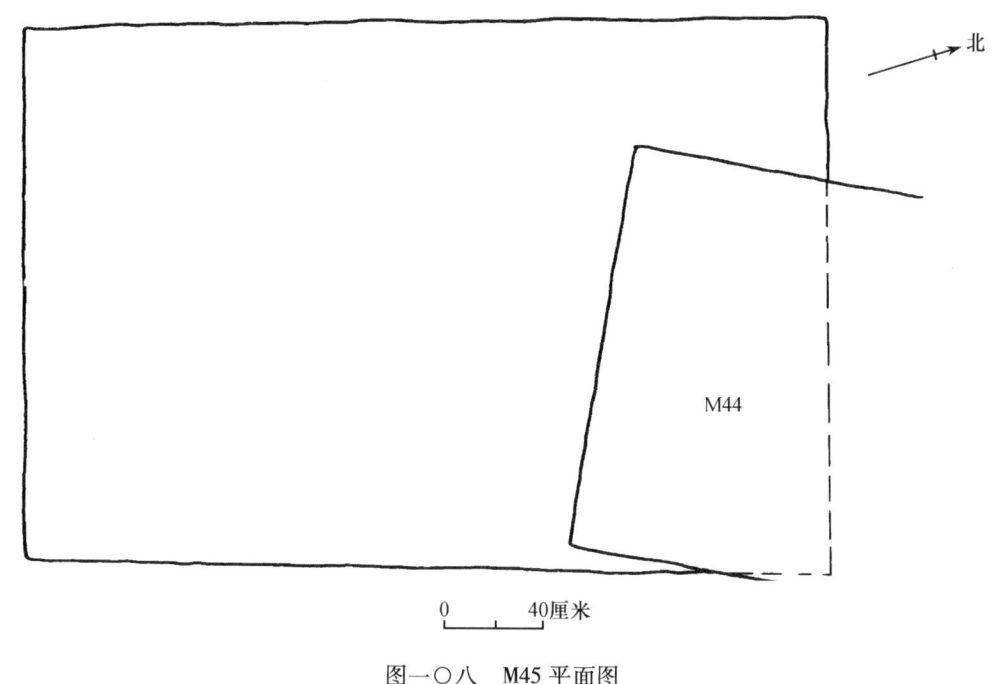

图一〇八　M45 平面图

二十、M47

1. 墓葬形制与结构

位于 T5345 的东北部，开口于表土层下，距地表深 20 厘米。墓葬形制为竖穴土坑墓，平面呈长方形，无墓道。方向 34°（图一〇九；彩版二，4）。

墓室　坑口长 236、宽 160 厘米，坑壁竖直，深 105 厘米。填土为回填的五花土，土色红褐，质黏。

葬具　单棺，已朽，唯发现青灰色的朽痕，位于墓室的东南部，长 196、宽 64 厘米。棺底部发现一层厚 2 厘米左右的炭烬。

葬式　人骨已朽，残存部分头颅、牙齿和肢体朽痕，仰身直肢。头向 34°。

2. 随葬品

陶器出自墓室的西北部，在头颅附近发现五铢钱币，疑为口晗。

陶双耳罐　1 件。M47:1，泥质灰陶，方唇，侈口，短颈，溜肩，鼓腹斜内收为凹圜底。肩两侧对称施牛鼻式环耳。器身饰数道凹弦纹，内填竖绳纹。口径 14.8、底径 9.2、高 25.2 厘米（图一一〇；图版三六，3）。

五铢　数枚，均残，无法提取。

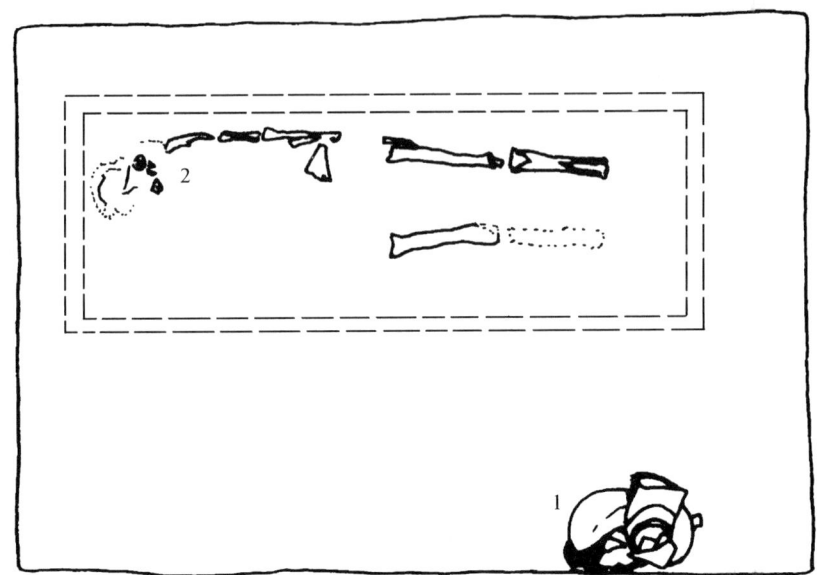

图一〇九　M47 平面图
1. 陶双耳罐　2. 五铢

图一一〇　M47 出土陶双耳罐（M47:1）

二十一、M48

1. 墓葬形制与结构

位于T5245的东北部，开口于表土层下，距地表深20厘米。墓葬形制为竖穴土坑墓，平面呈长方形，无墓道。方向40°（图一一一）。

墓室　坑口长270、宽160厘米，坑壁竖直，深170厘米。填土为回填的五花土，土色红褐，质黏。

葬具　单椁单棺，均朽，唯发现青灰色的朽痕。椁痕位于墓室的中部，长252、宽144厘米。棺痕位于椁室的东部，长200、宽50厘米。

葬式　人骨已朽，葬式不明。

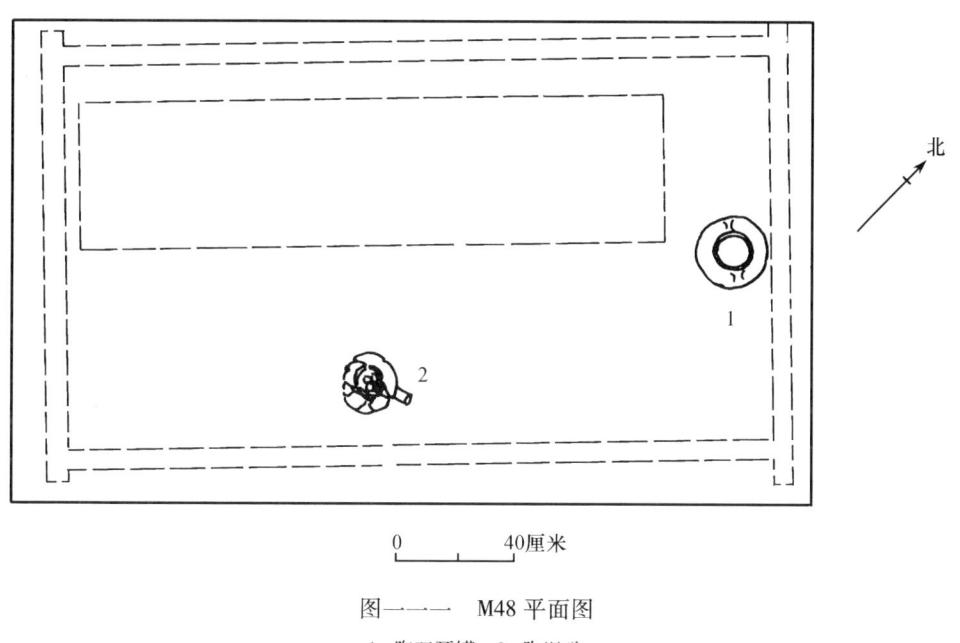

图一一一　M48平面图
1. 陶双耳罐　2. 陶温鐎

2. 随葬品

出自椁室的东北部，均为陶质，器形有双耳罐和温鐎。

陶双耳罐　1件，M48∶1，泥质灰陶，方唇外卷，弧颈，扁鼓腹斜内收为凹圜底。器身饰数道凹弦纹，内填绳纹。肩两侧对称置牛鼻式环耳。口径9.6、底径10、高24厘米（图一一二，1；图版三六，4）。

陶温鍪　1件，M48：2，夹砂黑陶，圆唇，侈口，弧颈，扁鼓腹斜内收为圜底。腹一侧施圆柄中空，下腹和底饰交错绳纹。口径11.6、高14厘米（图一一二，2；图版四二，2）。

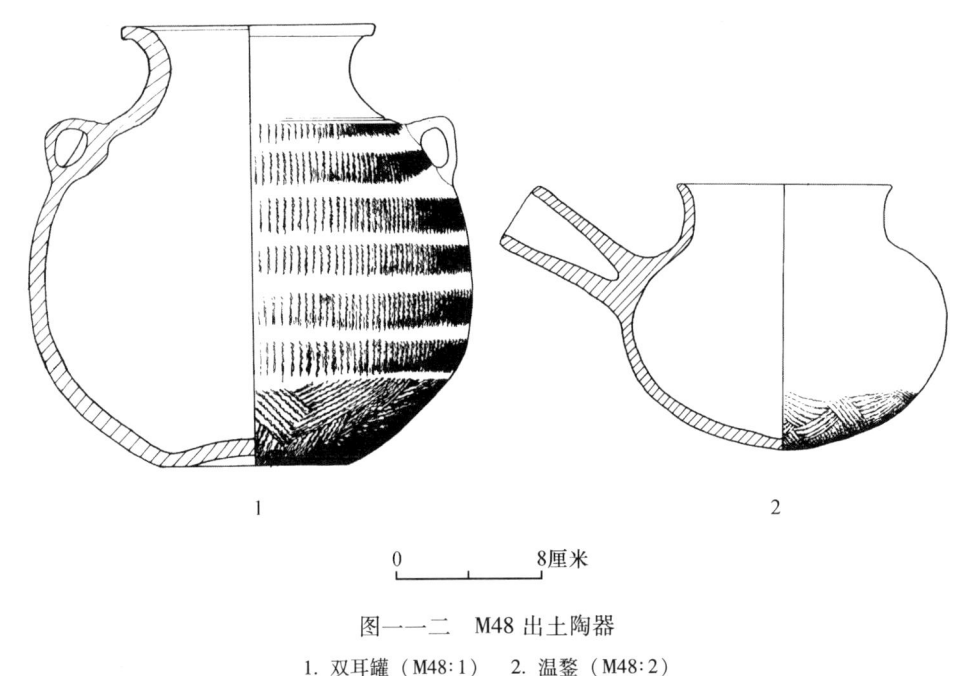

图一一二　M48 出土陶器
1. 双耳罐（M48：1）　2. 温鍪（M48：2）

二十二、M49

1. 墓葬形制与结构

位于T5345、T5245的中北部，开口于表土层下，距地表深20厘米。墓葬形制为竖穴土坑墓，平面呈长方形，无墓道。方向40°（图一一三；图版一三，1）。

墓室　坑口长260、宽96厘米，坑壁略斜直内收，底长240、宽80、深90厘米。墓室的北端有一头箱，长方形，长58、宽30、深16厘米。填土为回填的五花土，土色红褐，质黏。

葬具　单棺，已朽，唯发现青灰色的朽痕，位于墓室的中部，长180、宽50厘米。

葬式　人骨已朽，葬式不明。

2. 随葬品

在头箱内出土一套陶釜甑。M49：1，泥质灰陶，甑为盆形，方唇，平折沿，斜直折腹内收，平底施五小孔。口径20.8、底径4、高9.2厘米。釜为敛口方唇，斜肩，扁鼓折腹内收，平底。腹中部起一周凸棱。口径8.8、底径6、高11.2厘米（图一一四；图版四三，1）。

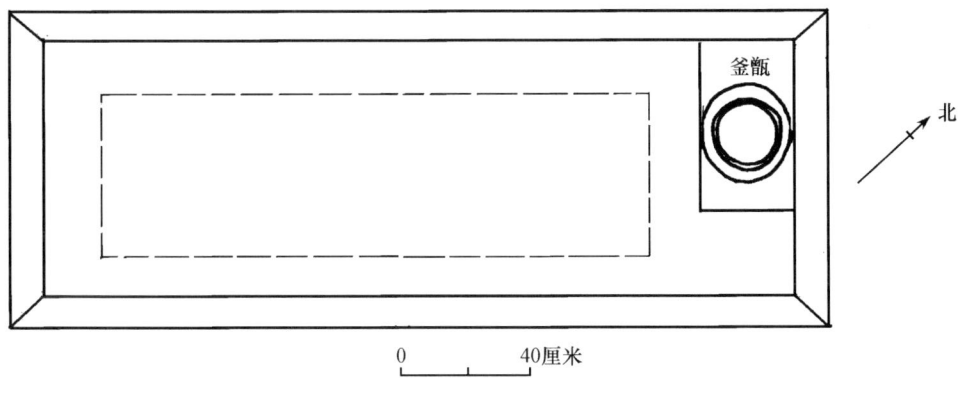

图一一三　M49 平面图

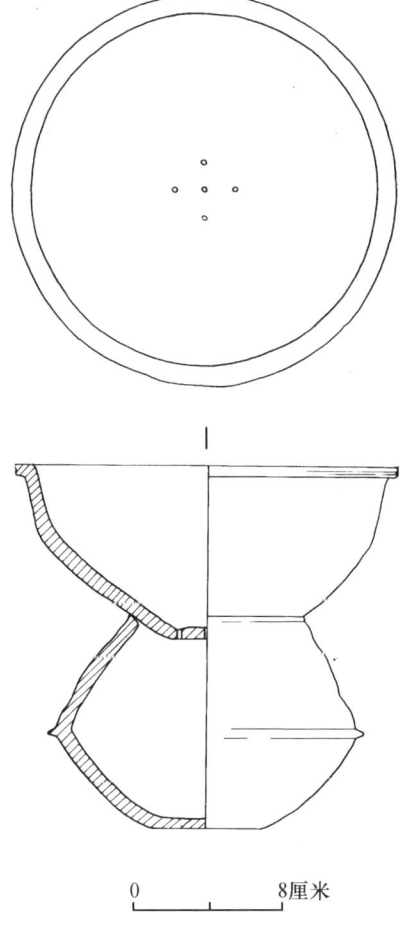

图一一四　M49 出土陶釜甑（M49∶1）

二十三、M50

1. 墓葬形制与结构

位于T5445、T5345的中北部,开口于表土层下,距地表深30厘米。墓葬形制为竖穴土坑墓,平面呈长方形,无墓道。方向45°(图一一五)。

墓室　坑口长250、宽180厘米,坑壁竖直,深70厘米。填土为回填的五花土,土色红褐,质黏。

葬具　单椁单棺,均朽,唯发现青灰色的朽痕。椁痕位于墓室的中部,长228、宽174厘米。棺痕位于椁室的西部,长200、宽62厘米。

葬式　人骨已朽,葬式不明。

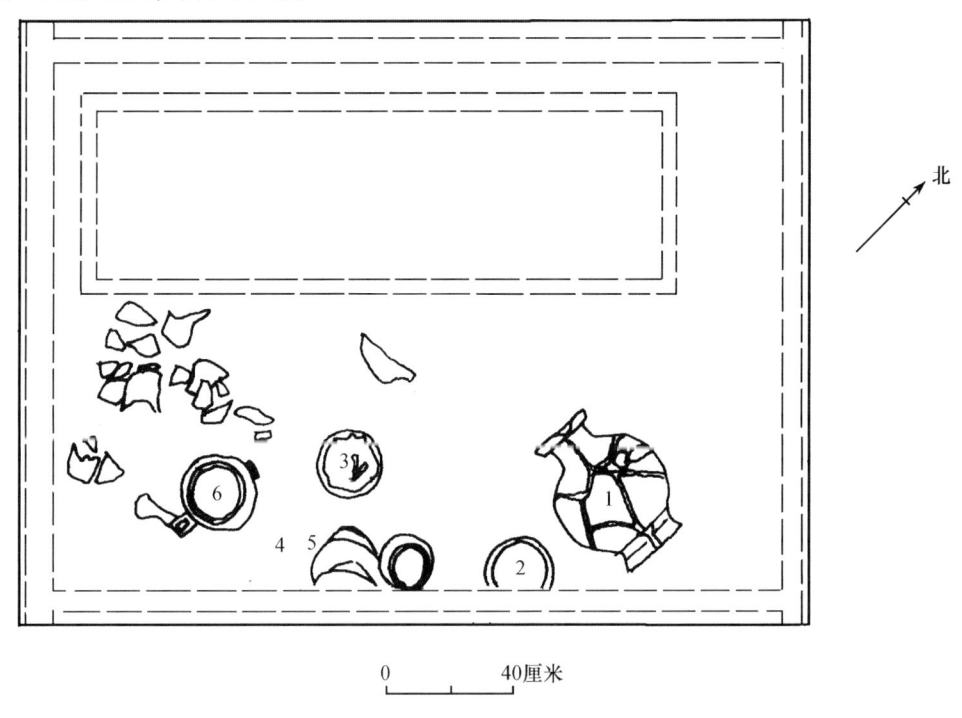

图一一五　M50平面图
1. 陶壶　2、3. 陶盒　4、5. 陶釜甑　6. 陶鼎

2. 随葬品

出自椁室的东部,均为陶器,器形有鼎、盒、壶、釜甑。

陶壶　1件。M50:1,泥质灰陶,盘口,短弧颈,扁鼓腹,喇叭状圈足中部有一周凸棱。腹两侧对称施铺首,器盖顶隆起。口径18、底径18、通高40.6厘米(图一一六,1;图版三四,1)。

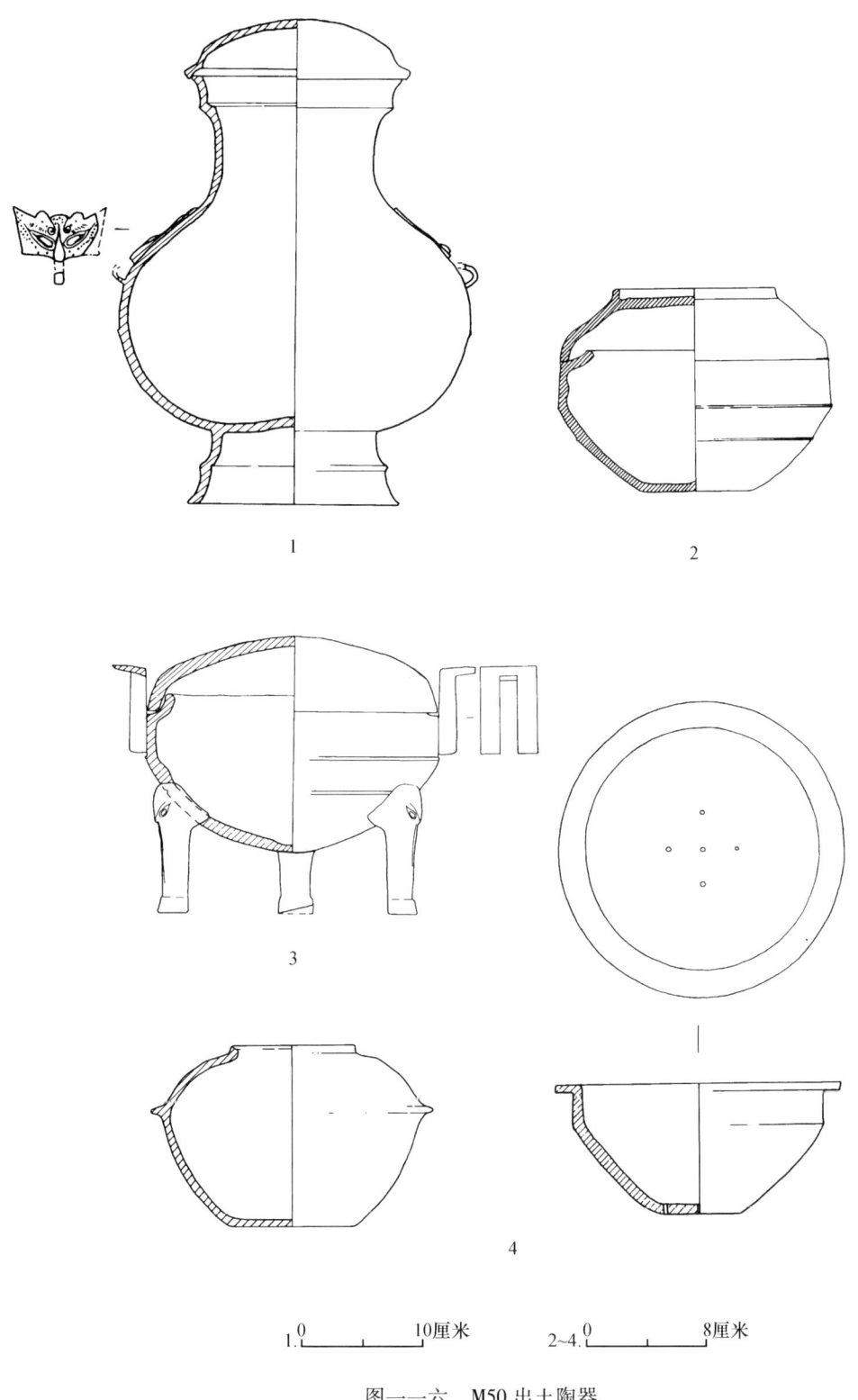

图一一六 M50 出土陶器

1. 壶（M50:1） 2. 盒（M50:2、M50:3） 3. 鼎（M50:6） 4. 釜甑（M50:4、M50:5）

陶盒　1件，出土时盖和器身分离，误编有两个号，为 M50:2、M50:3，泥质灰陶，子母敛口，直腹斜内收，平底。器盖顶平，有矮圈足捉手。口径 18.6、底径 7.6、通高 13.2 厘米（图一一六，2；图版四一，3）。

陶釜甑　1套，M50:4、M50:5，泥质灰陶。甑为盆形，平折沿，方唇，直腹斜内收，小平底施五小孔。口径 19.4、底径 5.6、高 8.5 厘米。釜为方唇，敛口，扁鼓腹，平底。腹中部起一周凸棱。口径 9.5、底径 8.4、高 12 厘米（图一一六，4；图版四三，2）。

陶鼎　1件，M50:6，泥质灰陶，子母敛口，直腹弧内收为圜底，兽蹄足，足面饰人面纹。腹中部两侧施对称双折方耳。盖顶隆起。口径 17.2、通高 18.2 厘米（图一一六，3；图版三二，3）。

二十四、M51

1. 墓葬形制与结构

位于 T5445 的西南部，开口于表土层下，距地表深 20 厘米。墓葬形制为竖穴土坑墓，平面呈方形，无墓道。方向 115°（图一一七；图版一三，2）。

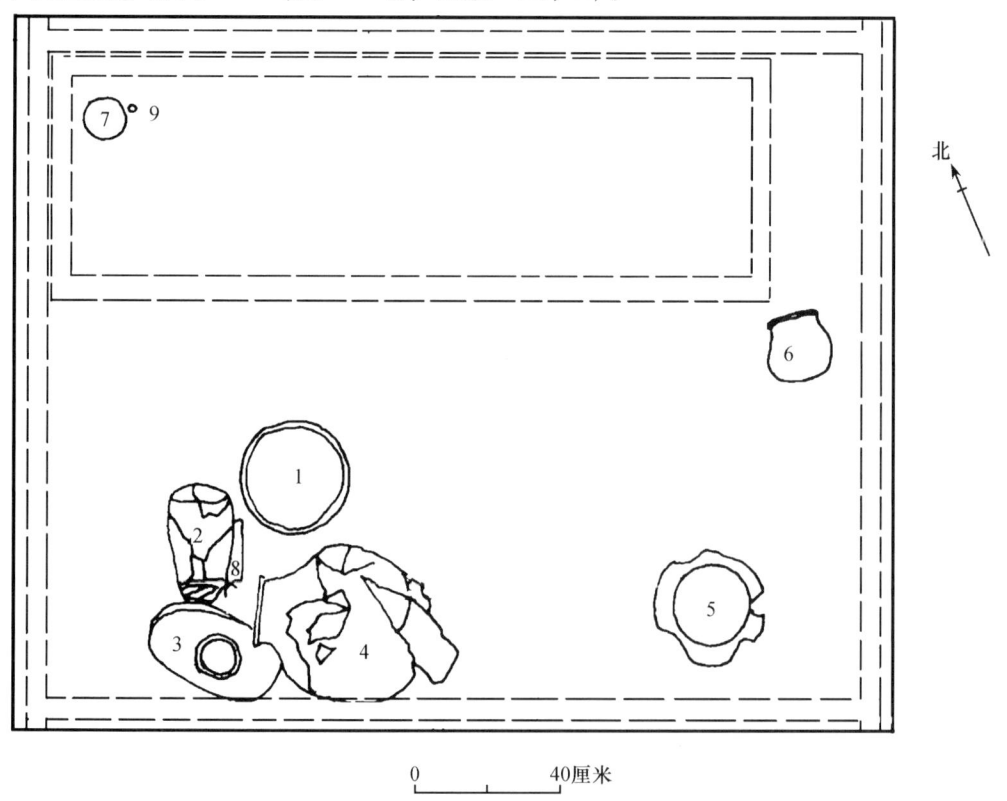

图一一七　M51 平面图
1. 陶钵　2. 陶仓　3. 陶灶釜甑　4. 陶壶　5. 铜钵　6. 陶罐　7. 铜镜　8. 铜盆　9. 五铢

墓室 坑口长290、宽190厘米,坑壁竖直,深50厘米。墓室底部铺有一层厚3厘米左右的灰烬。填土为回填的五花土,土色红褐,质黏。

葬具 单椁单棺,均朽,唯发现青灰色的朽痕。椁痕位于墓室的中部,长244、宽186厘米。棺痕位于椁室的北部,长202、宽66厘米。

葬式 人骨已朽,葬式不明。

2. 随葬品

有陶器和铜器。陶器均出自椁室的南部,铜器出自棺内。

陶钵 1件。M51:1,泥质灰陶,圆唇,敛口,浅弧腹,平底。口径17.8、底径12、高7厘米(图一一八,1;图版四〇,4)。

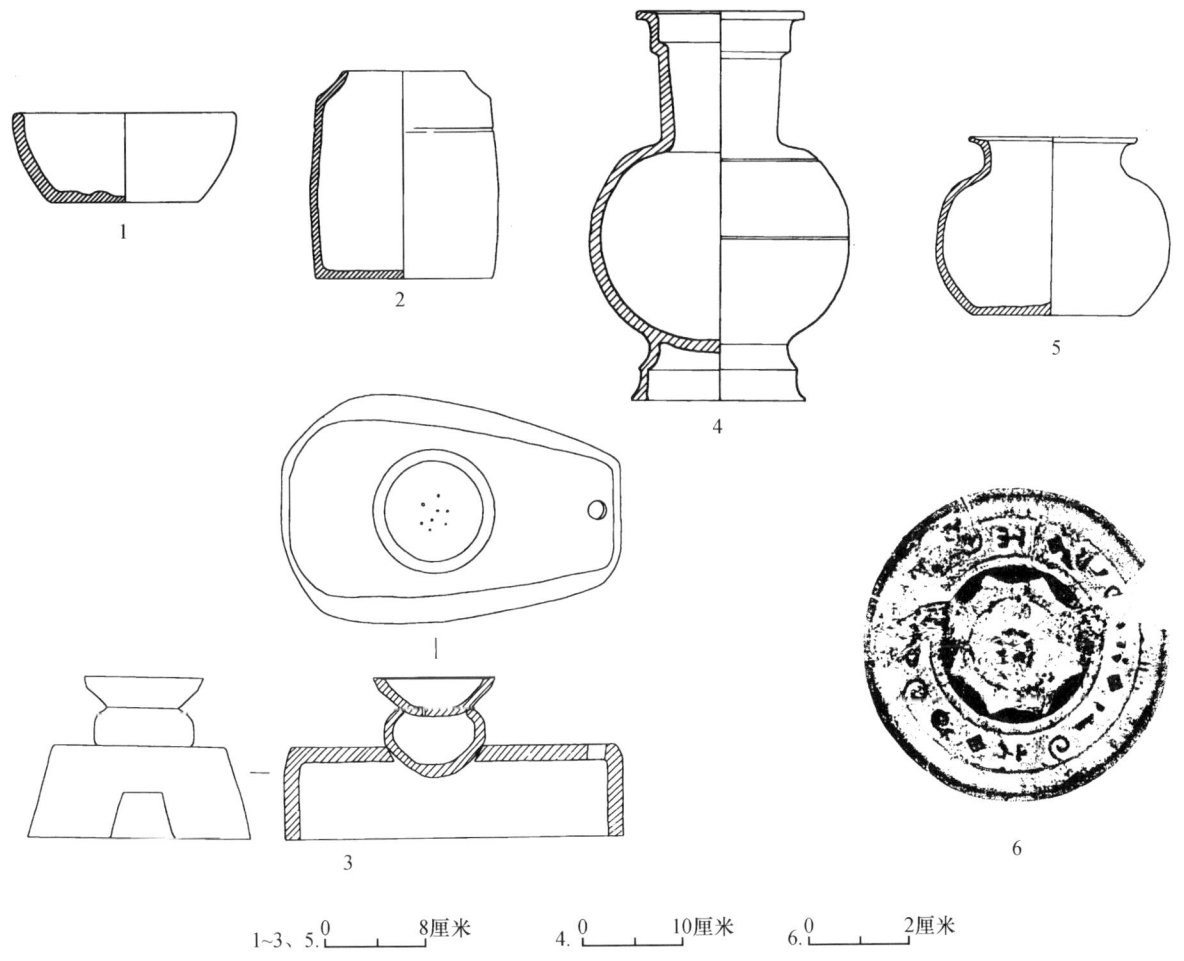

图一一八 M51出土器物
1. 陶钵(M51:1) 2. 陶仓(M51:2) 3. 陶灶釜甑(M51:3) 4. 陶壶(M51:4) 5. 陶罐(M51:6) 6. 铜镜(M51:7)

陶仓　1件。M51:2，泥质灰陶，敛口，圆唇，斜肩，斜直腹，平底。腹上部饰一道凹弦纹。口径9.6、底径14、高16厘米（图一一八，2；图版四五，5）。

陶灶釜甑　1套。M51:3，泥质灰陶。灶为椭圆状，灶面有一眼，上置釜甑，前端开一小孔以当烟道。背面开一梯形门。釜为敛口，圆鼓腹，小平底。甑方唇，浅腹，小平底内开八小孔。灶长26.4、高7厘米。釜口径5.2、高5.3厘米。甑口径10.4、底径3.4、高2.9厘米（图一一八，3；图版四四，2）。

陶壶　1件。M51:4，泥质灰陶，方唇，平折沿，直口，直颈，圆肩鼓腹，喇叭状圈足中部起一凸棱。肩腹饰两道凹弦纹。口径16.4、底径16.8、高38厘米（图一一八，4；图版三四，2）。

陶罐　1件。M51:6，泥质灰陶，圆唇外卷，敞口，弧颈，圆肩鼓腹斜内收，平底。口径13.6、底径13、高14厘米（图一一八，5；图版三八，3）。

铜镜　1件。M51:7，圆形，乳钉纹纽座，内圈饰八道内向连弧纹和一周栉齿纹，外圈纹饰为文字，有日光字样。直径6厘米（图一一八，6；彩版八，5）。

另有铜钵、铜盆，编号为M52:5、M52:8，因太碎无法提取。

五铢钱币若干，编号为M51:9，亦过碎无法提取，仅可根据出土时辨别有"五铢"字样。

二十五、M53

1. 墓葬形制与结构

位于T5645的中南部，开口于表土层下，距地表深30厘米。墓葬形制为竖穴土坑墓，平面呈长方形，无墓道。方向80°（图一一九；彩版三，1）。

墓室　坑口长270、宽190厘米，坑壁竖直，深220厘米。填土为回填的五花土，土色红褐，质黏。

葬具　单椁单棺，均朽，唯发现青灰色的朽痕。椁位于墓室的中部，长258、宽194厘米。棺位于椁室的南部，长200、宽60厘米。在墓室底部及坑壁高约62厘米处均发现木炭。

葬式　人骨已朽，葬式不明。

2. 随葬品

出自椁室的西北端，有铜钵、铜盆、陶鼎、陶盒、陶壶、陶釜甑、陶罐和铁鍪。

陶盒　出土时一盒盖与身分离，误编有三个号，为M53:2、M53:3、M53:4，泥质灰陶，子母敛口，浅弧腹斜内收，平底。盖顶平上置圈足捉手。器身饰数道凹弦纹。口径9.4、底径

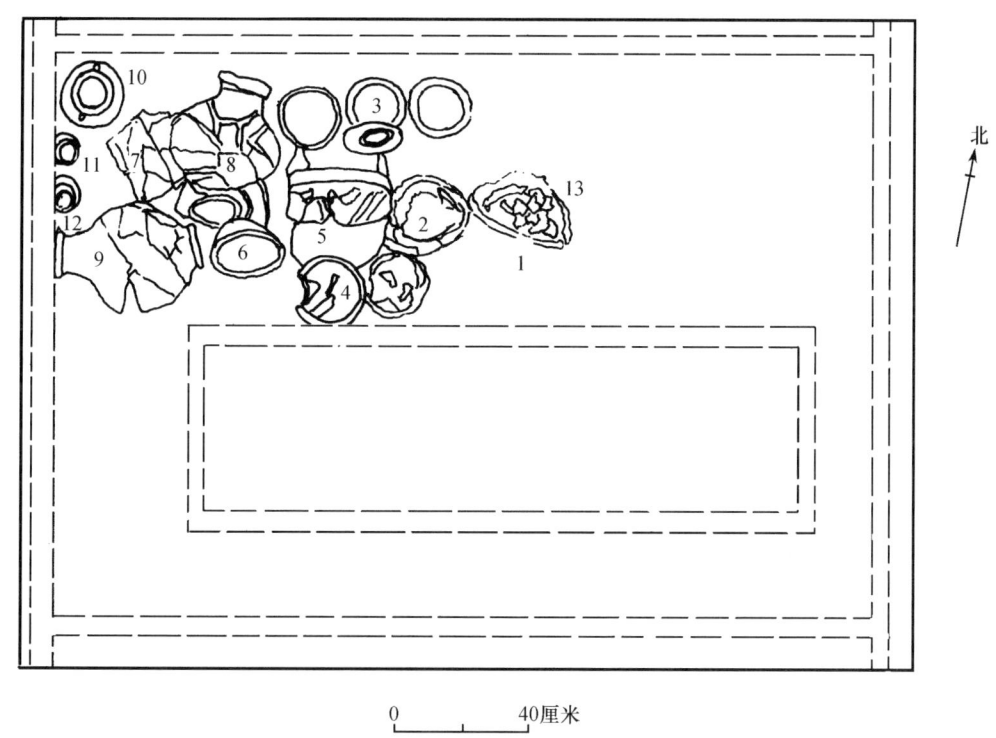

图一一九　M53平面图

1. 铜钵　2~4. 陶盒　5、7. 陶鼎　6. 铜盆　8、9. 陶壶　10. 铁鍪　11、12. 陶罐　13. 陶釜甑

8、通高13.6厘米（图一二〇，1；图版四一，4）。

陶鼎　2件。M53:7，泥质灰陶，子母敛口，直腹斜内收，平底，兽蹄足，腹两侧对称置折方耳。盖顶隆起。口径19.8、通高22厘米（图一二〇，2；图版三二，5）。M53:5与M53:7形制、大小均一致（图版三二，4）。

陶壶　2件。M53:8，泥质灰陶，方唇，浅盘口，粗短颈，扁鼓腹，喇叭状圈足中部起一周凸棱。盖顶弧起。肩腹部两侧对称置铺首衔环。口径19、底径19、通高43.4厘米（图一二〇，3；图版三四，3）。M53:9与M53:8形制、大小均一致（彩版七，1）。

陶罐　2件。M53:11，泥质灰陶，圆唇，侈口，弧颈，斜肩鼓腹弧内收，平底。口径6.2、底径7、高7.5厘米（图一二〇，4；图版三八，4左）。M53:12与M53:11形制、大小均一致（图版三八，4右）。

陶釜甑　1套。M53:13，泥质灰陶。釜为罐形，方唇，敛口，圆鼓腹，平底，下腹有削痕。口径7.8、底径7、高11.2厘米。甑为盆形，平折沿，方唇内凹，斜弧腹，平底内开数小孔。腹中部饰一周凸棱。口径20.4、底径4、高9厘米（图一二〇，5；图版四三，3）。

另有铜钵、铜盆和铁鍪，因太碎无法提取。

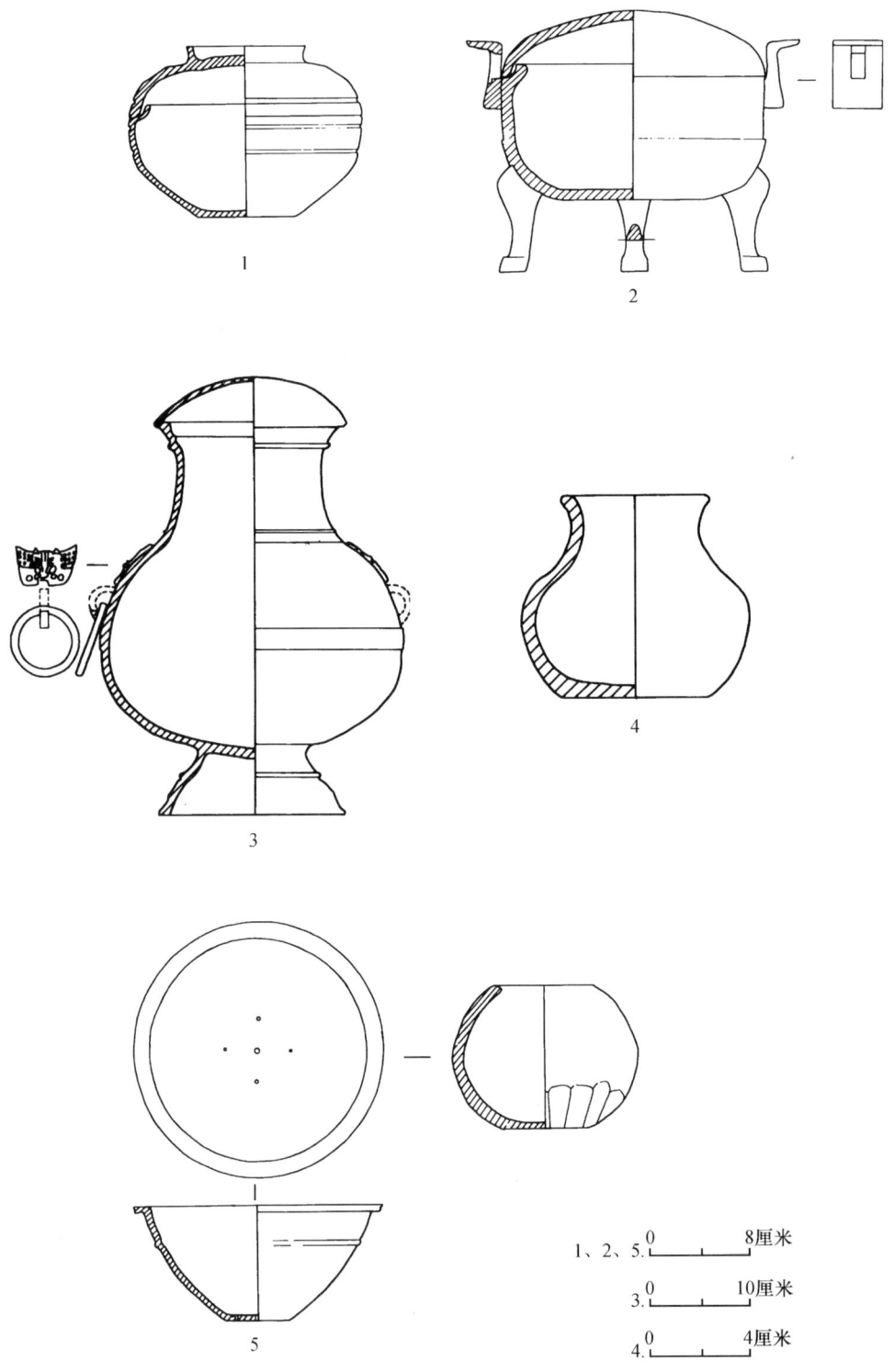

图一二〇　M53 出土陶器
1. 盒（M53:2）　2. 鼎（M53:7）　3. 壶（M53:8）　4. 罐（M53:11）　5. 釜甑（M53:13）

二十六、M56

1. 墓葬形制与结构

位于T5648的东南部,开口于表土层下,距地表深40厘米。墓葬形制为带墓道的多室砖室墓。方向27°(图一二一;彩版三,2)。

墓道 位于墓室前端的偏西。开口平面呈长方形,底为斜坡状。由于墓道延伸至田埂下,未全部发掘。开口长120、宽110厘米,底坡长128厘米。

甬道 位于墓室前端偏西一侧,由于遭到晚期严重破坏,仅剩一条砖。长90、宽90、深145厘米。

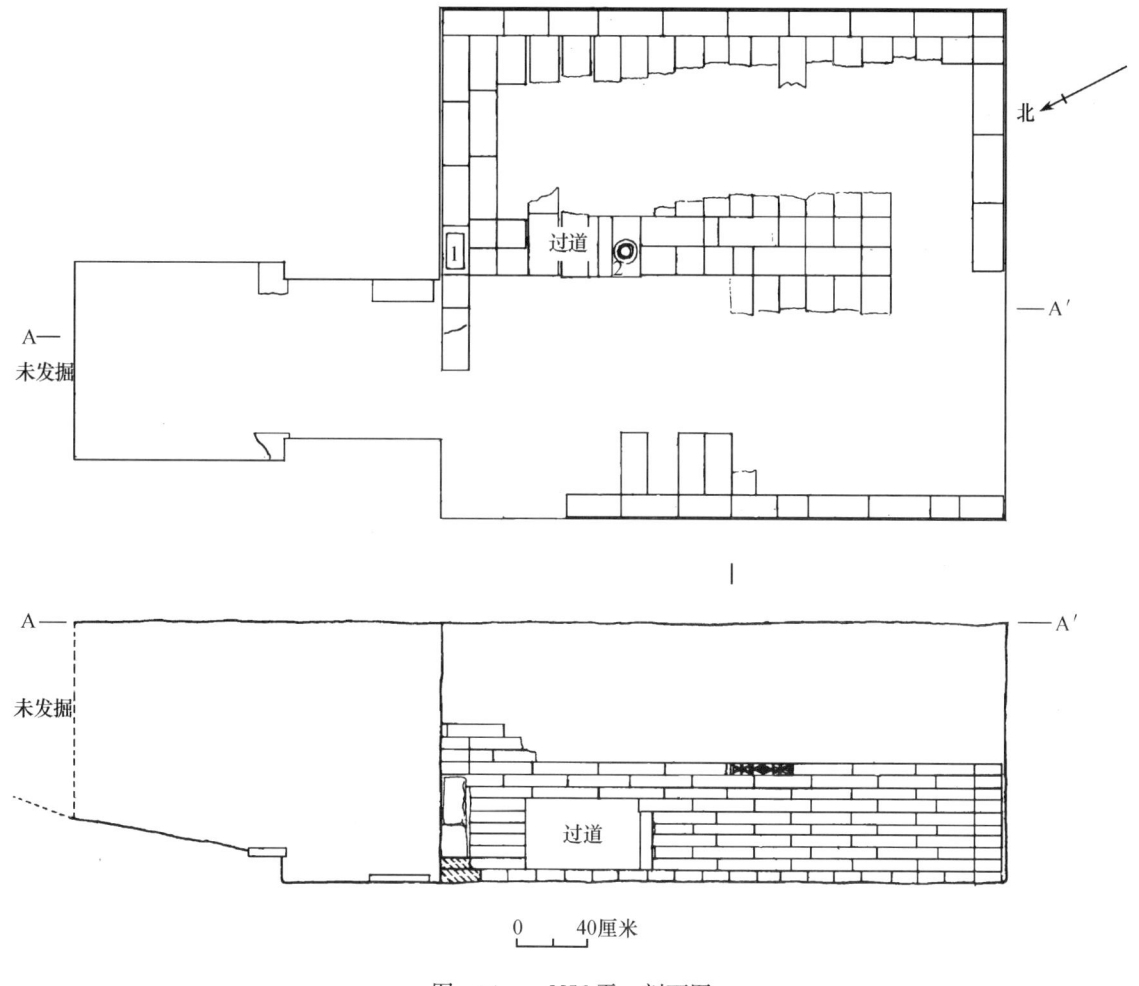

图一二一 M56平、剖面图
1. 空心砖 2. 陶仓

墓室　平面呈长方形，有主室和侧室。墓室遭到后期严重破坏，仅剩中间隔墙和部分壁砖。主室长296、宽117厘米；侧室长296、宽96厘米。主室和侧室之间前端有一过道，宽66厘米。在主室通往甬道的门口，有一空心砖竖立。墓四壁为青灰色砖平放顺砌错缝法堆砌，底为横铺。

葬具、葬式　不明。

2. 随葬品

由于遭到严重破坏，仅在墓底发现部分残片，后经修复，有空心砖、陶仓等。

空心砖　至少2件以上，泥质灰陶。M56:1，发现时碎成很多小碎块，后缀合成一块。正面上端为双龙缠尾，下为房屋图案。四周为方格纹。长71、宽27、厚15厘米（图一二二，1）。另有其他碎片，图案与之不同，有读经、房屋等（图一二二，2）。

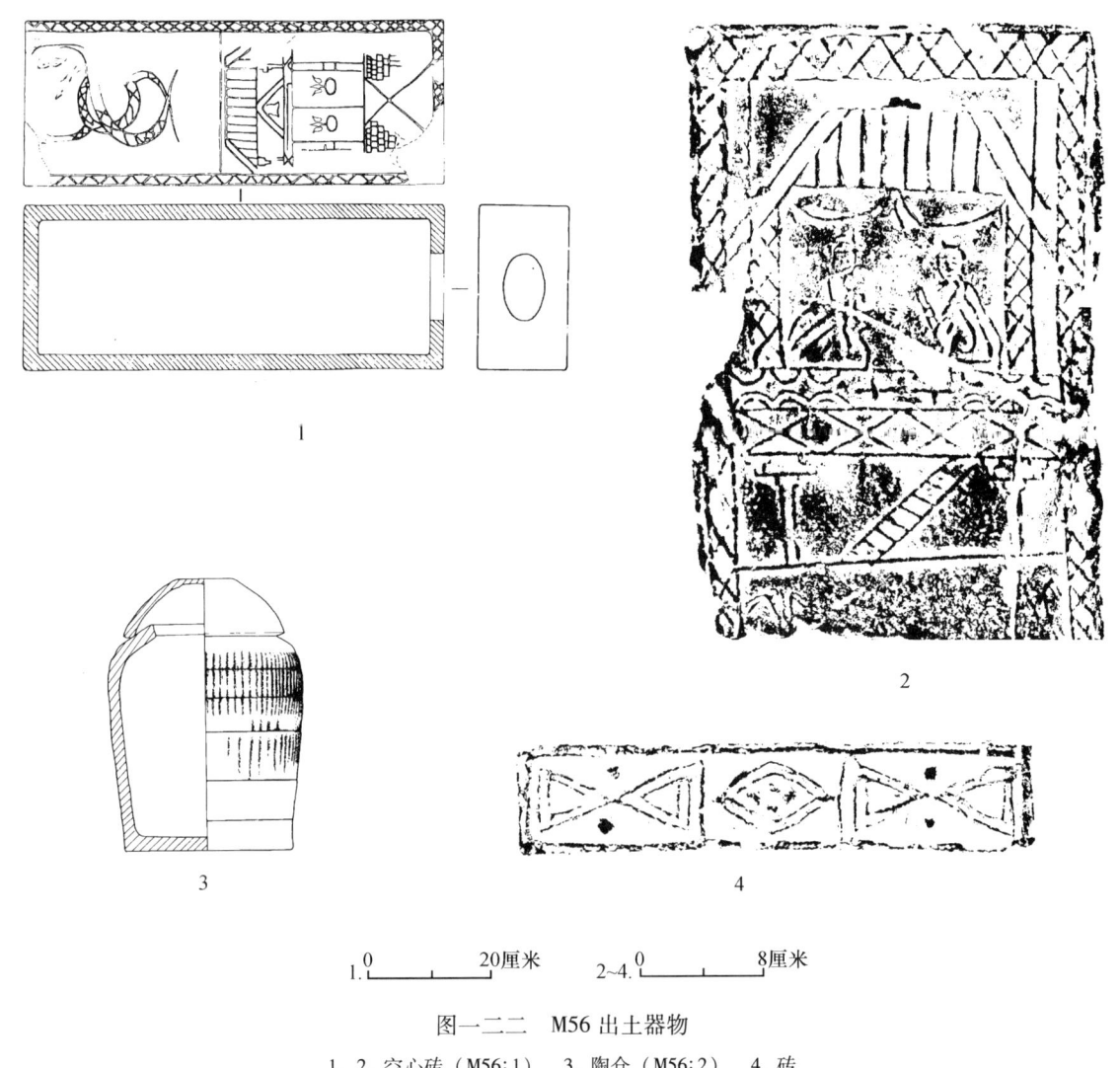

图一二二　M56出土器物
1、2. 空心砖（M56:1）　3. 陶仓（M56:2）　4. 砖

陶仓　5件，修复完整的仅1件，编号为M56:2。泥质灰陶，方唇敛口，鼓肩，斜直腹内收为平底。盖顶平。器身饰数道凹弦纹，其间填竖绳纹。口径7、底径11、通高17.5厘米（图一二二，3；彩版七，5）。

砖　长35、宽16、厚7厘米，侧面模印复线对角三角形与菱形纹（图一二二，4）。

二十七、M59

1. 墓葬形制与结构

位于T5547的东北角，开口于表土层下，距地表深20厘米。墓葬形制为竖穴土坑墓，平面呈长方形，无墓道。打破M60，方向56°（图一二三；图版一三，3）。

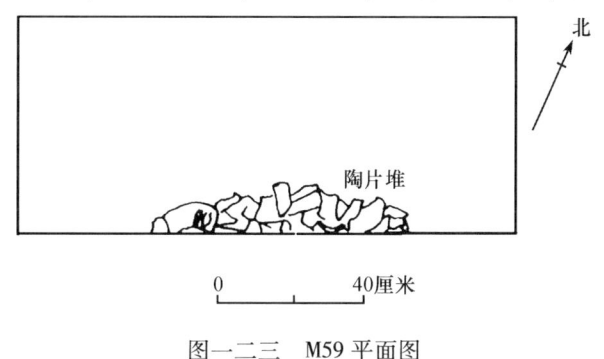

图一二三　M59平面图

墓室　坑口长136、宽60厘米，坑壁竖直，深90厘米。填土为回填的五花土，土色红褐，质黏。

葬具、葬式　不明。

2. 随葬品

出自墓室的南部，均碎，泥质灰陶，无法修复。

二十八、M64

1. 墓葬形制与结构

位于T5647的东北部，开口于表土层下，距地表深30厘米。墓葬形制为带墓道的长方形单室砖室墓，打破M65和M77，方向30°（图一二四；图版一四，1）。

墓道　位于墓室前端的中部偏东，开口为长方形，底为斜坡状。由于前端延伸至田埂下，

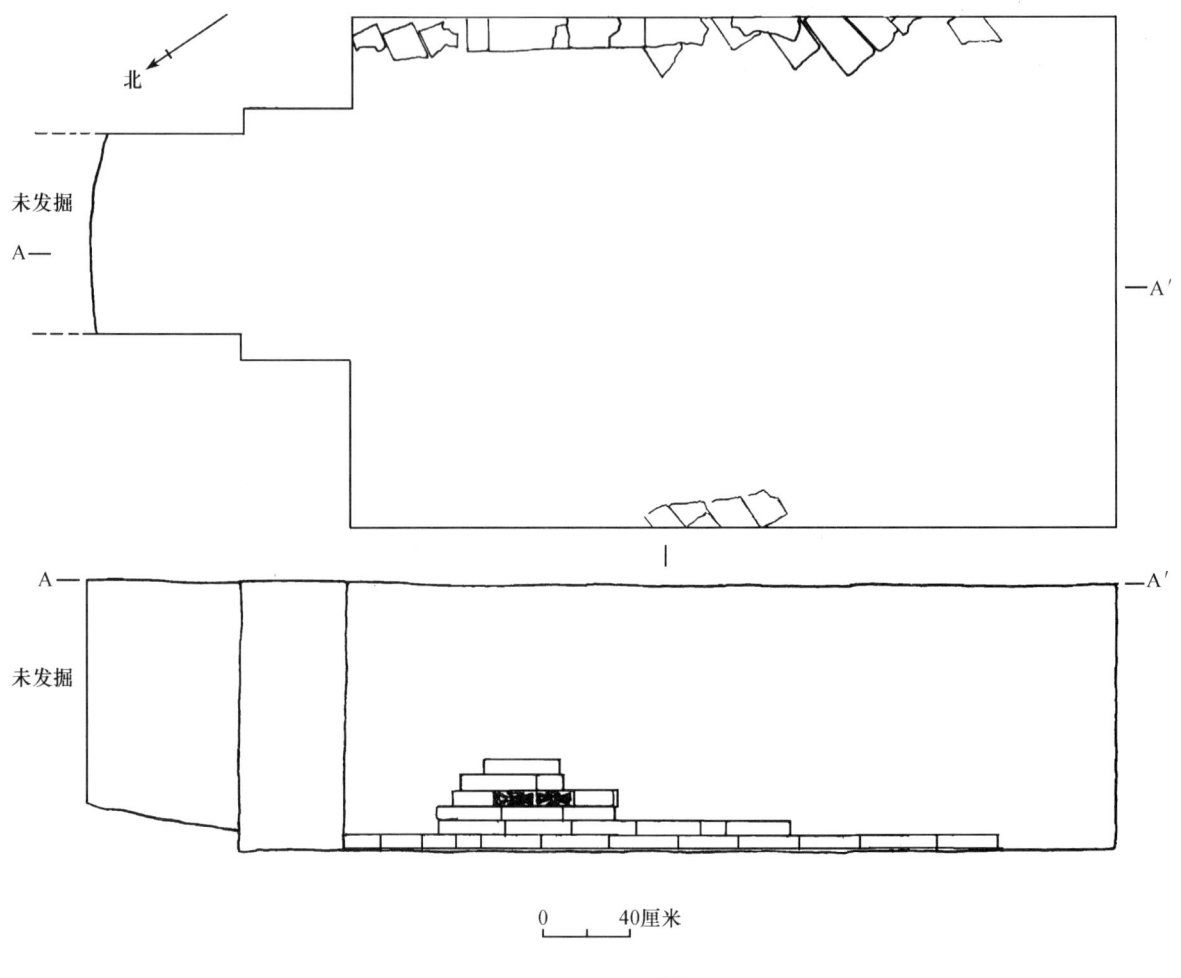

图一二四 M64 平、剖面图

未清理完毕。上口长 70、宽 90、底坡长 83 厘米。

甬道　位于墓室前端的中部略偏东。由于遭到晚期严重破坏，仅剩土圹，平面为长方形，长 50、宽 114、深 120 厘米。

墓室　平面为长方形，仅剩土圹和残存的数块底壁砖。坑口长 356、宽 242、深 120 厘米。底部发现数块长条砖块，为斜向平铺。壁为平砖顺砌错缝法堆砌。砖长 35、宽 16、厚 6 厘米，侧面模印复线对角三角形。

葬具、葬式　不明。

2. 随葬品

由于破坏太甚，未发现随葬品。

二十九、M67

位于 T5646 的西部，开口于表土层下，距地表深 30 厘米。墓葬形制为带墓道的长方形单室砖室墓。打破 M68、M75 和 M76。由墓道和墓室两部分组成，方向 215°（图一二五）。

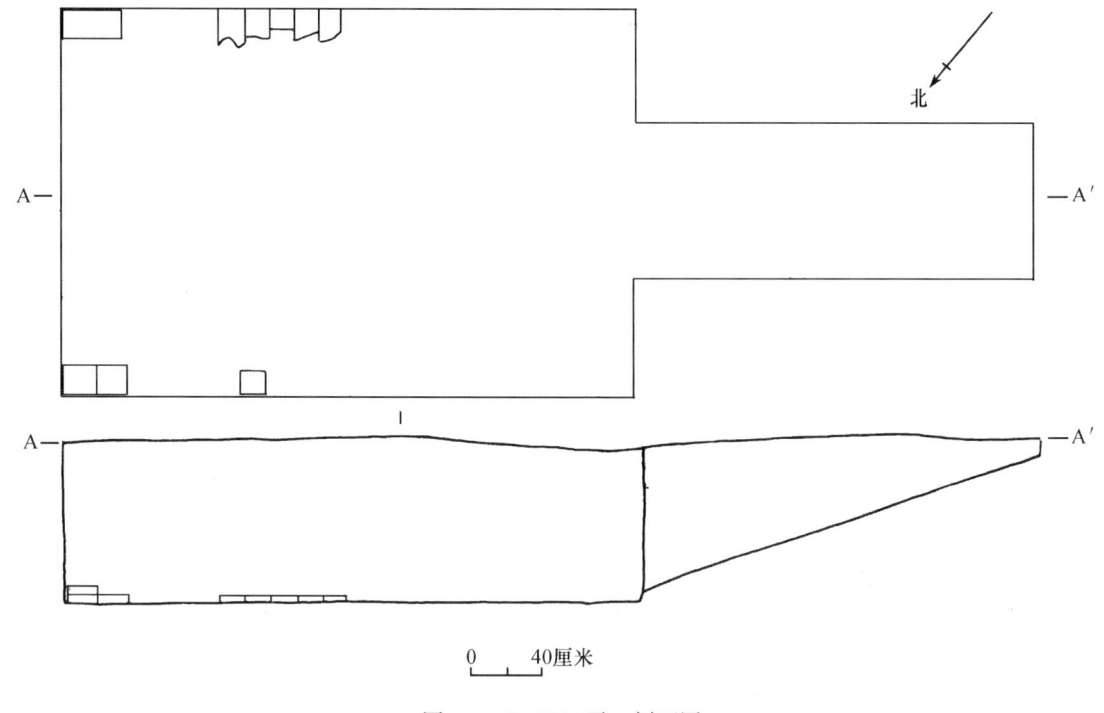

图一二五　M67 平、剖面图

墓道　位于墓室前端的中部，开口平面为长方形，底为斜坡。前端由于延伸至田埂下，未彻底清理。上口长 230、宽 90、底坡长 304、深 20~90 厘米。

墓室　由于遭到晚期严重破坏，仅剩土圹。平面为长方形，坑口长 330、宽 214、深 90 厘米。残存数块残铺底砖，为平砖横铺。砖长 35、宽 17、厚 6.5 厘米。无纹饰。

葬具、葬式　不明。

未发现随葬品。

三十、M69

1. 墓葬形制与结构

位于 T5646 的东南部，开口于表土层下，距地表深 30 厘米。墓葬形制为竖穴土坑墓，平面呈长方形，无墓道。方向 295°（图一二六；彩版三，3）。

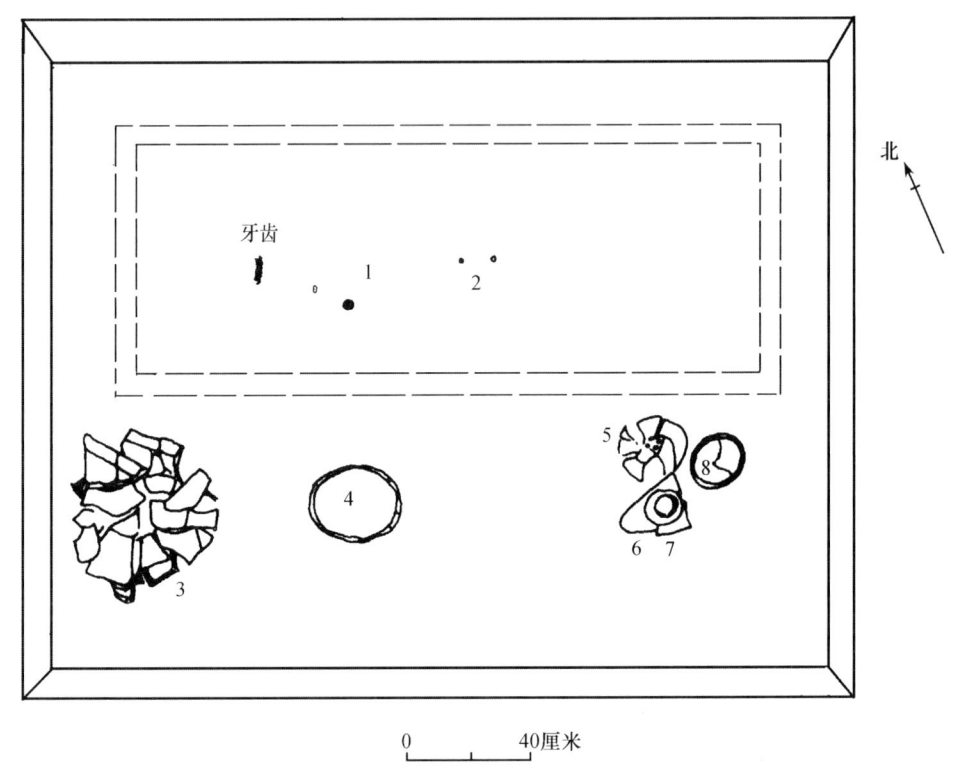

图一二六　M69 平面图
1. 五铢　2. 铜泡　3. 陶壶　4. 铜盆　5. 陶甑　6. 陶灶　7. 陶釜　8. 陶盆

墓室　坑口长270、宽227厘米，坑壁直斜内收，底长254、宽190厘米，深260厘米。墓室底部高60厘米左右开始发现木炭，厚约1厘米，推测应在棺四周用炭。由于土质较黏，无法剥离。填土为回填的五花土，土色红褐，质黏。

葬具　单棺，朽，唯发现青灰色的朽痕，位于墓室的北部，长222、宽86厘米。

葬式　人骨已朽，唯发现牙齿朽痕。头向295°。

2. 随葬品

出自两处，棺内有五铢、铜泡，棺外墓室的南部出土有陶壶、陶灶釜甑和陶盆、铜盆。

陶壶　1件。M69:3，泥质灰陶，方唇，浅盘口，粗短颈，圆鼓腹，矮圈足中起一周凸棱。腹部两侧施有铺首，但均残，饰数道凹弦纹。盖顶隆起。口径16、底径21、通高40.6厘米（图一二七，1；图版三四，4）。

陶灶釜甑　1套。M69:5、M69:6、M69:7，泥质灰陶。灶平面为三角形，灶面施一眼，上置釜甑，有一方形烟道。前端正面开一门，半圆形。下端饰竖绳纹。长21.5、高7厘米。釜为敛口、斜肩，扁鼓腹，平底。口径8.8、底径4.2、高8.3厘米。甑为平折沿，敞口，斜直折腹内收，平底内施五小孔。口径14.6、底径3.8、高6.2厘米（图一二七，2；图版四四，3；图版四四，4）。

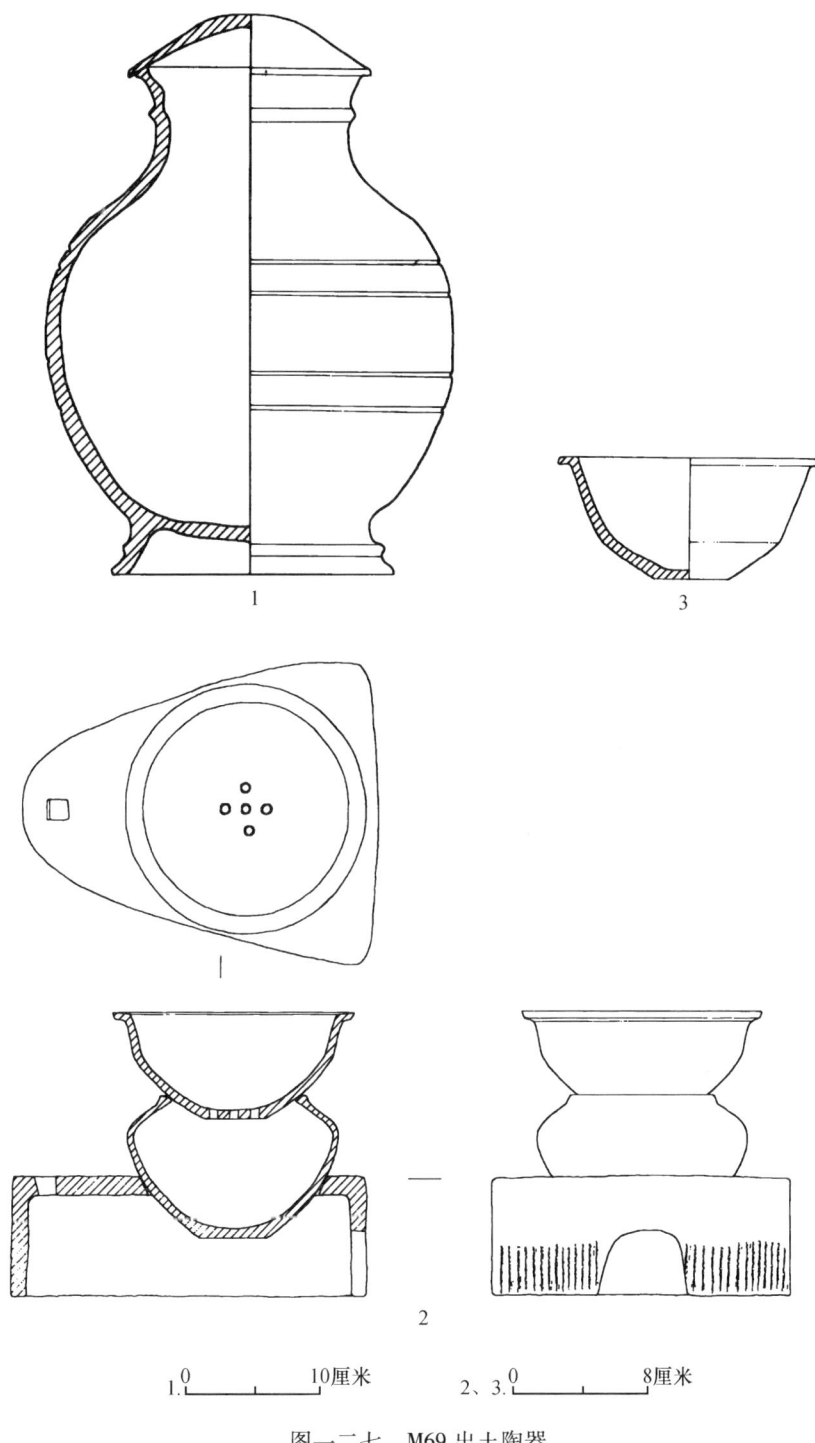

图一二七　M69 出土陶器

1. 壶（M69:3）　2. 灶釜甑（M69:5、M69:6、M69:7）　3. 盆（M69:8）

陶盆 1件。M69：8，泥质灰陶，圆唇，宽平折沿，斜腹弧内收，平底。口径16、底径4.5、高7厘米（图一二七，3；图版三九，4）。

另有五铢、铜泡、铜盆均因太碎，仅可辨其器形而无法提取。

三十一、M70

1. 墓葬形制与结构

位于T5645和T5646的东部，开口于表土层下，距地表深30厘米。墓葬形制为竖穴土坑墓，平面呈长方形，无墓道。方向351°（图一二八；图版一四，2）。

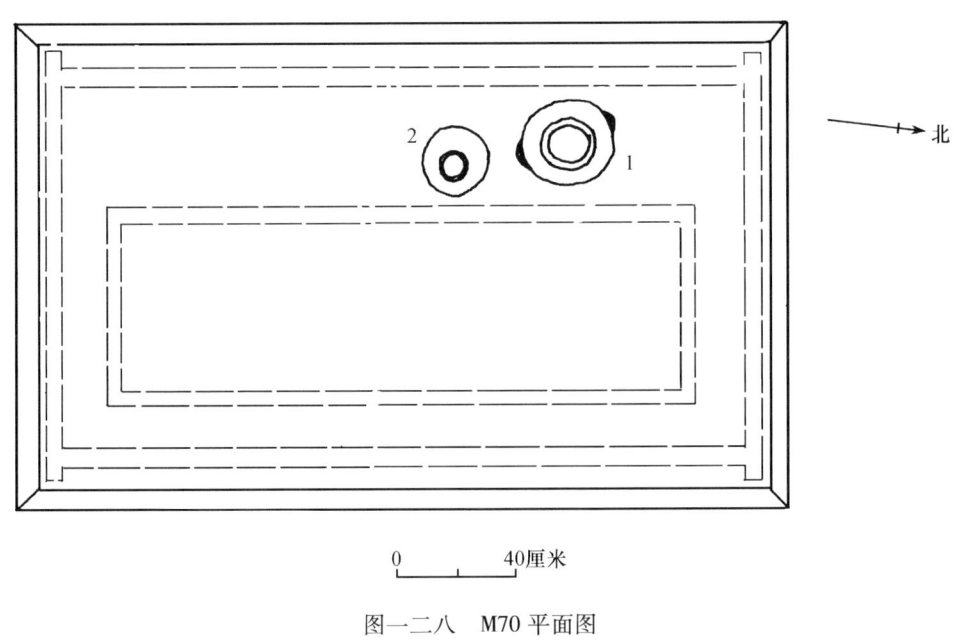

图一二八　M70平面图
1. 铁鼎　2. 陶双耳罐

墓室　坑口长260、宽160厘米，坑壁直斜内收，底长248、宽150厘米，深280厘米。填土为回填的五花土，土色红褐，质黏。

葬具　单椁单棺，均朽，唯发现青灰色的朽痕。椁痕位于墓室的中部，长244、宽132厘米。棺痕位于椁室的中东部，长200、宽60厘米。

葬式　人骨已朽，不明。

2. 随葬品

出自椁室的西部，器形有铁鼎、陶双耳罐。

陶双耳罐　1件。M70:2，泥质灰陶，尖唇，平折沿，弧颈，斜肩扁鼓腹弧内收为凹圜底。肩两侧对称置牛鼻式环耳。肩、腹饰数道间断绳纹，下腹和底饰交错绳纹。口径12.5、底径8、高22.5厘米（图一二九；图版三六，5）。

铁鼎由于腐蚀太锈，无法提取。

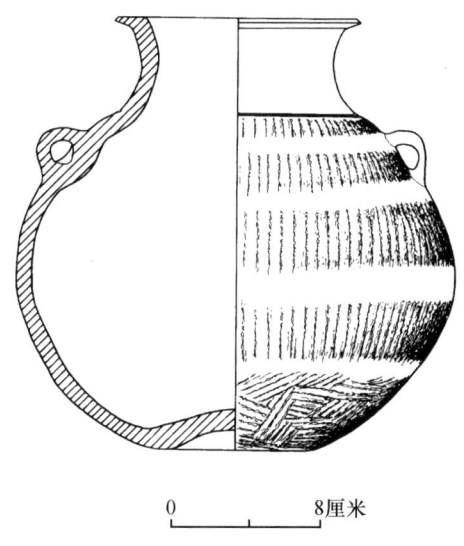

图一二九　M70出土陶双耳罐（M70:2）

三十二、M72

1. 墓葬形制与结构

位于T5645的东北部，开口于表土层下，距地表深30厘米。墓葬形制为竖穴土坑墓，平面呈长方形，无墓道。打破M70，方向100°（图一三〇；图版一四，3）。

墓室　坑口长270、宽170厘米，坑壁直斜内收，底长242、宽158、深280厘米。填土为回填的五花土，土色红褐，质黏。

葬具　单椁单棺，均朽，唯发现青灰色的朽痕。椁痕位于墓室的中部，长230、宽150厘米。棺痕位于椁室的南部，长200、宽60厘米。

葬式　人骨已朽，不明。

2. 随葬品

器物出自两处，除五铢出自棺室外，其余出自椁室的北部，有陶鼎、盒、壶、釜甑和双耳罐。

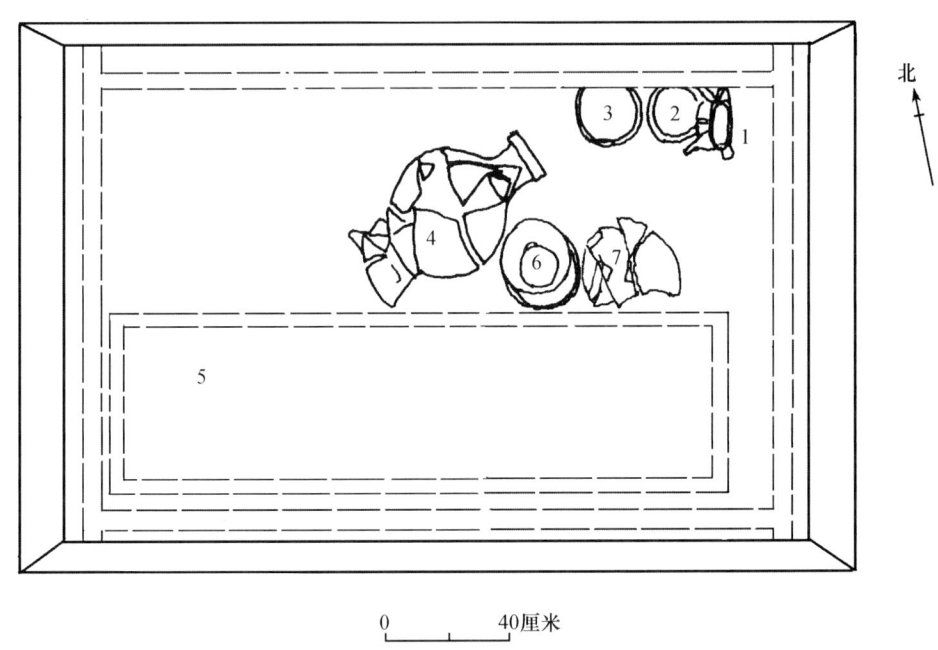

图一三〇　M72 平面图
1. 陶鼎　2、3. 陶盒　4. 陶壶　5. 五铢　6. 陶釜甑　7. 陶双耳罐

陶鼎　1件。M72:1，泥质灰陶，子母敛口，深弧腹，平底，兽蹄足断面呈半圆形，方折耳。盖顶隆起。口径18.4、通高22.3厘米（图一三一，1）。

陶盒　1件。出土时由于盖、身分离，误编为两个号，为M72:2、M72:3，泥质灰陶，子母敛口，深弧腹，平底。盖顶平，上有圈足。器身和盖腹中部有周凹弦纹。口径19、底径8.8、通高16.8厘米（图一三一，2；图版四一，6）。

陶壶　1件。M72:4，泥质灰陶，方唇，盘口，弧颈，斜肩，鼓腹弧内收，圈足中部起一周凸棱。盖顶隆起。肩两侧对称置铺首衔环。肩、腹饰数道凹弦纹。口径18、底径22、通高43.4厘米（图一三一，3；图版三五，1）。

陶釜甑　1套。M72:5，泥质灰褐陶。釜为圆唇，敛口，圆鼓腹，平底。腹上部有一道凹弦纹。口径9、底径8、高10.2厘米。甑为平折沿，弧颈，斜腹内收，平底内戳五小孔。口径17.6、底径7.2、高7.9厘米（图一三一，4；图版四三，4）。

陶双耳罐　1件。M72:7，泥质灰褐陶，方唇外翻，侈口，短颈，斜肩折腹弧内收为凹圜底。肩两侧对称置牛鼻式耳。肩及腹饰四周间断绳纹，下腹和底饰交错绳纹。口径11.4、底径6.2、高19.3厘米（图一三一，5；图版三六，6）。

另有五铢数枚，均残破，无法提取。

第三章　秦汉时期墓葬

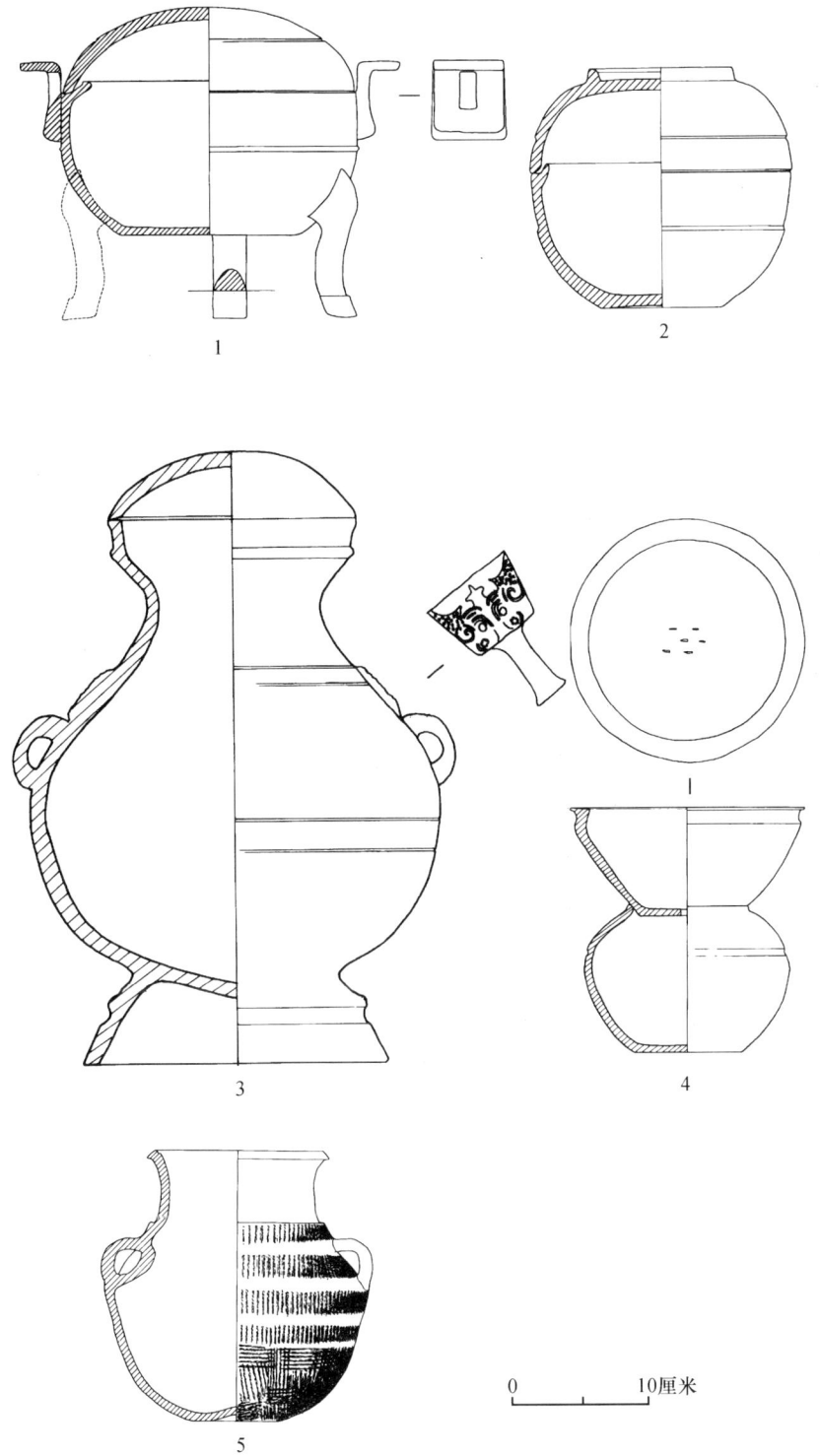

图一三一　M72 出土陶器

1. 鼎（M72:1）　2. 盒（M72:2）　3. 壶（M72:4）　4. 釜甑（M72:5）　5. 双耳罐（M72:7）

三十三、M73

1. 墓葬形制与结构

位于T5645的西北部，开口于表土层下，距地表深40厘米。墓葬形制为竖穴土坑墓，平面呈长方形，有墓道。方向285°（图一三二；图版一四，4）。

墓道　位于墓室前端的中部，开口平面为长方形，底为前端斜坡后台阶式。长252、宽110厘米。斜坡长77厘米，后接五级台阶，各自宽28、30、32、20、60厘米，高度在4~26厘米之间。

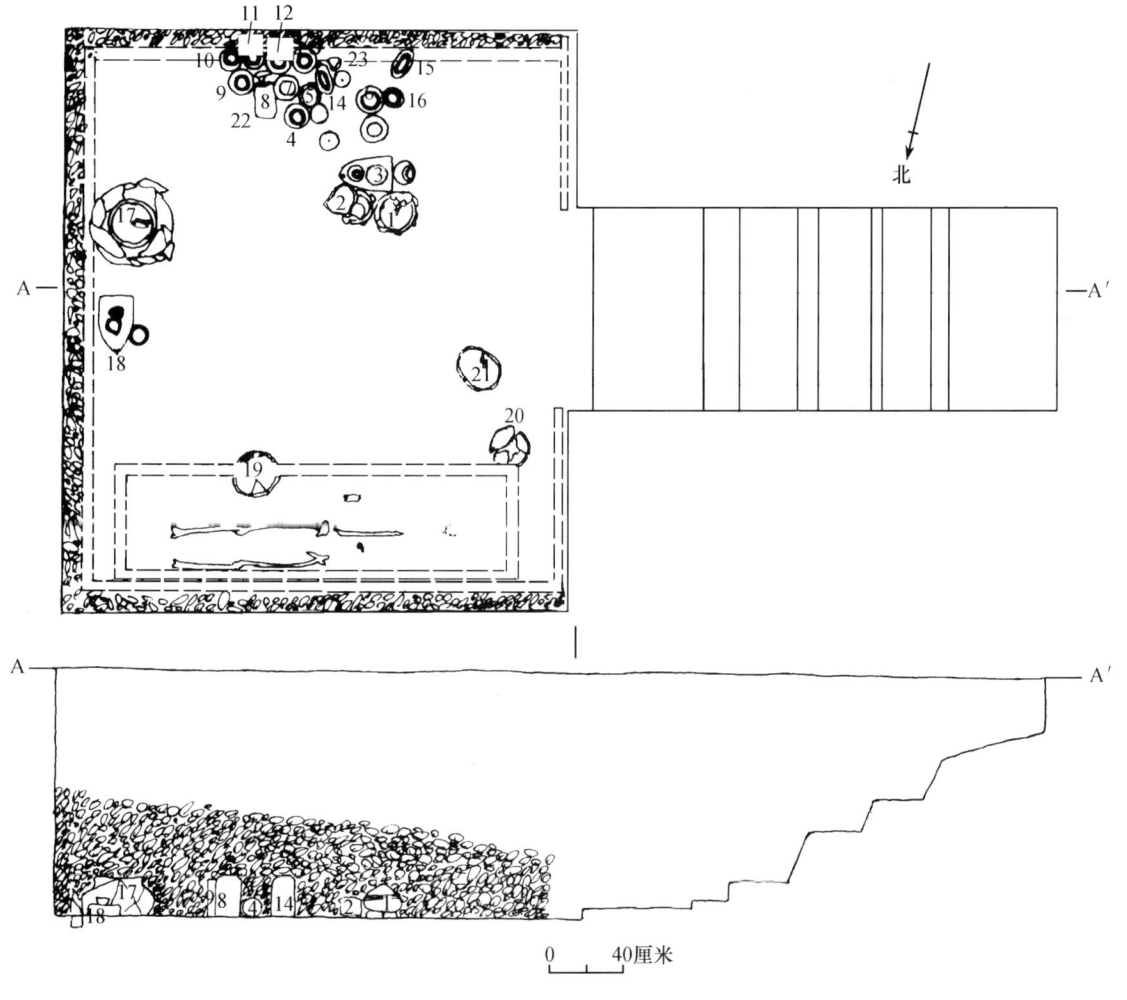

图一三二　M73平、剖面图
1、2、15. 陶鼎　3、18. 陶灶釜甑　4、6~14. 陶仓　5. 陶水井　16. 陶仓盖
17. 陶瓮　19、21. 铜钵　20、22、23. 陶盆

墓室　平面为长方形，坑四壁除前壁外，余皆用河卵石砌成石墙，高约67、厚约10厘米。坑口长313、宽274厘米，坑壁直，深130厘米。自河卵石墙以下发现木炭屑。填土为回填的五花土，土色红褐，质黏。

葬具　单椁单棺，均朽，唯发现青灰色的朽痕。椁位于墓室的中部，椁痕朽槽紧贴墓室底部四壁，宽6厘米左右，椁室长256、宽274厘米，在墓门处未发现椁痕，疑有门。棺位于椁室的北侧，长241、宽61厘米。

葬式　人骨已朽，唯发现牙齿和肢骨的朽痕。头向285°。

2. 随葬品

器物均出自椁室的南侧，有陶鼎、仓、灶釜甑、井、瓮、盆和铜钵。

陶鼎　3件。有两种质地。

M73∶1，泥质灰陶，子母敛口，扁鼓腹，圜底，兽蹄足明显且高。长方形耳长且外翘。耳面上饰"回"字形纹。口径13.2、通高18.4厘米（图一三三，1；图版三二，6）。

M73∶2、M73∶15，泥质灰褐陶，形制基本相同，子母敛口，扁鼓腹，平底，短方形耳，柱状兽蹄足。器盖顶平，面上有一圆形捉手。M73∶2，口径14、通高18厘米（图一三三，3；图版三三，1）。M73∶15，口径12.2、通高17.2厘米（图一三三，2；图版三三，2）。

陶灶釜甑　2套。

M73∶3，灶为泥质灰陶，釜甑为泥质灰褐陶。灶面呈圆头三角形，上开一大一小两灶眼。大眼之上置釜甑，小眼之上置小釜。另在灶头开一小方孔为烟道。正面开一弧形门。长27.8、高8.2厘米。甑为方唇，斜弧腹，平底内开五孔。口径12.5、底径4、高5.2厘米。大釜为方唇、敛口，圆鼓腹斜内收，平底，口径8.4、底径4.5、高8.4厘米。小釜亦为方唇、敛口，折腹内收，平底。口径4.4、底径2.9、高4.2厘米。口径各为8.4、4.4厘米，高分别为6、4.2厘米，底径各为4.5、2.9厘米（图一三三，4；彩版八，1）。

M73∶18，泥质灰陶。灶面呈圆头三角形，上开两大灶眼，上置两套釜甑。釜与灶为同时制作，灶头有一圆管烟道，灶门开圆弧形，有挡火板高出灶台。长29.8、高11.2厘米。甑大小形制相同，平折沿，弧腹斜内收，平底。口径10.8、底径4、高5厘米（图一三三，5；彩版八，2）。

陶仓　10件，有两种质地。

M73∶4、M73∶7、M73∶9，泥质灰陶，火候高，器物均变形。形制基本一致，敛口，方唇，斜肩，直腹扭曲变形，平底。器身饰数道凹弦纹。器盖出土时不在仓上，属后来整理时所配。盖为博山炉式。M73∶4，口径5.6、底径12.6、通高29厘米（图一三三，6；图版四五，6）。M73∶7，口径6、底径12.8、通高28.7厘米（图一三三，7；图版四六，2）。M73∶9，口径8.6、底径12.5、通高29厘米（图一三三，8；图版四六，4）。

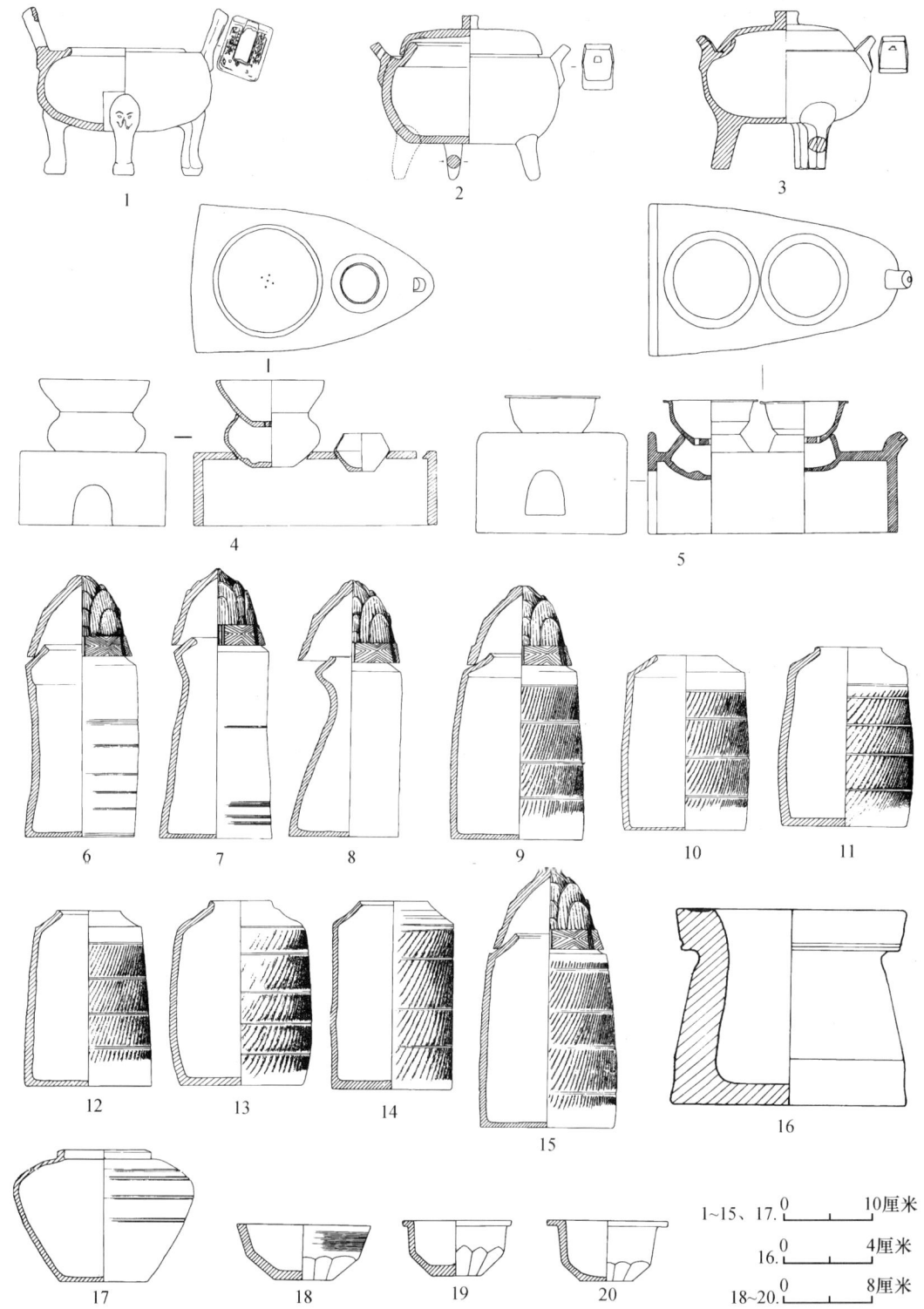

图一三三　M73 出土陶器

1~3. 鼎（M73:1、M73:15、M73:2）　4、5. 灶釜甑（M73:3、M73:18）　6~15. 仓（M73:4、M73:7、M73:9、M73:6、M73:8、M73:10、M73:11、M73:12、M73:13、M73:14）　16. 水井（M73:5）　17. 瓮（M73:17）　18~20. 盆（M73:20、M73:22、M73:23）

M73：6（图版四六，1）、M73：8（图版四六，3）、M73：10（图版四六，5）、M73：11（图版四六，6）、M73：12（图版四七，1）、M73：13（图版四七，2）、M73：14（彩版七，6），泥质灰褐陶，器形、大小接近，方唇，敛口，斜肩，斜直腹，平底。腹身饰数道凹弦纹，其间填斜绳纹。器盖属后来整理所配。口径分别为7.3～7.8、底径14.8～15.2、通高21厘米，加器盖则均高28.8厘米左右（图一三三，9～15）。

陶井 1件。M73：5，泥质灰陶，方唇面饰一道凹弦纹。侈口，平折沿，斜弧腹，平底。口径10.5、底径10.8、高8.8厘米（图一三三，16；图版四八，3）。

陶瓮 1件。M73：17，泥质灰褐陶，方唇，直口，矮领，广肩，鼓腹斜内收，平底。腹、肩饰数道凹弦纹。口径21.2、底径20、高29厘米（图一三三，17；图版三九，2）。

陶盆 3件。泥质灰褐陶。M73：20，方唇，敞口，斜直腹斜内收，平底。下腹有刮削痕。口径12、底径5、高4.8厘米（图一三三，18；图版三九，5）。M73：22，宽平沿，方唇，直腹斜内收，平底。下腹有刮削痕。口径10、底径4.5、高5厘米（图一三三，19；图版三九，6）。M73：23与M73：22形制、大小基本相同（图一三三，20；图版四〇，1）。

另有铜钵由于太碎无法修复。

三十四、M74

1. 墓葬形制与结构

位于T5645和T5646的中部，开口于表土层下，距地表深40厘米。墓葬形制为竖穴土坑墓，平面呈长方形，无墓道。方向288°（图一三四；彩版三，4）。

墓室 坑口长266、宽196厘米，坑壁直，深240厘米。填土为回填的五花土，土色红褐，质黏。

葬具 单椁单棺，均朽，唯发现青灰色的朽痕。椁痕位于墓室的中部，长246、宽190厘米。棺痕位于椁室的西北部，长184、宽48厘米。

葬式 人骨尸朽，残存头颅、牙齿和肢休朽痕。头向105°，仰身直肢。

2. 随葬品

除五铢出自棺内头颅附近外，余皆出自椁室的南侧，皆为陶器，器形有鼎、壶、钵、仓、灶釜甑。

陶壶 1件。M74：1，泥质灰陶，方唇外翻，敞口，弧颈，斜肩，深鼓腹弧内收，矮喇叭状圈足。肩两侧对称置铺首衔环。口径18.8、底径29、高37厘米（图一三五，2；图版三五，2）。

陶灶釜甑 1套。M74：2，泥质灰陶，灶面为圆头三角形，开一灶眼，上置釜甑，惜釜残缺无法修复。前端有一圆管烟道。正面开一弧形门。长26、高6.5厘米。甑为盆形，宽平沿，

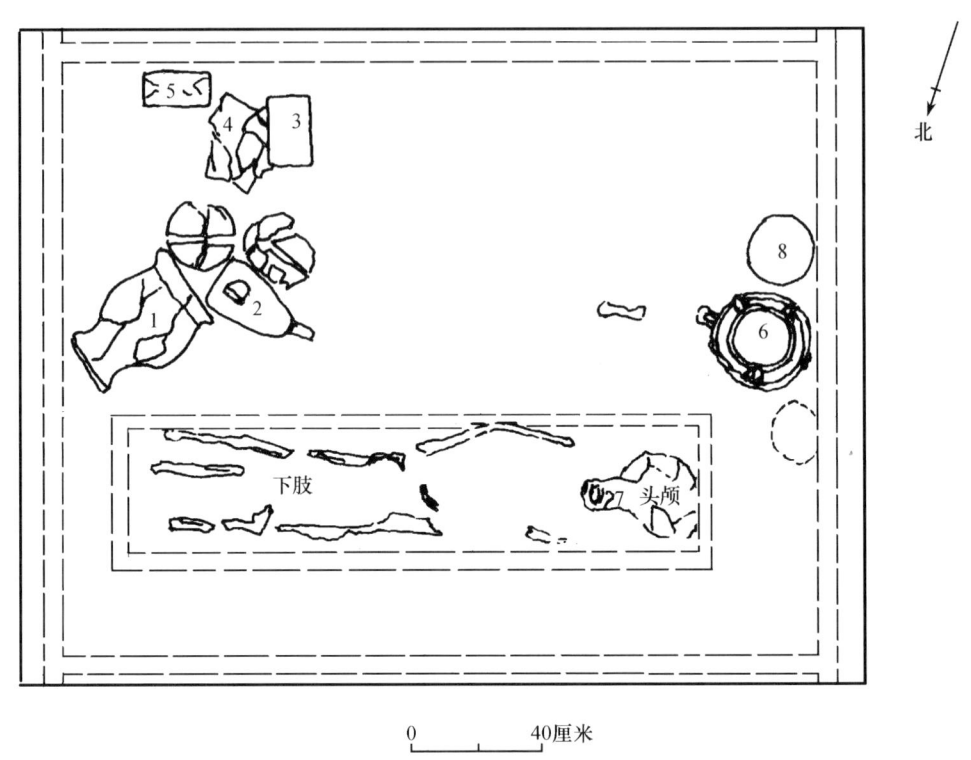

图一三四 M74 平面图
1. 陶壶 2、陶灶甑 3~5. 陶仓 6. 陶鼎 7. 五铢 8. 陶钵

斜腹内收为平底，内开五小孔。口径16、底径5、高7厘米（图一三五，1；图版四四，5）。

陶仓　3件。M74：3（图一三五，3；图版四七，3）、M74：4（图一三五，4；图版四七，4）、M74：5（图一三五，5；图版四八，1），泥质灰褐陶，形制、大小基本相同，敛口，方唇，矮斜肩，深直腹内收为平底。器身饰数道凹弦纹，其间填充竖绳纹。口径8.2~8.5、底径11~12、高19.3~20厘米。

陶鼎　1件。M74：6，泥质灰褐陶，子母敛口，半球腹，平底。兽蹄足瘦长，蹄面饰人面纹。方耳外折，盖顶隆起。口径20.4、通高25厘米（图一三五，6；图版三三，3）。

陶钵　1件。M74：8，泥质红褐陶，方唇，敞口，斜腹内折，平底。口径13.4、底径5.5、高4.1厘米。下腹有刮削痕（图一三五，7；图版四〇，5）。

另有五铢数枚，均朽，无法提取。

三十五、M77

1. 墓葬形制与结构

位于T5647的东北部，开口于表土层下，距地表深30厘米。墓葬形制为竖穴土坑墓，平面

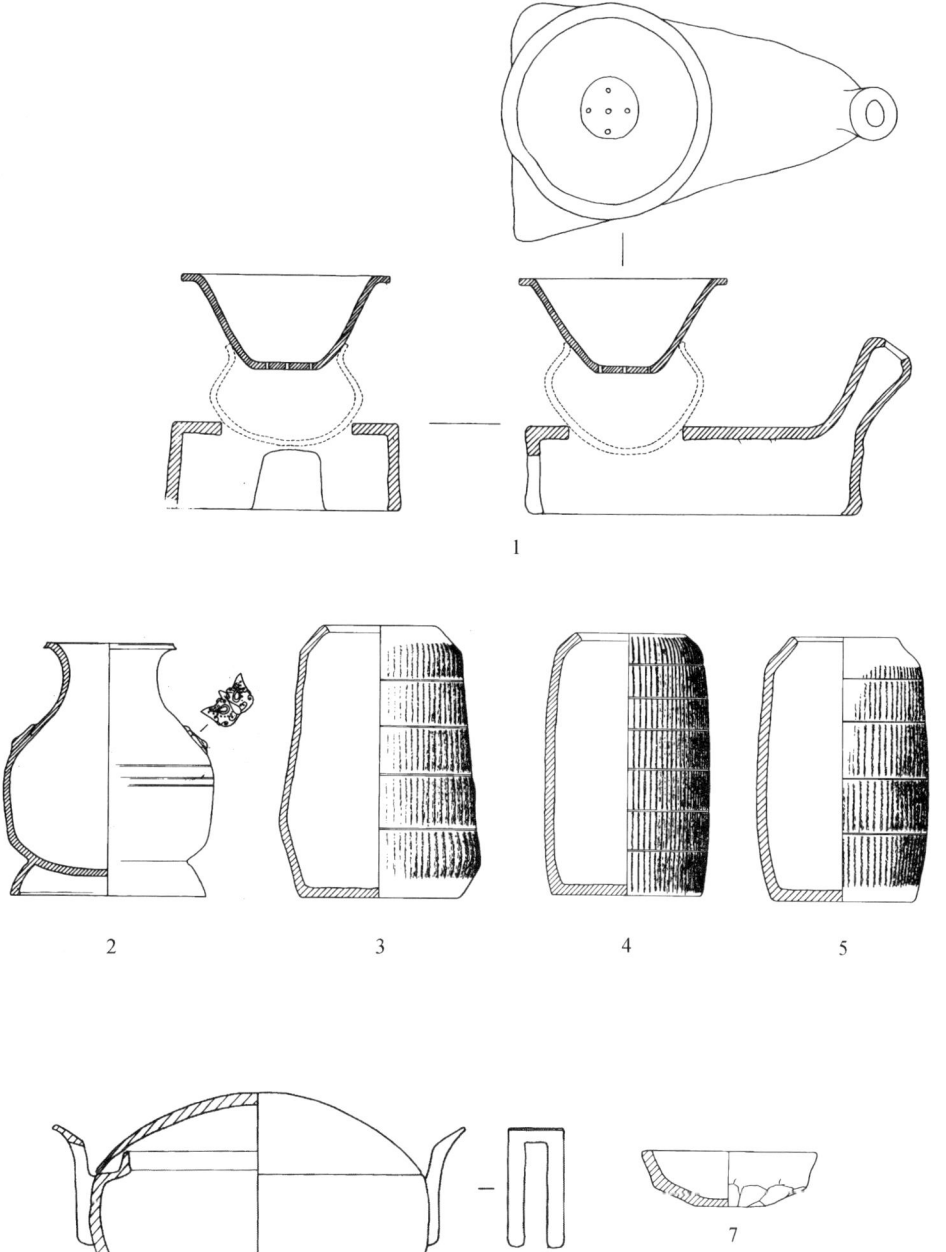

图一三五　M74 出土陶器

1. 灶釜甑（M74:2）　2. 壶（M74:1）　3~5. 仓（M74:3、M74:4、M74:5）　6. 鼎（M74:6）　7. 钵（M74:8）

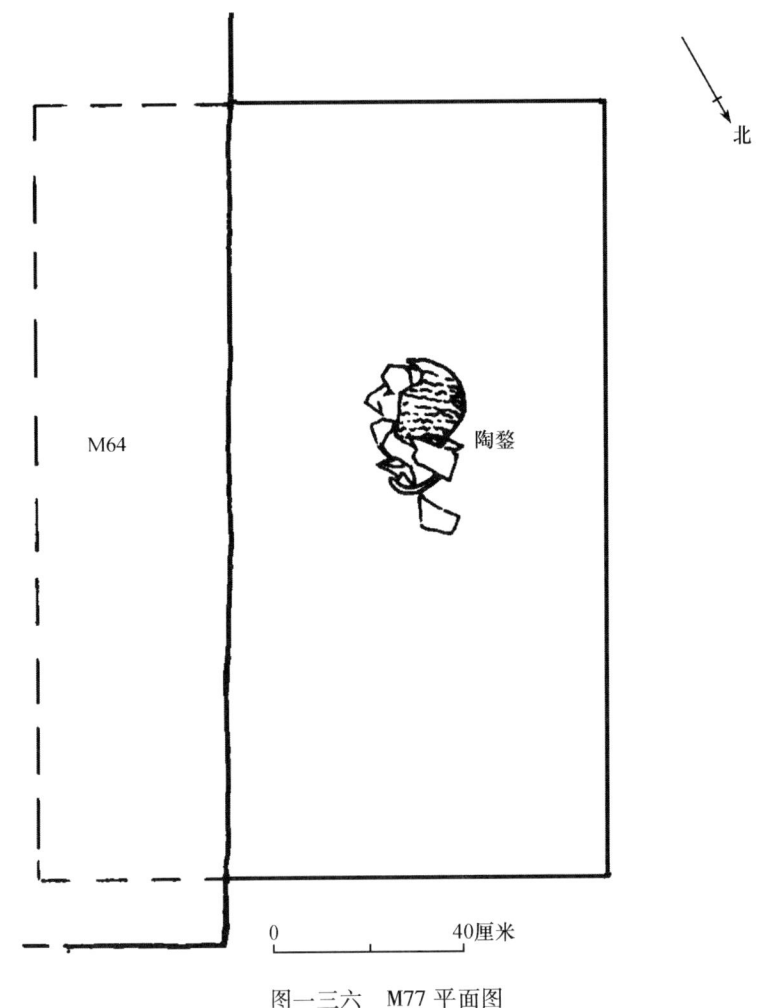

图一三六　M77 平面图

呈长方形，无墓道。东半部被 M64 打破，方向 29°（图一三六；图版一四，5）。

墓室　坑口长 160、宽 120 厘米，坑壁直，深 130 厘米。填土为回填的五花土，土色红褐，质黏。

葬具、葬式不明。

2. 出土器物

仅在墓室的西北发现一件陶器，为瓿。

陶瓿　1件。M77∶1，泥质灰陶，敞口，束颈，斜肩，扁鼓腹内收为圜底略内凹。肩两侧对称施环耳。素面。口径 13、底径 5、高 16.2 厘米（图一三七；图版三七，4）。

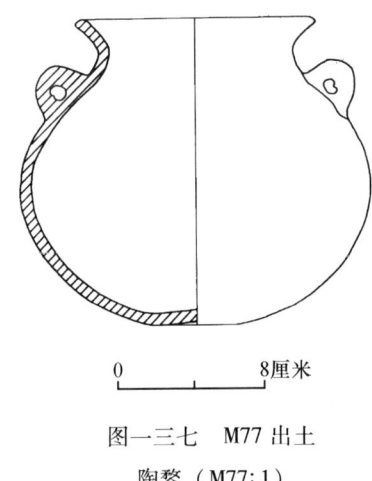

图一三七　M77 出土陶瓿（M77∶1）

三十六、M78

位于 T5745 的西北部，开口于表土层下，距地表深 30 厘米。墓葬形制为长方形单室砖室墓，打破 M79 和 M80，方向 8°（图一三八；图版一四，6）。

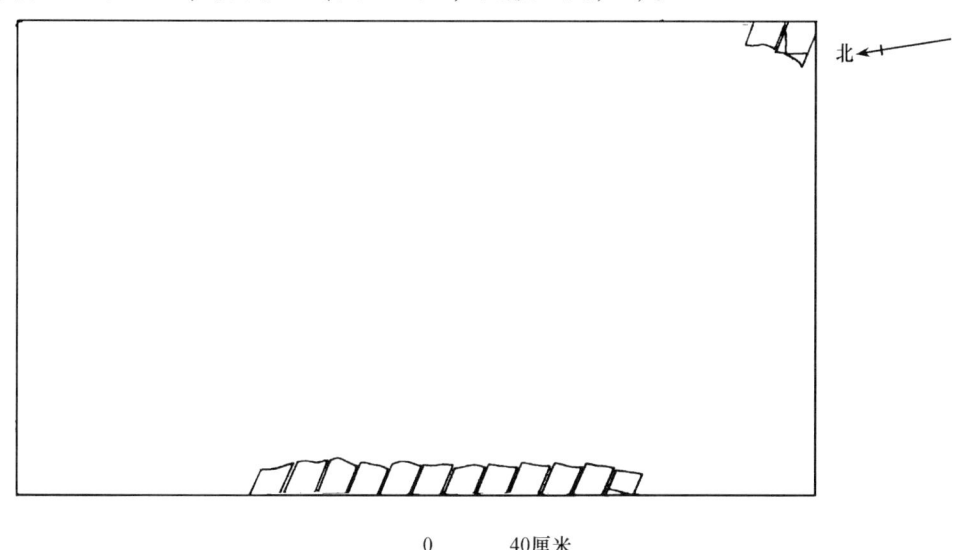

图一三八　M78 平面图

由于墓室遭到后期严重破坏，墓坑仅存底部，未能发现是否存在墓道。

墓室　平面为长方形，残留部分底砖。坑口长 350、宽 200、深 60 厘米。从剩余的砖块来看，底部为斜向直铺方式。砖为青灰色，宽 13、厚 6.5 厘米。

葬具、葬式　不明。

未发现随葬品。

三十七、M80

1. 墓葬形制与结构

位于 T5745 的西北部，开口于表土层下，距地表深 30 厘米。墓葬形制为竖穴土坑墓，平面呈长方形，无墓道。墓室大部分被 M78 打破，同时又打破 M79，方向 184°（图一三九；图版一五，1）。

墓室　坑口长 280、宽 200 厘米，坑壁直，深 110 厘米。墓室底部发现铺有一层木炭，厚约 1 厘米。填土为回填的五花土，土色红褐，质黏。

葬具、葬式　均朽，唯隐约发现棺痕。

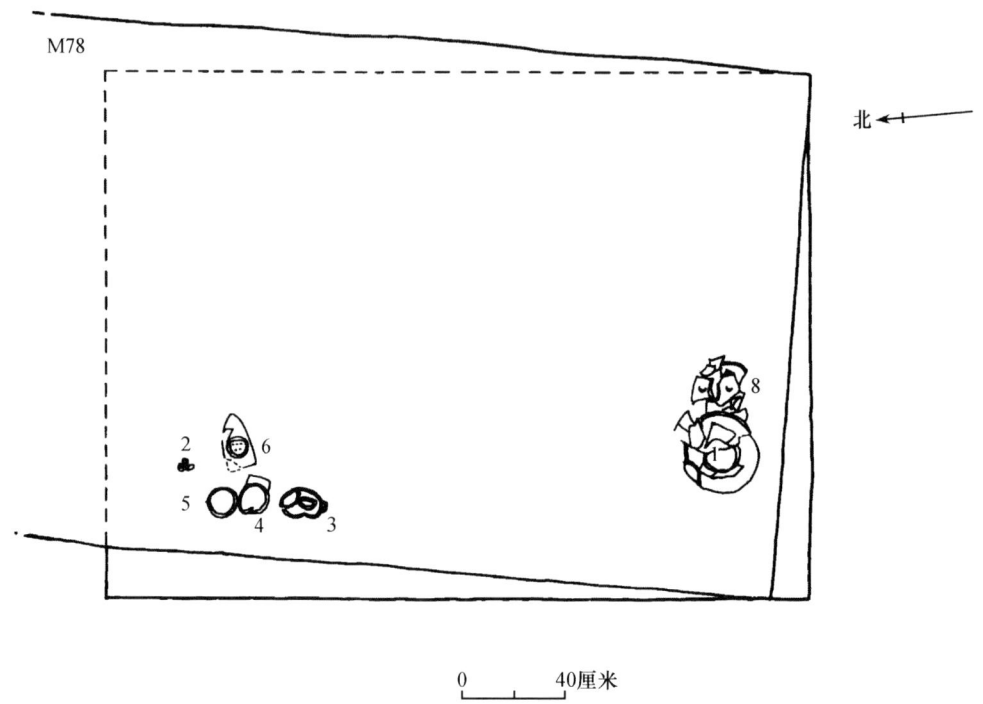

图一三九　M80 平面图
1. 陶瓮　2. 陶罐残片　3. 陶水井残片　4、5. 陶仓残片　6. 陶灶残片　7. 陶甑残片　8. 五铢

2. 随葬品

器物均出自墓室的西侧，器形有陶瓮、井、仓、灶、甑、罐和五铢。

陶瓮　1件。M80：1，泥质灰陶，侈口，方唇，矮领，斜肩，鼓腹弧内收，平底。肩和上腹饰数道凹弦纹。口径19、底径19、高18.6厘米（图一四〇，1；图版三八，6）。

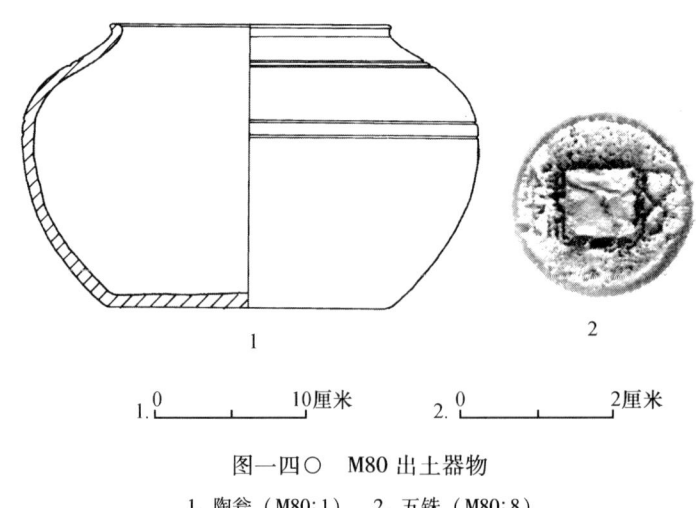

图一四〇　M80 出土器物
1. 陶瓮（M80：1）　2. 五铢（M80：8）

五铢　数枚，M80:8，直径2.4厘米（图一四〇，2；彩版八，4）。

其他陶器因为出土时太碎，无法修复。

三十八、M81

1. 墓葬形制与结构

位于T5745的东北部，开口于表土层下，距地表深30厘米。墓葬形制为竖穴土坑墓，平面呈长方形，由于前端延伸至田埂和机耕路下，无法发掘，故是否有墓道不明。方向102°（图一四一；图版一五，2）。

墓室　坑口长160～240、宽220厘米，坑壁直，深250厘米。填土为回填的五花土，土色红褐，质黏。

葬具　单椁单棺，均朽，唯发现青灰色的朽痕。椁痕位于墓室的中北部，宽178厘米。棺痕位于椁室的中部，宽60厘米。

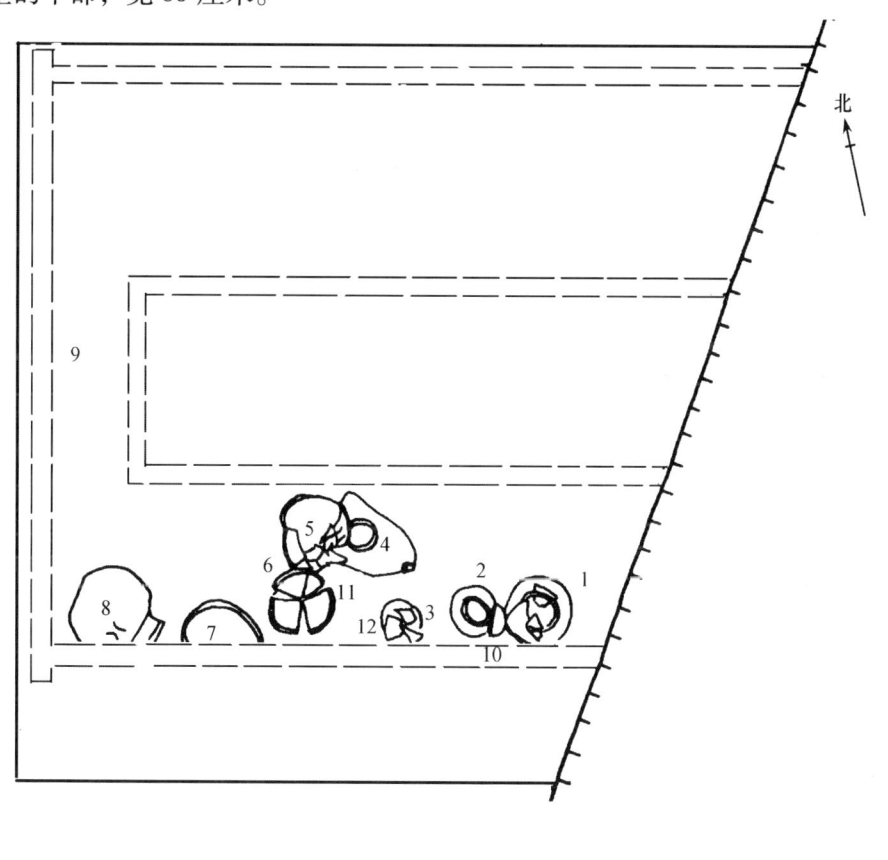

图一四一　M81平面图

1. 陶罐　2、3. 陶仓　4. 陶灶　5、10. 陶釜　6. 陶甑　7. 铜洗　8. 陶双耳罐　9. 铜泡　11. 陶盆　12. 陶钵

葬式　人骨已朽，不明。

2. 随葬品

均出自椁室的南侧，器物有陶罐、仓、灶、釜甑、双耳罐、盆、釜、钵和铜洗、铜泡。

陶罐　1件。M81：1，泥质灰陶，方唇，侈口，矮领，圆肩鼓腹斜内收，平底。肩腹部饰两道凹弦纹。口径10.3、底径10、高14.5厘米（图一四二，1；图版三八，5）。

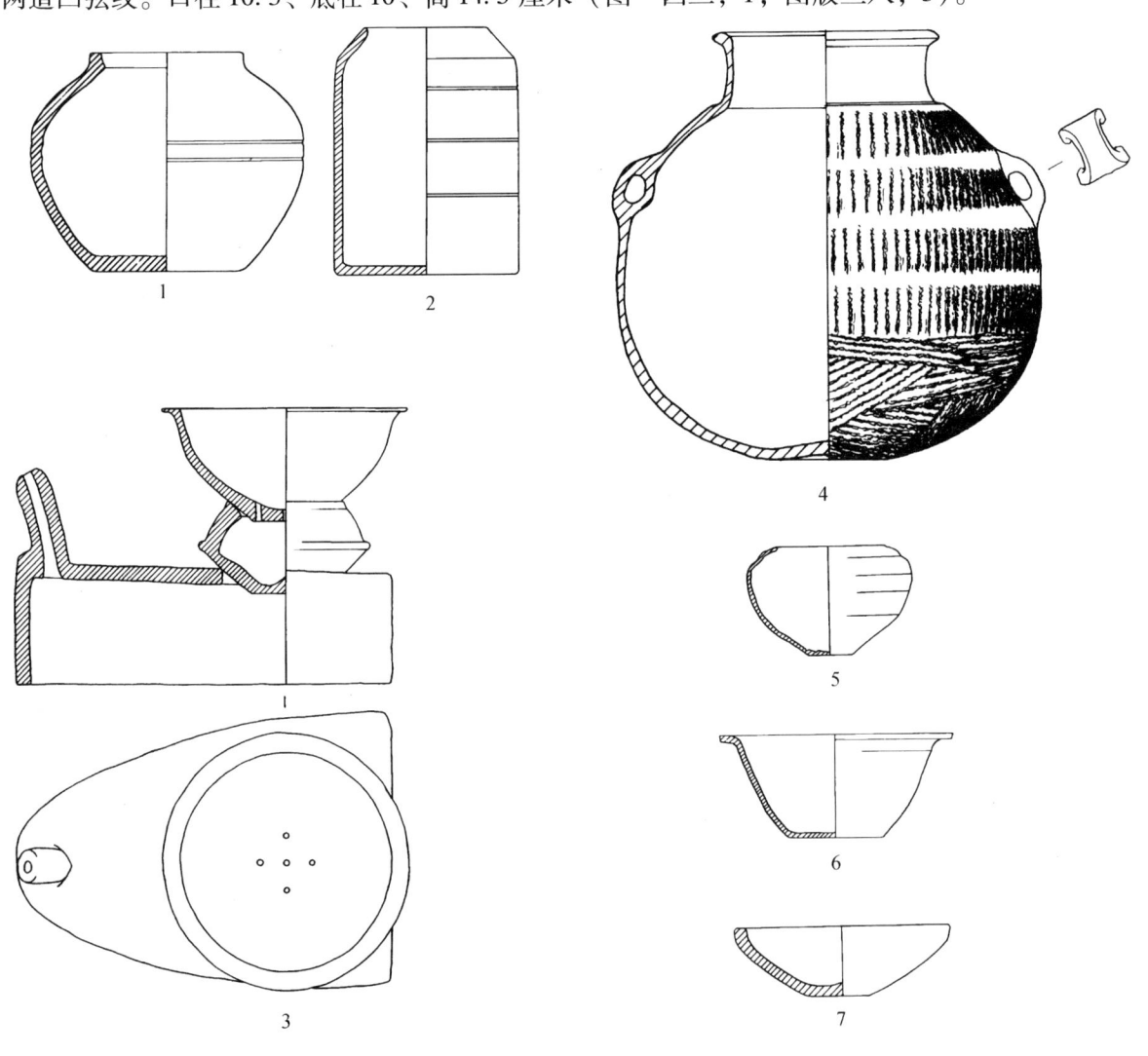

图一四二　M81出土陶器

1. 罐（M81：1）　2. 仓（M81：2）　3. 灶釜甑（M81：4、M81：5、M81：6）　4. 双耳罐（M81：8）
5. 釜（M81：10）　6. 盆（M81：11）　7. 钵（M81：12）

陶仓　2件。M81：2，泥质灰陶，圆唇，敛口，斜肩，深直腹，平底。肩、腹饰数道凹弦纹。口径8.3、底径12.6、高16.6厘米（图一四二，2）。M81：3与M81：2形制、大小相同（图版四八，2）。

陶灶釜甑　1套。M81：4、M81：5、M81：6，泥质灰褐陶。灶面为圆头三角形，上开一眼，上承釜甑，灶头有一圆管烟道。正面开一门，弧形。长25.5、高7.8厘米。釜为方唇，敛口，斜肩折腹，平底。口径8、底径4.4、高6.1厘米。甑为平沿，弧腹斜内收，平底。内开五小孔。口径17、底径4.6、高7.5厘米（图一四二，3；图版四四，6）。

陶双耳罐　1件。M81：8，泥质灰陶，侈口，尖唇，粗直颈，圆肩鼓腹弧内收，凹圜底。肩两侧对称置牛鼻式环耳。肩、腹饰数道间断绳纹。下腹和底饰交错绳纹。口径14.5、底径7.8、高27.8厘米（图一四二，4；图版三七，1）。

陶釜　1件。M81：10，泥质灰褐陶，圆唇，敛口，斜肩，鼓腹弧内收，小平底。器身饰数道凹弦纹。口径7.2、底径2.8、高7厘米（图一四二，5；图版三七，3）。

陶盆　1件。M81：11，泥质灰陶，宽平沿，敞口，斜直腹，平底。口径15.5、底径5.9、高6.9厘米（图一四二，6；图版四〇，2）。

陶钵　1件。M81：12，泥质灰褐陶，方唇，侈口，斜腹，平底。口径14.2、底径3.6、高4.5厘米（图一四二，7；图版四〇，6）。

其他器物由于出土时太碎无法修复。

三十九、其他墓葬

以下墓葬由于未出典型可以断代的器物，仅根据墓葬形制和陶片初步推断为秦汉时期，故放入此篇介绍。

1. M29

位于T5449的北部，开口于表土层下，距地表深20厘米。墓葬形制为竖穴土坑墓，平面呈长方形，无墓道。打破M25，方向130°（图一四三；图版一一，3）。

墓室　坑口长280、宽110厘米，坑壁光滑竖直，深170厘米。填土为回填的五花土，土色红褐，质黏。

葬具　单棺，唯发现青灰色的朽痕，位于墓室的中部，长190、宽50厘米。

葬式　人骨已朽，葬式不明。

未发现随葬品。

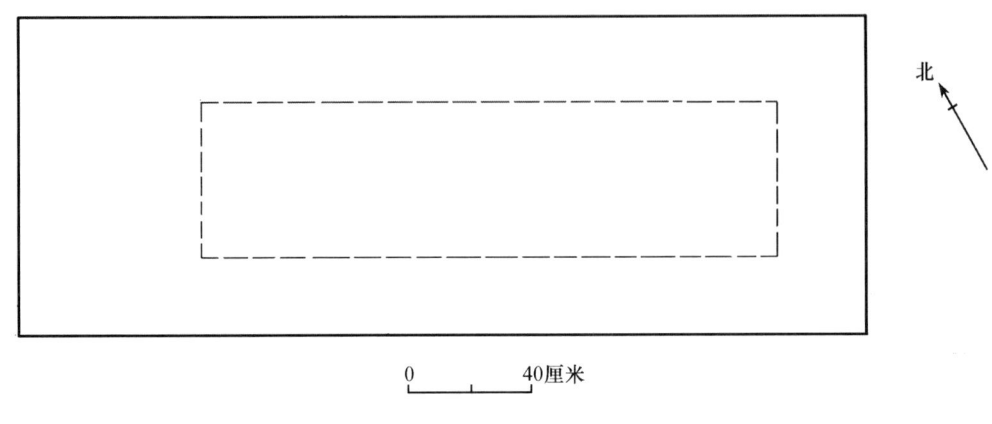

图一四三　M29 平面图

2. M63

位于 T5647 的西北部，开口于表土层下，距地表深 30 厘米。墓葬形制为竖穴土坑墓，平面呈长方形，无墓道。方向 200°（图一四四；图版一三，4）。

墓室　坑口长 235、宽 140 厘米，坑壁直斜内收，底长 220、宽 124 厘米，深 50 厘米。填土为回填的五花土，土色红褐，质黏。

葬具、葬式　葬具、人骨已朽，形制不明。

仅在墓室底部东南角发现陶罐的残片，无法修复，年代不明。

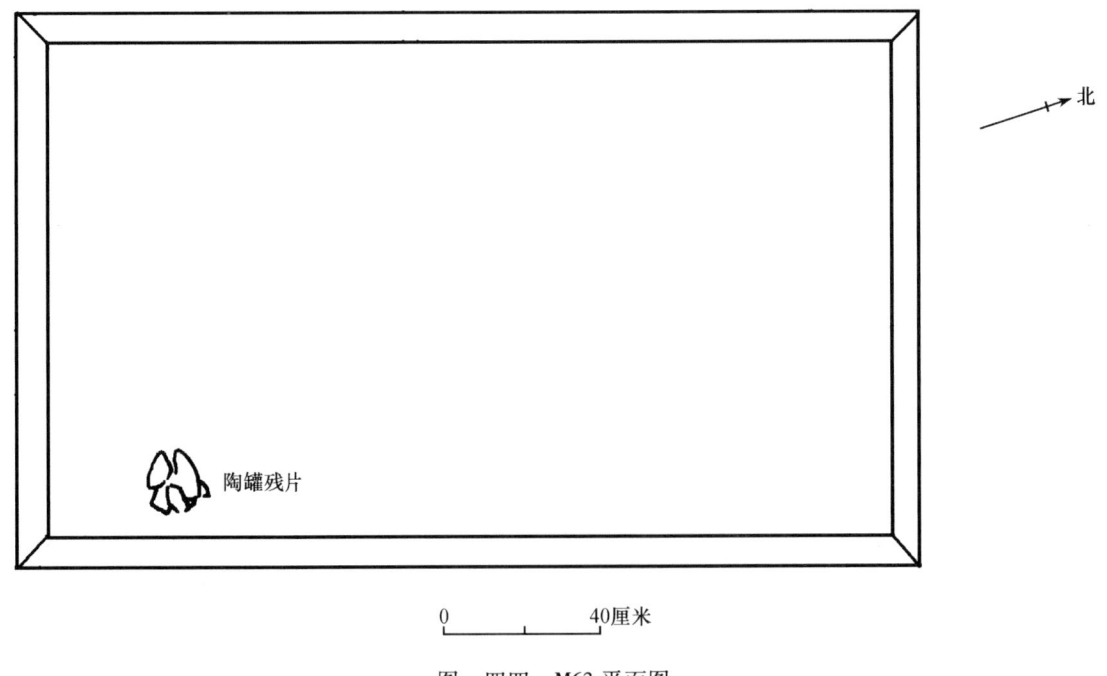

图一四四　M63 平面图

第二节 分期与年代

一、典型器物的类型学分析

在40座秦汉时期的墓葬中，有12座为砖室墓，由于基本被破坏，器物很少保存。在28座土坑墓中，也还有3座未出器物，因此对秦汉器物的分析，主要依赖25座墓葬。这些墓葬所出器物主要有陶双耳罐、鼎、盒、壶、灶、釜甑、仓、井、罐等。下面便对这些器物进行类型学的探讨。

1. 双耳罐

10件。出自10座墓葬。泥质灰陶，器身饰绳纹，牛鼻式双耳。根据口沿、颈、腹的变化分四式。

Ⅰ式：5件。侈口、卷沿、粗弧颈，斜肩，腹最大径在肩、腹结合部。M3∶1、M9∶1、M26∶1、M48∶1、M70∶2属此式。标本M3∶1（图一四五，1）。

Ⅱ式：2件。侈口外翻，颈部明显。M14∶1、M72∶7属此式。标本M14∶1（图一四五，2）。

Ⅲ式：1件。折沿，腹部变深，最大径在中腹。M47∶1属此式（图一四五，3）。

Ⅳ式：1件。颈粗直，最大径在下腹。M81∶8属此式（图一四五，4）。

另有，M40出土1件，口沿无法修复，据腹来看，应属Ⅰ式。

双耳罐的变化趋势为：颈由弧逐渐变直，腹部最大径从中腹下移至下腹。

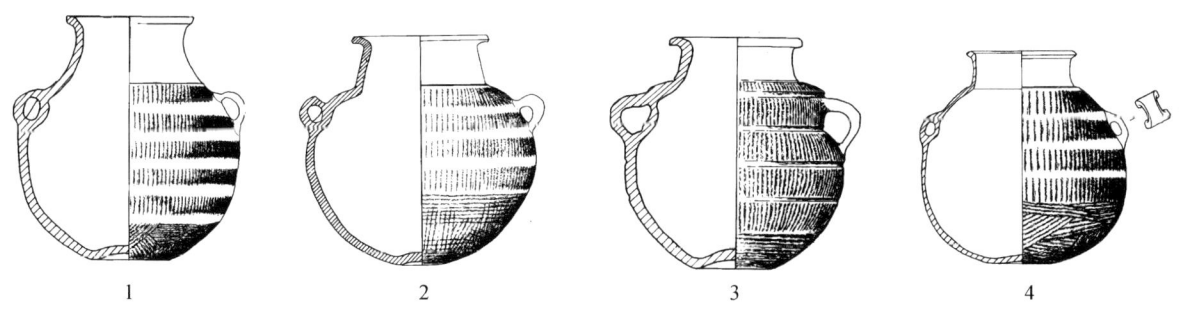

图一四五　陶双耳罐形制示意图
1. Ⅰ式（M3∶1）　2. Ⅱ式（M14∶1）　3. Ⅲ式（M47∶1）　4. Ⅳ式（M81∶8）

2. 壶

9件。出自9座墓葬。泥质灰陶，素面，仅一件无铺首衔环。根据铺首的有无分两型。

A型：8件。有铺首类。根据腹部的差异分三亚型。

Aa型：5件。扁鼓腹。根据口沿、颈和腹的变化分三式。

Ⅰ式：1件。敛口，弧颈，腹较深。M7出土。M7:1（图一四六，1）。

Ⅱ式：1件。敞口或盘口，腹稍扁。M72所出为此式。M72:4（图一四六，2）。

Ⅲ式：3件。腹更扁。M43:5、M50:1、M53:8属此式。标本M50:1（图一四六，3）。

Ab型：2件。圆球腹。根据腹部的变化分两式。

Ⅰ式：1件。深腹，浅盘口，短颈。M69出土。M69:3（图一四六，4）。

Ⅱ式：1件。腹变浅，呈扁球状，长颈，盘口变深。M51出土。M51:4（图一四六，5）。

Ac型：1件。直腹。M74出土。M74:1（图一四六，6）。

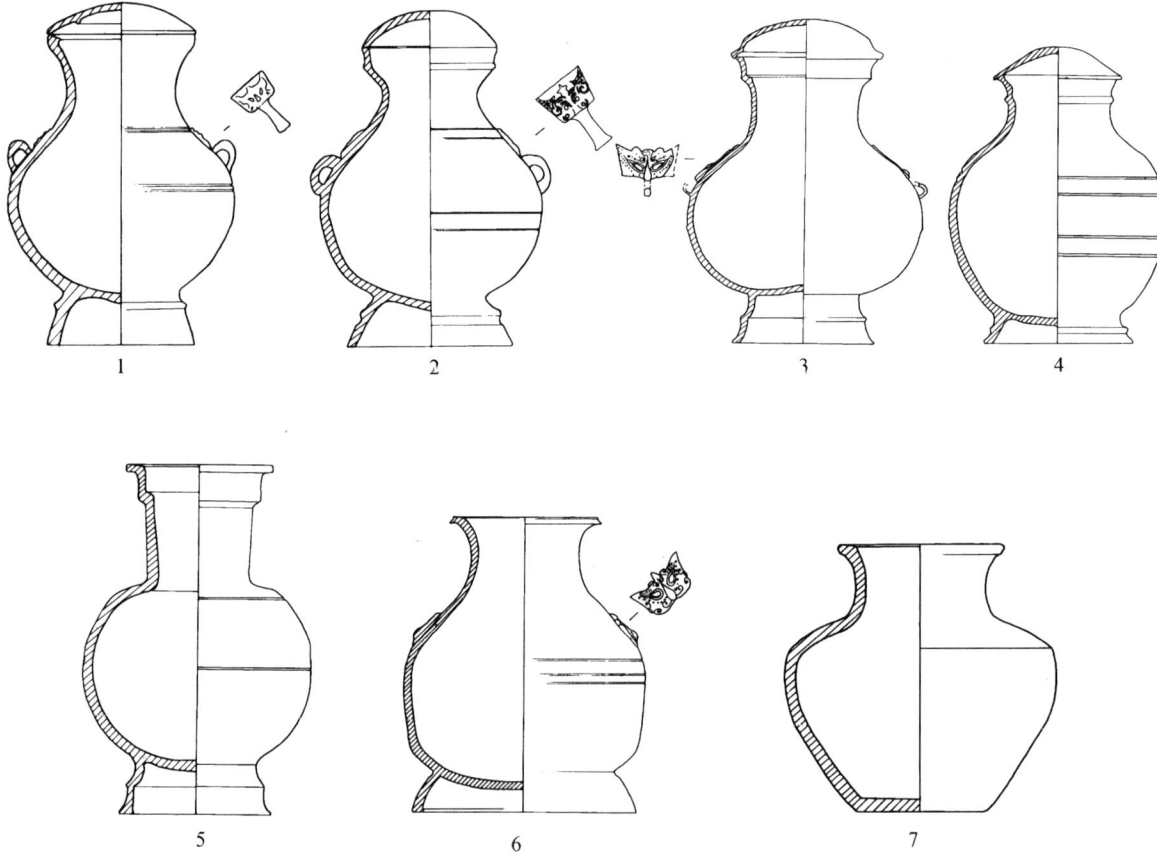

图一四六　陶壶形制示意图

1. Aa型Ⅰ式（M7:1）　2. Aa型Ⅱ式（M72:4）　3. Aa型Ⅲ式（M50:1）　4. Ab型Ⅰ式（M69:3）　5. Ab型Ⅱ式（M51:4）
6. Ac型（M74:1）　7. B型（M20:2）

B型：1件。无铺首。M20出土。M20∶2（图一四六，7）。

壶的变化趋势为：颈由弧→直，腹由深圆→扁、浅，口沿从敞口→盘口。

3. 鼎

9件。出自7座墓葬。夹砂灰陶为主，素面。根据腹部的差异分两型。

A型：5件。直腹类。根据耳和底的变化分三式。

Ⅰ式：1件。浅直腹，圜底，长方形竖耳。M7出土。M7∶7（图一四七，1）。

Ⅱ式：1件。腹变深，耳折。M50出土。M50∶6（图一四七，2）。

Ⅲ式：3件。腹更深，平底，耳方形开方形小孔。M43∶1、M53∶7、M72∶1属此式。标本M43∶1（图一四七，3）。

B型：4件。扁圆腹。根据耳和腹的变化分三式。

Ⅰ式：1件。长方形竖耳，浅腹。M74出土。M74∶6（图一四七，4）。

Ⅱ式：1件。耳外撇，耳壁变宽。M73∶1（图一四七，5）。

Ⅲ式：2件。耳变小，中部为孔状。M73∶2（图一四七，6）。

鼎的变化趋势为：腹由浅→深，耳由大长方形竖耳→小，折或外撇。

4. 盒

5件。出自5座墓葬。为泥质灰陶。根据腹部的变化分两式。

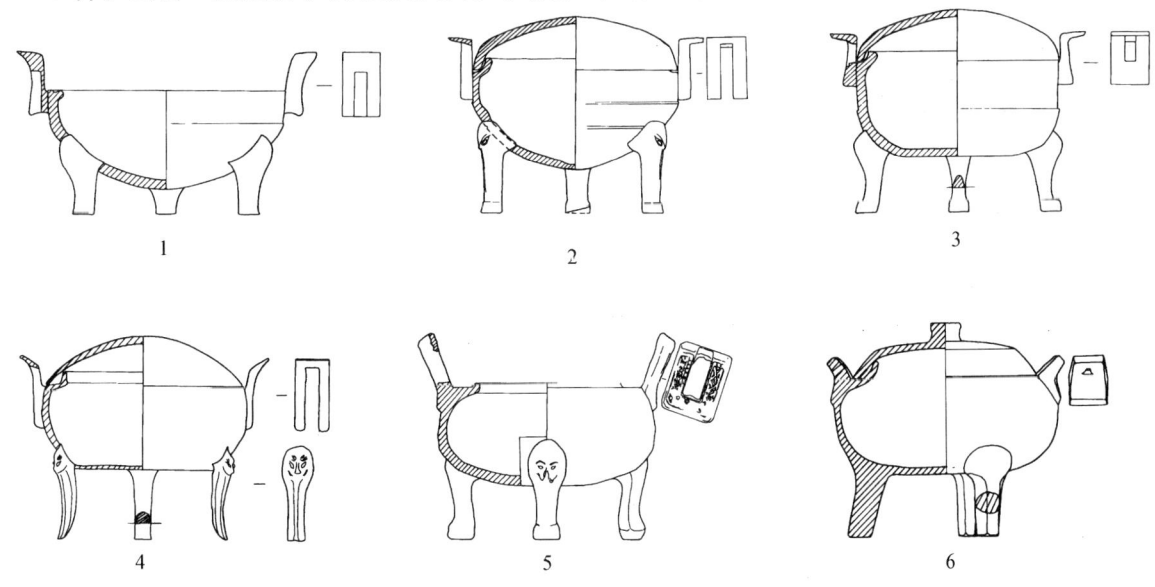

图一四七 陶鼎形制示意图
1. A型Ⅰ式（M7∶7） 2. A型Ⅱ式（M50∶6） 3. A型Ⅲ式（M43∶1） 4. B型Ⅰ式（M74∶6）
5. B型Ⅱ式（M73∶1） 6. B型Ⅲ式（M73∶2）

Ⅰ式：1件。浅腹。M7出土。M7∶3（图一四八，1）。

Ⅱ式：4件。腹部变深。M43∶6、M50∶2、M53∶2、M72∶2属此式。标本M72∶2（图一四八，2）。

盒的变化趋势为：腹由浅→深。

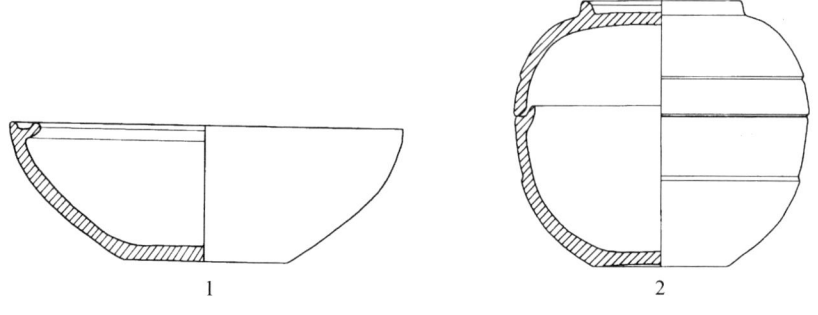

图一四八　陶盒形制示意图

1. Ⅰ式（M7∶3）　2. Ⅱ式（M72∶2）

5. 仓

20件。出自7座墓葬。根据质地和纹饰的不同分两型。

A型：9件。青灰色，陶质坚硬，素面。根据肩的差异分两亚型。

Aa型：8件。斜肩，直腹。M19、M51、M73、M81出土。标本M81∶3（图一四九，1）。

Ab型：1件。圆肩。斜直腹。M23出土。M23∶4（图一四九，2）。

B型：11件。灰褐陶，陶质软，绳纹。根据肩的差异分两亚型。

Ba型：9件。斜肩。M73、M74出土。标本M73∶12（图一四九，4）。

Bb型：2件。圆肩。M56、M74出土。标本M56∶2（图一四九，3）。

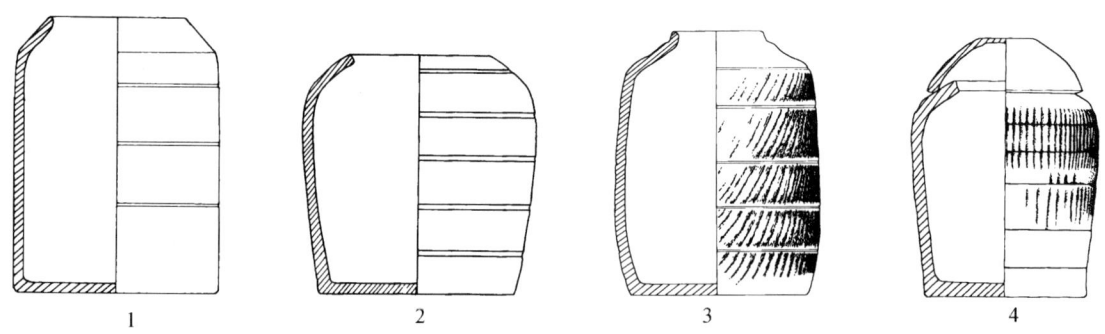

图一四九　陶仓形制示意图

1. Aa型（M81∶3）　2. Ab型（M23∶4）　3. Ba型（M73∶12）　4. Bb型（M56∶2）

6. 灶

7件。出自6座墓葬。形制接近，均为圆头三角形。根据有无挡火墙和烟囱分三型，不分式。

A型：3件。无挡火墙和烟囱。M51:3、M69:5、M73:3属此型。标本M69:5（图一五〇，1）。

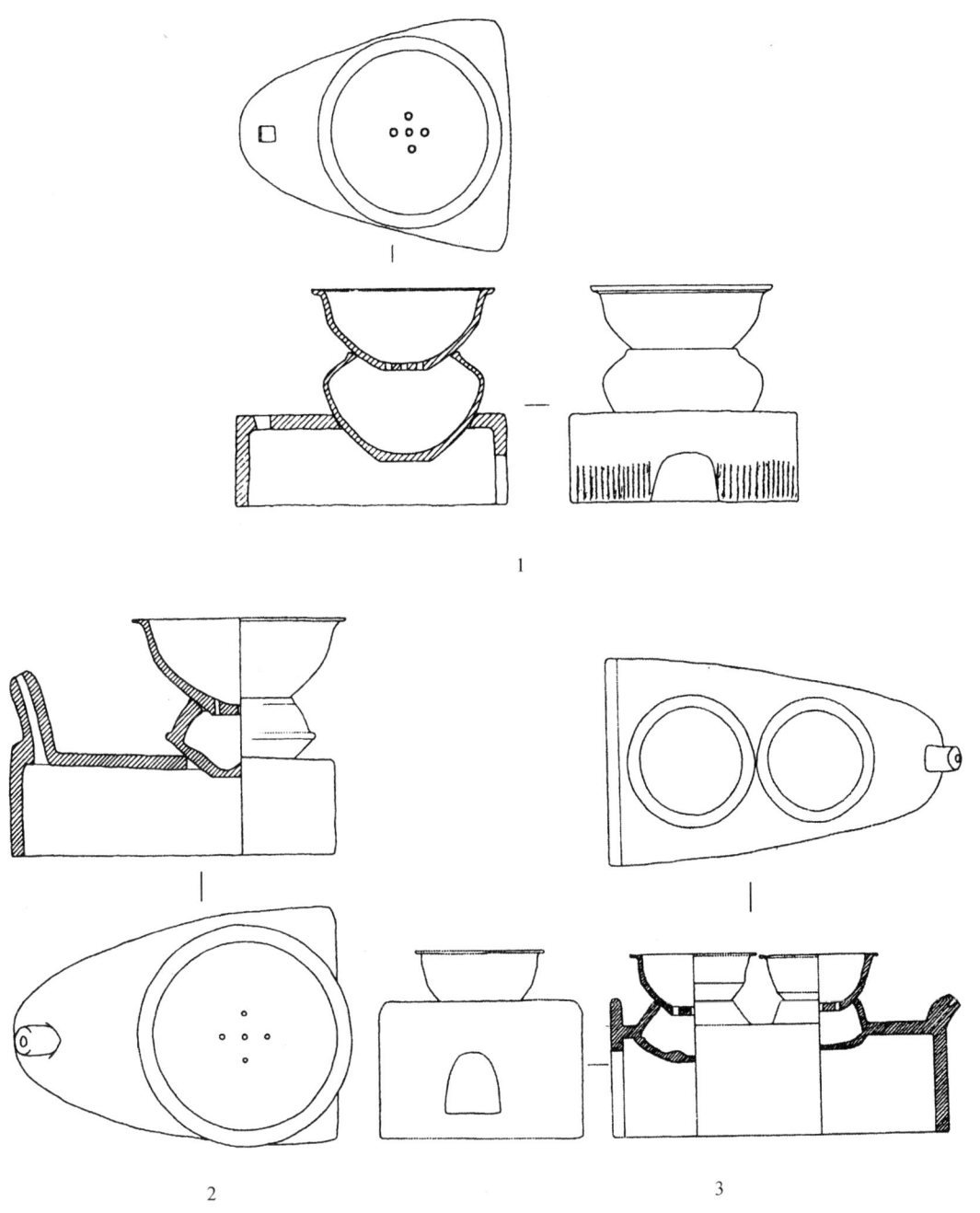

图一五〇　陶灶形制示意图

1. A型（M69:5）　2. B型（M74:20）　3. C型（M73:18）

B型：3件。有管状烟囱，无挡火墙。M19、M74、M81出土。标本M74:2（图一五〇，2）。

C型：1件。有挡火墙和管状烟囱。M73出土。M73:18（图一五〇，3）。

7. 釜甑

6件。出自6座墓葬。根据釜的差异分两型。

A型：3件。圆球腹，无凸棱。根据甑腹的变化分三式。

Ⅰ式：1件。折腹。M39出土。M39:2（图一五一，2）。

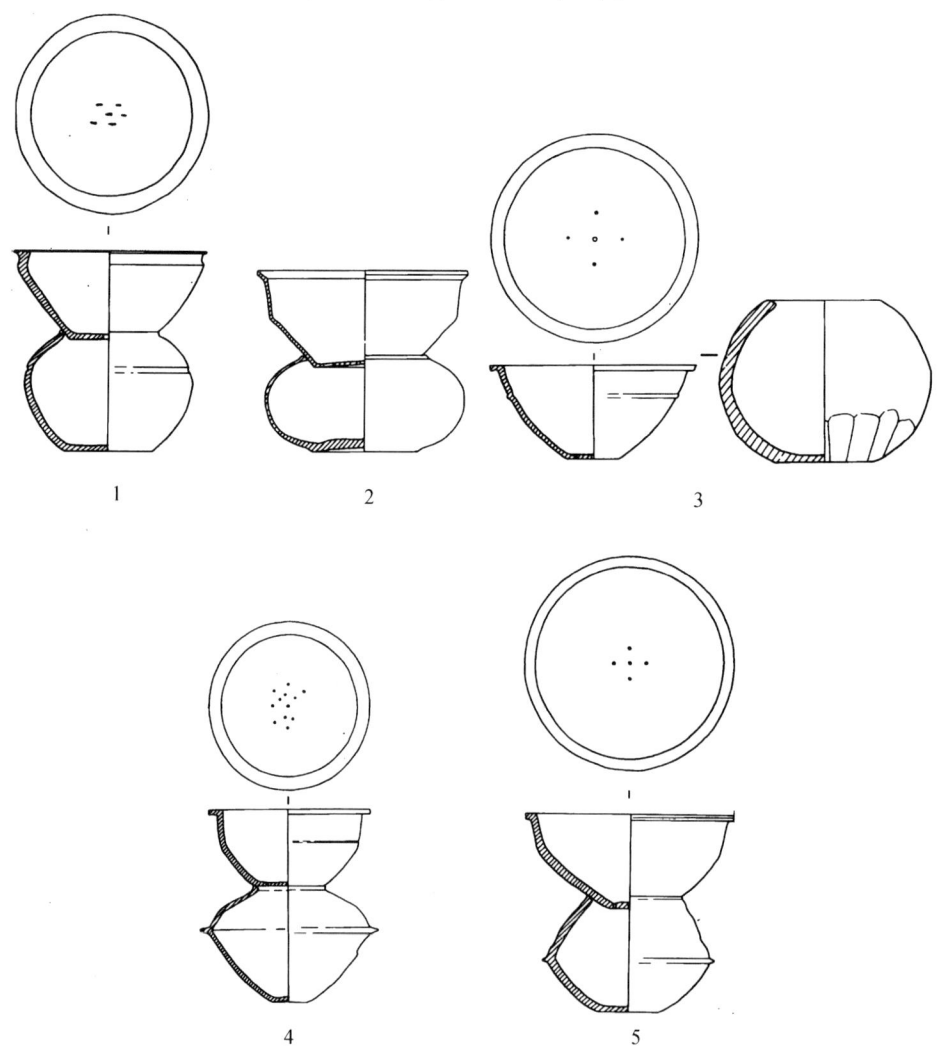

图一五一 陶釜甑形制示意图

1. A型Ⅰ式（M72:6）　2. A型Ⅱ式（M39:2）　3. A型Ⅲ式（M53:13）　4、5. B型（M49:1、M43:2）

Ⅱ式：1件。弧颈，斜直腹。M72出土。M72:6（图一五一，1）。

Ⅲ式：1件。斜弧腹。M53出土。M53:13（图一五一，3）。

B型：3件。釜中部有一周凸棱。不分式。M43、M49、M50出土。标本M49:1（图一五一，4），M43:2（图一五一，5）。

8. 井

2件。方唇外翻，平折沿，平底。根据腹部的差异分两型。

A型：1件。斜直腹。M73出土。M73:5（图一五二，1）。

B型：1件。折腹。M19出土。M19:8（图一五二，2）。

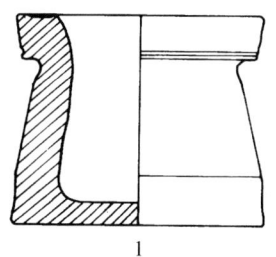 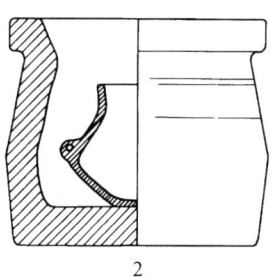

图一五二　陶井形制示意图

1. A型（M73:5）　2. B型（M19:8）

9. 盆

4件。出自4座墓葬。泥质灰陶，素面。根据口沿的差异分两型。

A型：1件。敞口。M19出土。M19:12（图一五三，1）。

B型：3件。平折沿。不分式。M69、M73、M81出土。标本M69:8（图一五三，2）。

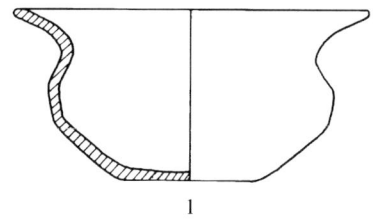 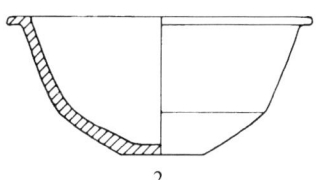

图一五三　陶盆形制示意图

1. A型（M19:12）　2. B型（M69:8）

10. 钵

4件。泥质灰陶。根据腹的不同分两型。

A型：3件。折腹，不分式。M40:2、M74:8、M81:12属此型。标本M40:2（图一五四，1）。

B型：1件。弧腹。M51出土。M51:1（图一五四，2）。

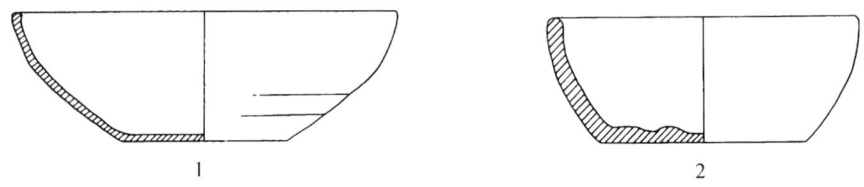

图一五四　陶钵形制示意图
1. A型（M40:2）　2. B型（M51:1）

11. 鍪

2件。泥质灰陶，根据颈和耳位置的变化分两式。

Ⅰ式：1件。直颈，耳位于肩部。M27出土。M27:2（图一五五，1）。

Ⅱ式：1件。束颈，耳位置靠上。M77出土。M77:1（图一五五，2）。

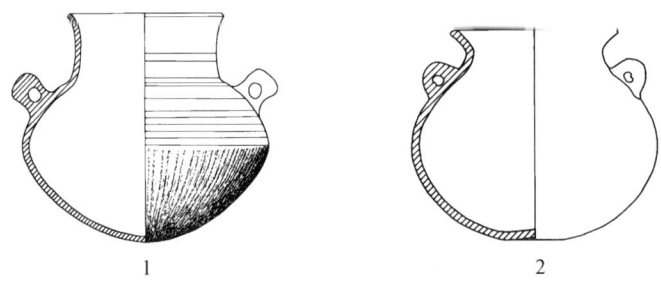

图一五五　陶鍪形制示意图
1. Ⅰ式（M27:2）　2. Ⅱ式（M77:1）

12. 釜

2件。按颈的不同分两型。

A型：1件。侈口，矮斜领，有双耳。M26出土。M26:2（图一五六，1）。

B型：1件。直口，矮直领。M9出土。M9:2（图一五六，2）。

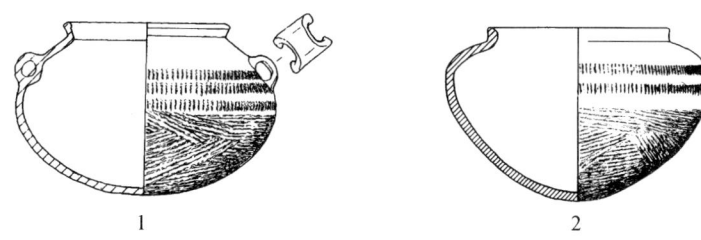

图一五六　陶釜形制示意图
1. A 型（M26:2）　2. B 型（M9:2）

13. 温鏊

2件。根据颈的变化分两式。

Ⅰ式：1件。颈粗直。M48出土。标本M48:2（图一五七，1）。

Ⅱ式：1件。颈弧。M40出土。标本M40:3（图一五七，2）。

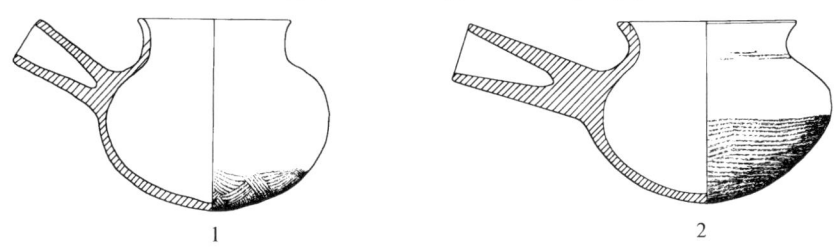

图一五七　陶温鏊形制示意图
1. Ⅰ式（M48:2）　2. Ⅱ式（M40:3）

14. 罐

7件。根据领的高低分两型。

A型：2件。高领，不分式。M51、M53出土。标本M51:6（图一五八，1）。

B型：矮领。5件，根据腹部的变化分三式。

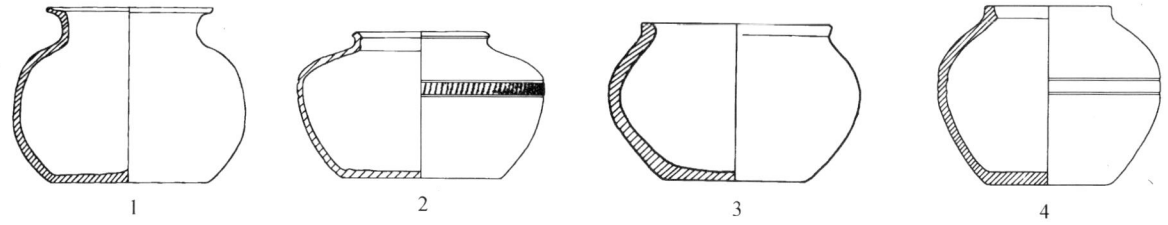

图一五八　陶罐形制示意图
1. A型（M51:6）　2. B型Ⅰ式（M27:1）　3. B型Ⅱ式（M43:4）　4. B型Ⅲ式（M81:1）

Ⅰ式：2件。浅腹。M27、M20出土。标本M27：1（图一五八，2）。

Ⅱ式：2件。腹稍变深。M43、M80出土。标本M43：4（图一五八，3）。

Ⅲ式：1件。深腹。M81出土。标本M81：1（图一五八，4）。

罐的变化趋势为腹由浅→深。

15. 瓮

2件。泥质灰陶，根据腹部的差异分两型。

A型：1件。斜腹。M73出土。M73：17（图一五九，1）。

B型：1件。圆球腹。M19出土。M19：11（图一五九，2）。

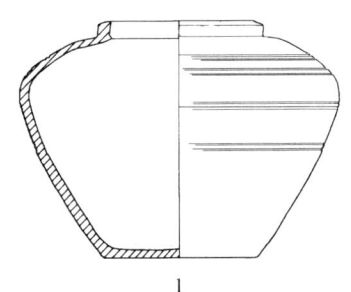

图一五九　陶瓮形制示意图

1. A型（M73：17）　2. B型（M19：11）

二、组合、分期与年代

上述25座出土器物的墓葬中，随葬品组合大致可分为以下几组：

A组：双耳罐或釜甑、温鏊。墓葬有M3、M9、M14、M26、M20、M27、M40、M47、M48、M70、M39、M49、M77。

B组：鼎、盒、壶。墓葬有M7、M43、M50、M53、M72、M74。

C组：仓、灶、井。墓葬有M19、M51、M69、M73、M80、M81。

下面便按组分析各类墓葬的器物具体型、式组合。

先看A组。

M3：双耳罐Ⅰ；

M9：双耳罐Ⅰ、釜B；

M14：双耳罐Ⅱ；

M26：双耳罐Ⅰ、釜A；

M20：壶B、罐BⅠ；

M27：鏊Ⅰ、罐BⅠ；

M40：双耳罐Ⅰ、温鐎Ⅱ、钵A；

M47：双耳罐Ⅲ；

M48：双耳罐Ⅰ、温鐎Ⅰ；

M49：釜甑B；

M39：釜甑AⅠ；

M70：双耳罐Ⅰ；

M77：鐎Ⅱ。

在A组墓葬中，双耳罐Ⅰ或独出，或与鐎、温鐎共出，可列为一段；鐎、温鐎又与罐BⅠ、釜A同出，出双耳罐Ⅱ式的仅1墓，出双耳罐Ⅲ式的亦仅1墓。据此，可将A组墓葬可分为三段：

第一段：M3、M9、M26、M20、M27、M40、M48、M70、M77。器物有双耳罐Ⅰ、温鐎、鐎、釜甑B、壶B、罐BⅠ、釜B。

第二段：M14、M39。器物有双耳罐Ⅱ、釜甑AⅠ。

第三段：M47。器物有双耳罐Ⅲ。

B组方面。

M7：鼎AⅠ、盒Ⅰ、壶AaⅠ；

M43：鼎AⅢ、盒Ⅱ、壶AaⅢ、釜甑B、罐BⅡ；

M50：鼎AⅡ、盒Ⅱ、壶AaⅢ、釜甑B；

M53：鼎AⅢ、盒Ⅱ、壶AaⅢ、釜甑AⅢ、罐A；

M72：鼎AⅢ、盒Ⅱ、壶AaⅡ、釜甑AⅡ、双耳罐Ⅱ；

M74：鼎BⅠ、盒（？）、壶Ac、仓Ba、钵A、灶B。

在B组各墓葬中，鼎、盒、壶均为Ⅰ式的仅有M7，可归为一段；盒Ⅱ既与鼎AⅡ、AⅢ同出，亦与壶AaⅡ、AaⅢ同出，且鼎AⅡ、AⅢ与壶AaⅡ、AaⅢ也有同出，反映各墓年代接近，但M43、M53均出鼎AⅢ和壶AaⅢ，故单独可归为一段，其余各墓可归为一段。根据上面的分析，B组可大致分为分为三段：

第一段：M7。有鼎AⅠ、盒Ⅰ、壶AaⅠ。

第二段：M74、M72和M50。有鼎BⅠ、盒（？）、壶Ac、仓Ba、钵A、灶、鼎AⅡ、盒Ⅱ、壶AaⅢ、釜甑B、鼎AⅢ、壶AaⅡ、釜甑AⅠ、双耳罐Ⅱ。

第三段：M43、M53。有鼎AⅢ、盒Ⅱ、壶AaⅢ、釜甑B、罐BⅡ、釜甑AⅢ、罐A。

再看C组。

M19：仓Aa、灶B、井、瓮B、盆A；

M51：仓Aa、钵B、灶A、罐A、壶AbⅡ；

M69：壶AbⅠ、灶A、盆A；

M73：鼎BⅡ、鼎BⅢ、灶A、灶C、仓Aa、仓Ba、井、瓮A、盆B；

M80：罐BⅡ、仓（？）、灶（？）、井（？）；

M81：仓Aa、罐BⅢ、灶B、盆B、钵A、双耳罐Ⅳ。

根据以上分析，C组可大致分为两段。

第一段：M19、M51、M69、M80。有仓Aa、灶A、灶B、井、瓮B、盆A、罐A、罐BⅡ、壶AbⅠ、壶AbⅡ。

第二段：M73、M81。有仓Aa、仓Ba、罐BⅢ、灶A、灶B、灶C、盆B、钵A、双耳罐Ⅳ、鼎BⅡ、鼎Ⅲ、井、瓮A。

结合以上各组的分段，秦汉时期墓葬可大致分为四期。

第一期：A组第一段。有M3、M9、M26、M20、M27、M40、M48、M70、M77。

第二期：B组第一段。有M7。

第三期：A组第二段、B组第二段。有M14、M39、M74、M72、M77和M50。

第四期：A组第三段、B组第三段和C组第一段。有M47、M43、M53、M19、M51、M69、M80。

第五期：C组第二段。有M73、M81。

以上各墓出土主要陶器组合关系经归纳如下表（表三）。

表三

墓葬	双耳罐	釜		壶				罐		鍪	温鍪	鼎		盒
		A	B	Aa	Ab	Ac	B	A	B			A	B	
M3	Ⅰ													
M9	Ⅰ		▲											
M26	Ⅰ	▲												
M20							▲	Ⅰ						
M27								Ⅰ		Ⅰ				
M40	Ⅰ												Ⅱ	
M48	Ⅰ												Ⅰ	
M70	Ⅰ													
M77											Ⅱ			
M7				Ⅰ								Ⅰ		Ⅰ
M14	Ⅱ													
M74					▲							Ⅰ		
M72				Ⅱ								Ⅲ		Ⅱ
M50				Ⅲ				▲				Ⅱ		Ⅱ
M47	Ⅲ													
M43				Ⅲ					Ⅱ			Ⅲ		
M53				Ⅲ								Ⅲ		
M51					Ⅱ			▲						
M69					Ⅰ									
M73												Ⅱ Ⅲ		

根据各类陶器不同型式的共出关系，汉代时期墓葬的典型陶器分期表（表四）和图（图一六〇）如下。

表四

分期	双耳罐	釜	壶	罐	鍪	温鍪	鼎	盒
一	Ⅰ	▲	B	BⅠ	▲	▲		
二			AaⅠ				AⅠ	Ⅰ
三	Ⅱ		Ac AaⅡ、Ⅲ				AⅡ BⅠ	Ⅱ
四	Ⅲ		AaⅢ	A、BⅡ			AⅢ	Ⅱ
五	Ⅳ			BⅢ			BⅡ、Ⅲ	

年代方面主要情况总结如下：

第一期墓葬未发现具有纪年性质的器物，但一些器物可以反映。如 M9、M26 出土的釜，为典型的秦式釜，老河口九里山秦代 M97 中也有出土[①]。M70 出土的鍪双耳位于颈下，M48、M40 出土的温鍪在老河口九里山秦代墓葬中发现更多。罐 B 型壶类似秦文化的小口瓮，荆州高台秦墓中出土较多[②]。另外，第一期墓葬中均未发现鼎、盒、壶之类仿铜陶礼器，具有典型的秦文化特征。故推断此期年代应在西汉以前，属秦时期。

第二期墓葬仅发现 1 例。M7，鼎矮兽蹄足风格明显不同于楚，出土的半两铜钱直径为 3 厘米，小于秦半两，为汉文帝时期所造的四铢半两。故年代为西汉早期。

第三期。M14 出土双耳罐与老河口九里山 M154 所出相同，后者年代为西汉中期前段。M72、M74 所出鼎在老河口九里山西汉中期墓葬中也可发现，如 M136、M189、M190 中均有出土。另外，M72、M74 中均出土了五铢钱。因此推断其年代为西汉中期偏早阶段。

第四期。M51、M69、M53 所出陶壶与老河口九里山 M12、M185、M172 所出接近，后者年代为西汉中期后段。M19 所出井、瓮与九里山 M43、M44、M37 所出相同，后者同出日光铜镜、五铢等纪年器物。另外，M19、M47、M51、M69、M80 也出土有五铢钱，M51 还出土西汉中期后段流行起来的日光铜镜。据此，此期年代为西汉中期偏晚阶段。

第五期。仅有两墓，M73 和 M81。该期，鼎、盒、壶成套礼器已经不见，仓、灶、井、釜甑等器物成为主体，与上面几期有显然差异，时代应晚。M73、M81 所出陶仓与西汉晚期九里山 M19、M92、M96 所出相同，M81 所出双耳罐类似九里山 M93、M178 和 M60 所出，后者出土有五铢、大泉五十之类。M73 出土的水井则与 M92 所出类似，后者年代为西汉晚期。这些均说明该期年代大致在西汉晚期。

另外，还有一些未出器物的墓葬，大致推断如下：

---

① 襄樊市文物考古研究所、武安铁路复线九里山考古队：《老河口九里山秦汉墓》，文物出版社，2009 年。以下所引老河口九里山墓葬均来自此报告，不再复引。

② 湖北省荆州博物馆：《荆州高台秦汉墓》，科学出版社，2000 年。

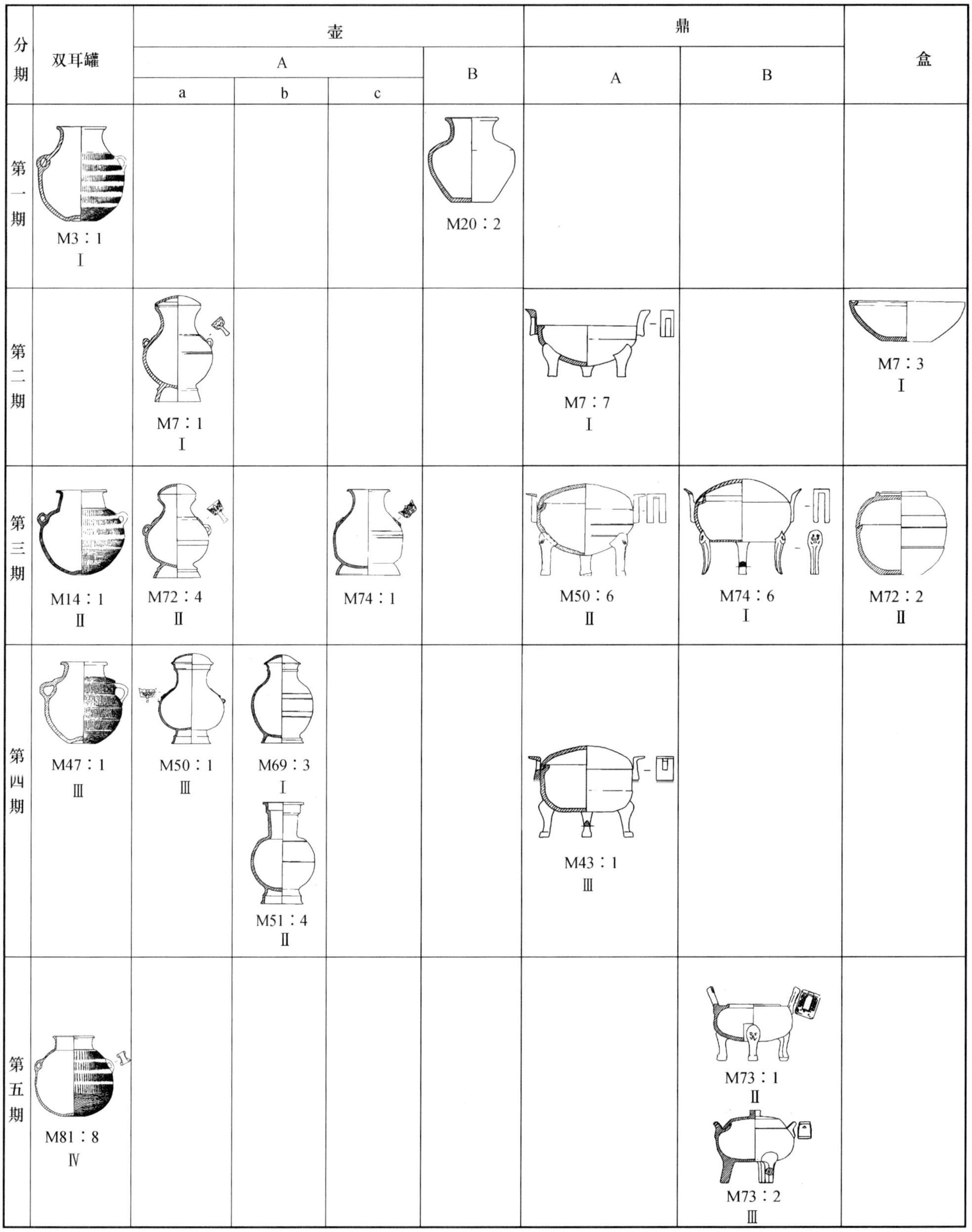

分期	双耳罐	壶 A			壶 B	鼎 A	鼎 B	盒
		a	b	c				
第一期	M3:1 Ⅰ				M20:2			
第二期		M7:1 Ⅰ				M7:7 Ⅰ		M7:3 Ⅰ
第三期	M14:1 Ⅱ	M72:4 Ⅱ		M74:1		M50:6 Ⅱ	M74:6 Ⅰ	M72:2 Ⅱ
第四期	M47:1 Ⅲ	M50:1 Ⅲ	M69:3 Ⅰ / M51:4 Ⅱ			M43:1 Ⅲ		
第五期	M81:8 Ⅳ						M73:1 Ⅱ / M73:2 Ⅲ	

图一六〇　秦汉墓葬出土典型器物分期图

M16、M24、M31、M35、M44、M45、M64、M67、M78 为长方形单室砖室墓，洛阳烧沟汉墓中出现并流行于西汉晚期，故其年代也应在西汉晚期或之后。

M17、M56 为多室砖室墓，洛阳地区出现于东汉初期，故年代应在其之后。

M23 虽然同为长方形单室砖室墓，但其壁外弧，具有东汉晚期风格，同出有陶鸡，出土的陶仓风格明显与西汉时期不同，佐证其年代在东汉晚期。

至于其他未出器物的土坑墓，具体年代不好判断。

第四章 宋代墓葬

第一节 墓葬介绍

仅发现2例，具体如下。

一、M30

位于T5449和T5448的中部，开口于表土层下，距地表深20厘米。墓葬形制为带墓道的单室砖室墓，方向200°（图一六一；图版一五，3）。

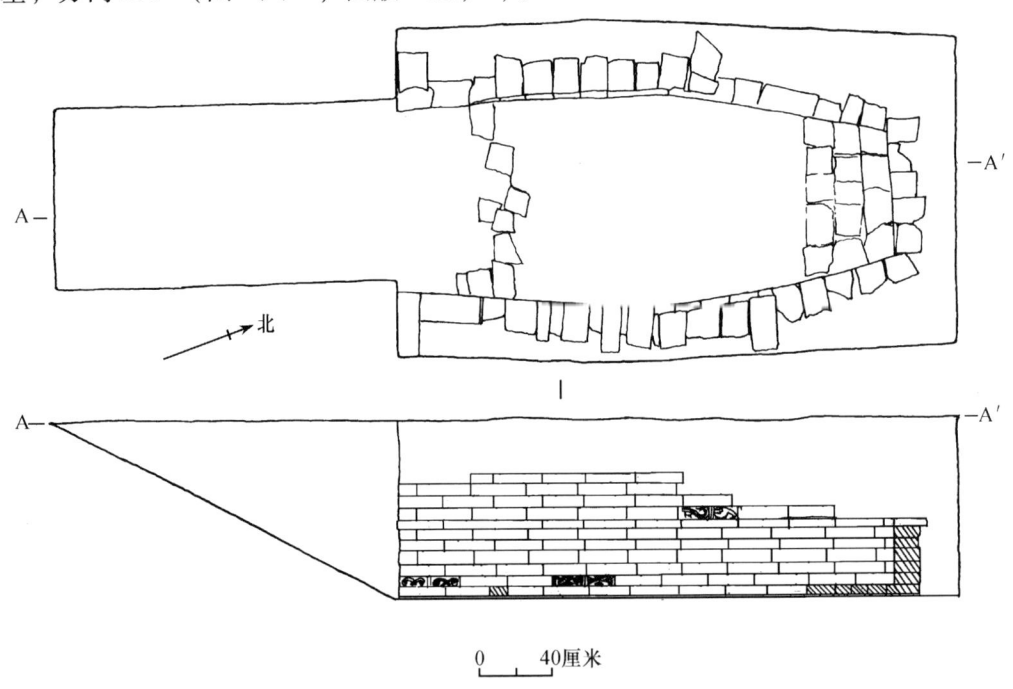

图一六一 M30平、剖面图

墓道 位于墓室的前端中部，平面呈长方形，底部斜坡状，开口长200、底部长221、宽100厘米。

墓室 遭到后期严重破坏，仅剩土圹和部分壁砖。土圹坑口长320、宽230厘米，坑壁光滑、直，深100厘米。土圹中部用砖砌壁，砖室平面呈船形，中间宽，两头窄，长280、中部宽190、两头宽170~180厘米。壁为平砖顺砌错缝法，最上一层则用碎砖平铺。壁砖多为青灰色，长33、宽17、厚7厘米，一侧模印云气纹饰（图一六二）；底多为碎砖铺底，红砖居多。

葬具、葬式　不明。

由于破坏十分严重，未能发现器物。

图一六二　M30墓室壁砖拓片

二、M57

1. 墓葬形制与结构

位于T5547、T5548的中部，开口于表土层下，距地表深20厘米。墓葬形制为带墓道的长方形单室砖室墓。打破M58，方向35°（图一六三）。

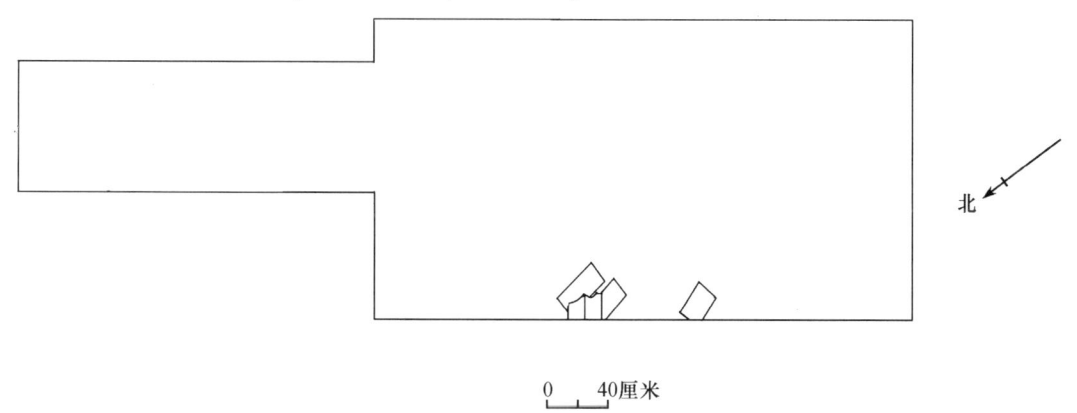

图一六三　M57平面图

墓道　位于墓室前端的中部。开口呈长方形，底为斜坡状。上口长230、宽80厘米，底坡长286、深0~160厘米。

墓室　由于遭到晚期严重破坏，仅剩墓圹和数块底砖残片。平面为长方形，坑口长350、宽190厘米，坑壁竖直，深160厘米。铺地和壁不明。

葬具、葬式　不明。

2. 随葬品

由于破坏十分严重，仅在扰土中清理出 1 件银质饰件，编号为 M57:1，内为鱼状，外底为花瓣形纹饰。长 3.6 厘米（图一六四；彩版八，6）。

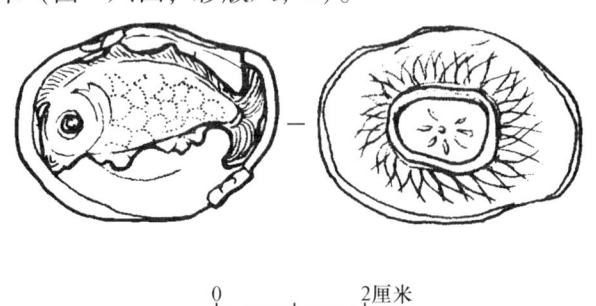

图一六四　M57 出土银饰（M57:1）

第二节　年代推断

由于出土器物不明，故只能根据墓葬形制进行推断。M30 船形墓室与郧县幸福院宋墓形制相同，后者年代为北宋晚期，故也推断其年代大致接近[①]。M57 为长方形单室砖室墓，不同于 M30，出土有银质饰件，年代应要稍晚，可能为南宋前后。

---

① 南水北调中线水源有限责任公司、湖北省移民局、湖北省文物事业管理局：《郧县老幸福院墓地》，科学出版社，2006 年。

第五章 结 语

刘家沟口墓地除两座宋墓外，使用时间十分悠久，且无间隔。其上迄春秋晚期，下至西汉晚期，绵绵不绝，为观察春秋晚期至西汉晚期的文化变迁提供了极为宝贵的资料。

春秋晚期至战国中期的墓葬，无论是墓葬结构还是随葬品均体现了强烈的楚文化风格。墓葬结构方面均为长方形竖穴土坑墓，大墓带墓道、小墓无墓道，或有壁龛，与襄阳王坡、江陵雨台山等楚墓一致。随葬品方面，主要为鬲、盂、豆、罐和鼎、敦、壶、豆的组合，也与传统楚地所出相同。从未发现鼎、盒、壶组合来看，说明其年代未延续到战国晚期。造成这种中断的原因，与战国晚期开始秦楚之争有关。周赧王三年（公元前312年），秦楚丹阳之战，秦胜，全归于秦。秦昭襄王三年（公元前304年），秦楚黄棘之会后，归楚。九年（公元前298年），复归秦。

从墓葬未有打破来看，墓地应当有严格的规划。但是，墓葬的方向并不一致，如三座带墓道的大墓，M71与M38相同，而与M55并不一致，推测可能属于不同家族。

虽然部分墓葬规模较大，有台阶式墓道和出土有铜兵器等，但均未发现青铜礼器，也未发现台阶式墓坑，反映了墓葬等级并不高，当属底层官员和平民阶层。

进入秦后，当地文化面貌完全改变，基本未发现典型楚文化的踪迹，器物组合均为双耳罐、釜、鍪等生活实用器。釜为秦式，矮领、圜底风格；鍪（包括温鍪）作为巴文化的标志，后随着秦文化的统一而遍及全国各地，它们的出现反映了秦文化出现于当地的事实。但是，值得注意的是，双耳罐在当地出土十分频繁，其数量远远超过釜、鍪。从秦文化并未发现双耳罐来看，双耳罐应当是当地特有的器具，无论是襄樊王坡墓地、还是郧县老幸福院墓地均有大量出土。据笔者初步观察，其似乎为楚国的汲水罐，曾在淅川老人仓春秋中期的灰坑中出土，秦汉时期流行，甚至在三国时期还大量出现，如鄂城吴国水井中便出土数十件，分布地域基本集中在湖北的东部、河南南部和安徽境内。对其流变，学术界应当给予关注。

汉代开始，文化面貌再次改观。鼎、盒、壶仿铜陶礼器的出现便是证据，但同时也有一些墓葬继续使用双耳罐等生活使用器具，反映了秦汉文化的传承与延续。之后、仓、灶、井的流行、砖室墓的出现，更加说明了当地纳入汉文化统一的进程。

同样要注意的是，西汉中期开始，刘家沟口的墓葬开始出现一种积炭习俗，在墓底部和棺椁四周铺砌一层木炭，西汉晚期M73甚至还发现用河卵石堆砌的墓壁，这种习俗在淅川其他地区，如淅川阎家岗墓地也有发现。

东汉时期，墓葬由于遭到后期的严重破坏，无法对其文化面貌进行客观总结，但也基本可以观察其大概。如多室墓的出现、陶鸡的发现等，均与中原地区别无二致。在 M56 墓中出土的空心画像砖，说明了其受到南阳地区汉墓的影响。

东汉以后，墓地遭到废弃，未发现三国至唐时期的遗存。直至宋代开始又开始使用，但是，同样由于后期人类的破坏，历史信息无法复原，仅能从其船形墓室进行初步的推测。

附表　刘家沟口墓地墓葬一览

编号	方向（°）	形状结构	出土遗物	棺椁、人骨	时代
M1	108	长方形竖穴土坑木椁墓。坑口长280、宽170厘米，底长260、宽146厘米，深82厘米	陶鼎1、陶豆2、陶敦1、陶壶1	单棺单椁，椁两端下各置有枕木，均朽。椁痕长224、宽102厘米；棺痕长180、宽50厘米。人骨未见	春秋晚期
M2	85	长方形竖穴土坑木椁墓。坑口长318、宽216厘米，底长310、宽208厘米，深84厘米	陶鼎2、陶壶2、陶敦2、陶盘匜1	单棺单椁，椁两端下各置有枕木，均朽。椁痕长248、宽160厘米；棺痕长192、宽52厘米。人骨朽	战国早期
M3	40	长方形竖穴土坑墓。坑口长254、底长245、宽166、深98厘米	陶双耳罐1	单棺单椁，均朽。椁痕长218、宽138厘米；棺痕长182、宽54厘米。未见人骨	秦
M4	107	长方形竖穴土坑木椁墓。坑口长360、宽210厘米，底长350、宽200厘米，深84厘米	陶豆2、陶盘匜1、陶壶2、陶敦2、陶鼎2	单棺单椁，椁两端下各置有枕木，均朽。椁痕长240、宽106厘米；棺痕长188、宽46厘米。仅发现牙齿朽痕和部分下肢朽痕	战国早期
M5	95	长方形竖穴土坑木椁墓。坑口长380、宽230厘米，底长370、宽220厘米，深180厘米	陶鼎2、陶壶2、陶敦2、陶豆1	单棺单椁，椁两端下各置有枕木，均朽。椁痕长276、宽146厘米；棺痕长216、宽58厘米。未见人骨	战国早期
M6	100	长方形竖穴土坑墓。坑口长238、宽94厘米，底长230、宽86厘米，深32厘米	无	单棺，朽，痕长190、宽52厘米	东周
M7	60	长方形竖穴土坑木椁墓。坑口长250、宽190厘米，底长244、宽178厘米，深180厘米	陶鼎2、陶壶2、陶盒2、半两7、铜铃1、漆耳杯残片	单棺单椁，椁两端下各置有枕木，均朽。椁痕长230、宽158厘米；棺痕长190、宽50厘米。人骨朽未见	西汉早期
M8	108	长方形竖穴土坑木椁墓。坑口长344、宽214厘米，底长332、宽202厘米，深220厘米	陶鼎2、陶敦2、陶壶2、陶豆1	单棺单椁，椁两端下各置有枕木，均朽。椁痕长260、宽126厘米；棺痕长202、宽48厘米。未见人骨	战国中期

续表

编号	方向（°）	形状结构	出土遗物	棺椁、人骨	时代
M9	70	长方形竖穴土坑墓。坑口长240、宽128厘米，底长222、宽96厘米，深84厘米。单棺，前置一头箱，系生土面上挖成	陶双耳罐1、陶釜1	单棺，朽痕长170、宽49厘米	秦
M10	95	长方形竖穴土坑木椁墓。坑口长288、宽160厘米，底长280、宽150厘米，深78厘米	陶鬲1、陶盂1、陶豆1、陶罐1	单棺单椁，均朽。椁痕长206、宽93厘米；棺痕长170、宽48厘米。仅发现牙齿朽痕	春秋晚期
M11	125	长方形竖穴土坑墓。坑口长254、宽70厘米，底长240、宽60厘米，深16厘米	无	单棺，朽痕长180、宽46厘米	东周
M12	135	长方形竖穴土坑木椁墓。坑口长406、宽280厘米，底长314、宽192厘米，深288厘米	陶鼎2、陶壶2、陶敦2、陶豆2、陶盘匜1、铜马衔	单棺单椁，棺椁均朽。椁痕长250、宽140厘米；棺痕长180、宽48厘米。人骨朽未见	战国中期
M13	90	长方形竖穴土坑木椁墓。坑口长288、宽156厘米，底长276、宽144厘米，深78厘米	陶鼎1、陶盂1、陶豆1、陶罐1	单棺单椁，均朽。椁痕长220、宽103厘米；棺痕长170、宽56厘米。人骨朽未见	春秋晚期
M14	180	长方形竖穴土坑墓。坑口长238、宽80、深160厘米。西壁中部地表有一个三角形龛，长70、残高40厘米	陶双耳罐1	单棺，朽痕长200、宽50厘米。仅发现牙齿朽痕	西汉中期偏早
M15	165	长方形竖穴土坑木椁墓。坑口长370、宽226厘米，底长326、宽210厘米，深270厘米	陶鼎2、陶敦2、陶壶2、陶豆1、铜箭镞3	单棺单椁，均朽。椁痕长236、宽128厘米；棺痕长184、宽46厘米。人骨朽未见	战国早期
M16	5	斜坡墓道长方形单室砖墓。墓道底长145、宽80~100厘米。墓室被破坏殆尽，仅存坑壁。长340、宽140厘米，深90厘米	陶瓮残片	不详	西汉晚期
M17	340	斜坡墓道多室砖墓。墓道坡底残长284、宽90厘米。墓室基本被破坏殆尽，仅存部分底砖和壁。壁为平砖顺砌错缝。前室长310、298厘米，左右两侧各有一室。左侧室长140、宽130厘米；右侧室长140、宽148厘米	无	不详	东汉
M18	122	长方形竖穴土坑木椁墓。坑口长340、宽250厘米，底长290、宽190厘米，深230厘米	陶鼎2、陶敦2、陶壶3、陶盂1、陶豆1、陶罐1、陶鬲1、陶盘匜1	单棺单椁，均朽。椁痕长210、宽130厘米；棺痕长180、宽50厘米。人骨朽未见	春秋晚期
M19	120	长方形竖穴土坑墓。坑长310、宽200、深160厘米	陶瓮1、陶仓5、陶灶釜甑1、陶井1、陶盆1、铜盆1、五铢数枚	单棺，棺已朽。棺痕长190、宽60厘米。人骨朽未见	西汉中期偏晚

续表

编号	方向（°）	形状结构	出土遗物	棺椁、人骨	时代
M20	37	长方形竖穴土坑木椁墓。长270、宽150、深230厘米	陶罐1、陶壶1	单棺单椁，均朽。椁痕长240、宽125厘米；棺痕长190、宽50厘米。人骨朽未见	秦
M21	105	长方形竖穴土坑木椁墓。长225、宽75、深190厘米	无	单棺。棺痕残长34～54、宽45厘米。人骨朽未见	东周
M22	80	长方形竖穴土坑木椁墓。长268、宽180、深200厘米	陶鼎2、陶敦2、陶壶2、陶豆1、陶盘匜1、铜饰残片	单棺单椁。椁两端底置枕木，均朽。椁痕长228、宽134厘米；棺痕长180、宽70厘米。唯发现牙齿朽痕	东周
M23	200	斜坡墓道长方形单室砖墓。墓道坡底长130、宽90～106厘米。墓室基本被破坏殆尽，仅存部分底砖和壁。壁为平砖顺砌错缝。墓室坑口长324、宽212、深70厘米	陶鸡1、陶仓2、陶灶1	不详	东汉
M24	175	斜坡墓道长方形单室砖墓。墓道坡底长220、宽90厘米。墓室基本被破坏殆尽，仅存部分底砖和壁。壁为平砖顺砌错缝。墓室坑口长280、宽140、深130厘米	无	不详	西汉晚期
M25	115	长方形竖穴土坑木椁墓。坑口长326、宽200、深240厘米。南壁近底80厘米处有一方形龛，长70、宽10、高20厘米	陶鼎1、陶鬲1、陶豆2、陶盂1、陶罐2	单棺单椁，均朽。椁痕长232、宽116厘米；棺痕长180、宽60厘米。人骨朽未见	春秋晚期
M26	28	长方形竖穴土坑木椁墓。坑口长270、宽180厘米，底长260、宽160、深180厘米	陶双耳釜1、陶双耳罐1	单棺单椁，均朽。椁痕长236、宽110厘米；棺痕长200、宽56厘米。人骨朽未见	秦
M27	60	长方形竖穴土坑墓。坑口长235、宽130、深140厘米。近底110厘米处东、南、西三面均留宽30厘米的生土二层台	陶罐1、陶双耳釜1、铜钱残片	未见	秦
M28	110	长方形竖穴土坑墓。坑口长220、宽100、深140厘米	陶鬲1、陶豆2、陶罐1	单棺已朽，棺痕长180、宽50厘米。人骨朽未见	春秋晚期
M29	130	长方形竖穴土坑墓。坑口长280、宽110、深170厘米	无	单棺已朽，棺痕长190、宽50厘米。人骨朽未见	秦或汉
M30	200	斜坡墓道长方形单室砖墓。墓道坡底长221、宽100厘米。墓室基本被破坏殆尽，仅存壁砖和底砖。墓室平面为船形，中间外弧。长280、宽170～190厘米。墓坑长320、宽230、深100厘米	无	不详	北宋

续表

编号	方向（°）	形状结构	出土遗物	棺椁、人骨	时代
M31	205	斜坡墓道"凸"字形单室砖墓。斜坡墓道底长570、宽100厘米。墓室基本被破坏，仅存部分底砖和数块壁砖。甬道长61、宽100厘米。墓室平面为长方形，长375、宽280、深247厘米。壁为平砖顺砌错缝	陶罐、陶甑残片	未存	西汉
M32	120	长方形竖穴土坑木椁墓。坑口长310、宽200、深230厘米。南壁近底100厘米处有一方形龛，残宽20、进深14、高30厘米	陶壶1	椁朽。椁痕长235、宽90厘米；人骨朽未见	春秋晚期
M33	115	长方形竖穴土坑墓。斜直壁上有生土二层台。坑口长270、宽120厘米。二层台宽10~30厘米。墓坑深180厘米。南壁底近二层台处有一方形龛，长50、进深20、高30厘米	陶鬲1、陶豆1、陶罐1、陶盂1	单棺，朽，长180、宽50厘米。人骨朽未见	战国早期
M34	130	长方形竖穴土坑木椁墓。坑口长264、宽140、深200厘米。西、北两壁距底80厘米处各有一半圆形脚窝	无	单棺单椁。均朽。椁痕长214、宽124厘米；棺痕长170、宽50厘米。人骨朽未见	东周
M35	25	斜坡墓道长方形单室砖墓。墓道底坡长262、宽90厘米。墓室基本被破坏，仅存部分铺底砖。墓坑长340、宽223、深170厘米	铅质车马器	人骨朽未见	汉
M36	215	长方形竖穴土坑墓。坑口长230、宽110厘米，底长220、宽102厘米，深126厘米	无	单棺，朽。痕长172、宽56厘米。人骨朽未见	东周
M37	70	长方形竖穴土坑墓。坑口残长110~136、宽100、深20厘米	陶片	未见	东周
M38	215	带墓道的长方形竖穴土坑木椁墓。墓道分前后两段，前段残存四级台阶，后段为斜坡状，坡底长162、深170厘米。墓室平面为长方形，斜壁。坑口长580、宽400厘米，底长480、宽280厘米，深300厘米	陶鼎2、陶壶2、陶敦2、陶盘匜1、铜剑1、铜马衔2、铜戈1、铜箭镞1、铜铃5、骨贝数枚	单椁双棺，下置枕木，均朽。椁痕长313、宽210厘米。主棺痕长180、宽70厘米；陪棺长160、宽30厘米。人骨朽，仅见数段肢骨和部分牙齿碎末，无法取出	战国早期
M39	35	近长方形竖穴土坑木椁墓。坑口长260、宽160~180、深170厘米	陶釜甑1、陶壶残片	单棺单椁，均朽。椁痕长225、宽150厘米；棺痕长190、宽50厘米。人骨朽未见	西汉中期偏早
M40	45	长方形竖穴土坑墓。坑口长220、宽124、深20厘米	陶温鏊1、陶钵1、陶双耳罐1、漆器残片	单棺，朽，棺痕长198、宽58厘米。人骨朽未见	秦

续表

编号	方向（°）	形状结构	出土遗物	棺椁、人骨	时代
M41	35	长方形竖穴土坑木椁墓。坑口长290、宽180、深300厘米	陶鼎2、陶豆2、陶壶2、陶敦2、陶盘匜1、陶罐形鼎1、陶盉1	单棺单椁。棺椁均朽。椁痕长226、宽140厘米；棺痕长200、宽50厘米。人骨朽未见	战国早期
M42	44	长方形竖穴土坑木椁墓。坑口长460、宽260厘米，底长400、宽220厘米，深320厘米	铜剑1、铜车軎2、铜箭镞1、铜铃4、铜马衔2、陶片若干	单棺单椁。椁两端各置一枕木，均朽。椁痕长316、宽166厘米；人骨朽未见	战国早期
M43	20	近长方形竖穴土坑木椁墓。坑口长248、宽160~180、深140厘米	陶鼎1、陶盒1、陶壶1、陶釜甑1、陶罐1	单棺单椁，均朽。椁痕长226、宽151厘米；棺痕长200、宽50厘米。人骨朽未见	西汉中期偏晚
M44	30	斜坡墓道长方形单室砖墓。墓道底坡长108、宽90厘米。墓室被破坏殆尽，仅见砖渣。墓室长320、宽160、深40厘米	无	未见	西汉
M45	21	长方形单室砖墓，基本被彻底破坏，仅存墓坑	无	未见	西汉
M46	107	长方形竖穴土坑墓。坑口长300、宽154、深95厘米	无	单棺，朽。痕长190、宽50厘米；人骨朽未见	东周
M47	34	长方形竖穴土坑墓。坑口长236、宽160、深105厘米	陶双耳罐1、五铢数枚	一棺，朽。棺痕长196、宽64厘米；人骨朽，仅见部分头骨和肢骨，无法取出	西汉中期偏晚
M48	40	长方形竖穴土坑木椁墓。坑口长270、宽160、深170厘米	陶双耳罐1、陶温鐅1	一椁一棺，朽。椁痕长252、宽144厘米；棺痕长200、宽50厘米。人骨朽未见	秦
M49	40	长方形竖穴土坑墓。坑口长260、宽96厘米，底长240、宽80厘米，深90厘米。单棺前部设头箱，长58、宽30、深16厘米	陶釜甑1	一棺，朽。棺痕长180、宽50厘米；人骨朽未见	秦
M50	45	长方形竖穴土坑木椁墓。坑口长250、宽180、深70厘米	陶鼎1、陶盒1、陶壶1、陶釜甑1	一椁一棺，朽。椁痕长228、宽174厘米；棺长200、宽62厘米。人骨朽未见	西汉中期偏早
M51	115	长方形竖穴土坑木椁墓。坑口长290、宽190、深50厘米。棺四侧填有木炭屑	陶壶1、陶仓1、陶钵1、陶灶釜甑1、陶罐1、铜盆1、铜镜1、铜钵1、五铢若干	一椁一棺，朽。椁痕长244、宽186厘米；棺痕长202、宽66厘米。人骨朽未见	西汉中期偏晚
M52	96	长方形竖穴土坑木椁墓。坑口长320、宽206厘米，底长310、宽198厘米，深140厘米	陶鬲1、陶盂1、陶豆2、陶罐2	一椁一棺，朽。椁痕长260、宽150厘米；棺长230、宽76厘米。人骨朽未见	春秋晚期

续表

编号	方向（°）	形状结构	出土遗物	棺椁、人骨	时代
M53	80	长方形竖穴土坑木椁墓。坑口长270、宽190、深220厘米。椁内填炭屑	陶鼎2、陶盒2、陶壶2、陶釜甑1、陶小罐2、铁鍪1、铜盆1、铜钵1	一椁一棺，朽。椁痕长258、宽194厘米；棺长200、宽60厘米。人骨朽未见	西汉中期偏晚
M54	130	长方形竖穴土坑木椁墓。坑口长330、宽190、深180厘米。南壁有一方形壁龛，长62、进深20、高21厘米	陶鼎2、陶敦2、陶壶2、陶盘匜1、陶鬲1、陶盂2、陶豆2、陶罐1	一椁一棺，朽。椁痕长248、宽122厘米；棺痕长192、宽50厘米。人骨朽未见	战国早期
M55	115	带墓道长方形竖穴土坑木椁墓。墓道分前后两段。前段为斜坡，坡底长194厘米。后段为两级台阶，墓道宽66~84厘米。墓室为梯形，斜壁。坑口长408、宽290~350厘米，北壁保留生土二层台，宽40~90厘米。底长330、宽200、深294厘米	铜剑1、铜车軎2、铜盖弓帽18、铜箭镞2、铜马衔2、陶鬲1、陶豆2、陶罐2、陶盂1、玉片	一椁一棺，朽。椁痕长264、宽140厘米；棺痕长180、宽60厘米。人骨朽未见	春秋晚期
M56	27	带墓道"刀"字形并列双室砖墓。墓道为斜坡，长120、宽110厘米。甬道偏于墓室一侧，长90、宽90厘米。墓室长296厘米，中部用砖将其分左右两室。主室宽117、副室宽96、深145厘米。两室间有一过道，宽66厘米。由于受到严重破坏，仅存部分底砖和壁，壁为平砖顺砌错缝。门附近发现空心砖残片，疑为门楣之用	空心砖残片、陶仓5、砖	未见	东汉
M57	35	带墓道长方形单室砖墓。墓道为斜坡状，坡长286、宽80厘米。墓室遭到严重破坏，仅存数块底砖。坑口长350、宽190、深160厘米	银饰件1	未见	宋
M58	85	长方形竖穴土坑木椁墓。坑口长280、宽156、深200厘米	陶鬲1、陶盂1、陶豆1、陶罐1、铜铃8、骨饰件1	一椁一棺，朽。椁痕长224、宽144厘米；棺痕长200、宽58厘米。人骨朽未见	春秋晚期
M59	56	长方形竖穴土坑墓。坑口长136、宽60、深90厘米	陶片堆1	未见	秦或汉？
M60	95	长方形竖穴土坑木椁墓。坑口长280、宽150、深260厘米	陶鼎1、陶豆1、陶壶1、陶盂1	一椁一棺，朽。椁痕长222、宽92厘米；棺痕长208、宽50厘米。人骨朽未见	战国早期

续表

编号	方向（°）	形状结构	出土遗物	棺椁、人骨	时代
M61	150	长方形竖穴土坑墓。坑口长240、宽114、深90厘米	无	一棺，朽。棺痕长200、宽50厘米。人骨朽未见	东周
M62	74	长方形竖穴土坑墓。坑口长260、宽105、深170厘米。南壁中部有一方形壁龛，长50、进深20、高20厘米	陶鬲1、陶盂1、陶豆1、陶罐1	未见	春秋晚期
M63	200	长方形竖穴土坑墓。坑口长235、宽140厘米，底长220、宽124厘米，深50厘米	陶罐残片	未见	秦或汉初
M64	30	带墓道长方形单室砖墓。墓道斜坡状，底长83、宽90厘米。甬道长50、宽114厘米。墓室基本被破坏，仅存在少量底砖和壁，为平砖顺砌错缝法。墓室长356、宽242、深120厘米	无	未见	汉
M65	95	近长方形竖穴土坑木椁墓。坑口长220、宽90、深90厘米	无	未见	东周
M66	85	长方形竖穴土坑墓。坑口长230、宽80、深90厘米	无	未见	东周
M67	215	带墓道长方形单室砖墓。墓道为斜坡状，底长304、宽90厘米。墓室基本被破坏殆尽，仅存一排底砖。墓室长330、宽214、深90厘米	无	未见	汉
M68	105	长方形竖穴土坑木椁墓。坑口长350、宽180厘米，底长310、宽160厘米，深250厘米	陶鼎1、陶敦1、陶壶1、陶豆1	一椁一棺，朽。椁痕长240、宽100厘米；棺痕长198、宽50厘米。仅发现牙齿朽痕	战国早期
M69	295	长方形竖穴土坑墓。坑口长270、宽227厘米，底长254、宽190厘米，深260厘米。墓底垫炭粒	陶壶1、陶灶、陶釜甑1、陶盆1、铜盆1、五铢、铜泡残片	一棺，朽。棺痕长222、宽86厘米。仅发现部分牙齿朽痕	西汉中期偏晚
M70	351	长方形竖穴土坑木椁墓。坑口长260、宽160厘米，底长248、宽150厘米，深280厘米	陶双耳罐1、铁鼎1	一椁一棺，朽。椁痕长244、宽132厘米；棺痕长200、宽66厘米。人骨朽未见	秦
M71	220	带墓道长方形竖穴土坑木椁墓。墓道分前后两段。前段为斜坡式，坡底长216厘米，后段为一台阶。墓室平面近长方形，长390、宽250、深300厘米	陶鼎2、陶壶2、陶敦2、陶盘匜1、铜铃4	一椁一棺，朽。椁痕长270、宽166厘米；棺痕长200、宽64厘米。人骨朽未见	战国早期
M72	100	长方形竖穴土坑木椁墓。坑口长270、宽170厘米，底长242、宽158厘米，深280厘米。单棺单椁	陶鼎1、陶壶1、陶盒1、陶釜甑1、陶双耳罐1、五铢数枚	一椁一棺，朽。椁痕长230、宽150厘米；棺痕长200、宽60厘米。人骨朽未见	西汉中期偏早

续表

编号	方向（°）	形状结构	出土遗物	棺椁、人骨	时代
M73	285	带墓道长方形竖穴积石积炭木椁墓。墓道分前后两端，前段为斜坡状，底长77厘米；后段为五级台阶。墓室长313、宽274、深130厘米。东南北三壁均用卵石堆砌为石墙，高40～68厘米不等，厚10厘米，内再填垫2厘米左右木炭	陶瓮1、陶仓10、陶井1、陶灶釜甑2、陶鼎3、陶盆3、铜钵2	一椁一棺，朽。椁痕长256、宽274厘米；棺痕长241、宽61厘米。人骨朽，仅残存部分牙齿和肢骨，无法取出	西汉晚期
M74	288	长方形竖穴土坑木椁墓。坑口长266、宽196、深240厘米	陶鼎1、陶壶1、陶仓3、陶灶釜甑1、陶钵1、五铢数枚	一椁一棺，朽。椁痕长246、宽190厘米；棺痕长184、宽48厘米。唯发现部分头、牙齿和下肢，无法取出	西汉中期偏早
M75	35	近长方形竖穴土坑墓。坑口长270、宽100～108、深80厘米。东西两壁有宽26～30厘米的生土二层台，台高20厘米	无	未见	东周
M76	97	长方形竖穴土坑木椁墓。坑口长285、宽166厘米，底长264、宽150厘米，深220厘米	陶鼎1、陶盂1、陶豆1、陶罐1	一椁一棺，朽。椁痕长242、宽118厘米；棺痕长212、宽76厘米	春秋晚期
M77	29	长方形竖穴土坑墓。坑长160、宽120、深130厘米	陶鍪1	未见	秦
M78	8	长方形单室砖墓。由于盗扰严重，仅底和一侧壁残存数枚碎砖。墓坑长350、宽200、深60厘米	无	未见	汉
M79	102	长方形竖穴土坑墓，长240、宽80、深100厘米。南壁偏东有一方形壁龛，龛长50、进深10、高36厘米	陶鬲1、陶豆1、陶盂1、陶罐1	单棺，朽，痕长192、宽50厘米。人骨一具，朽，仅存部分头骨和牙齿，无法取出	战国早期
M80	184	长方形竖穴土坑墓，底铺少量炭屑。上半部被M78打破。长280、宽200、深110厘米	陶瓮1，五铢数枚，陶仓、陶灶、陶井残片	未见	西汉中期偏晚
M81	102	长方形竖穴土坑木椁墓，墓底铺有少量炭屑，东半部被陡坎切割。墓室长160～240、宽220、深250厘米	陶仓2、陶罐1、陶灶釜甑1、陶盆1、陶钵1、陶釜1、陶双耳罐1、铜洗1、铜泡数枚	棺椁均朽。椁痕宽178厘米；棺痕宽60厘米	西汉晚期

后 记

《刘家沟口墓地发掘报告》要出版了，总得要说点什么。2008年9月，我当时尚执教于复旦大学文物与博物馆学系，在系副主任高蒙河教授的帮助下，率领三位女学生和一位男同学来到了刘家沟口，开始了长达4个月的野外发掘。

不能忘记烈日炎炎下在刘家沟口钻探的情景，更无法忘怀屡次奔波于工地和上海的疲惫，尤其是寒冬时节数次在郑州4点半起床站在陇海路上等候赶往淅川班车的无奈。

但是，野外考古毕竟有其快乐之处，尤其是发掘墓葬。不要否认，每人都有猎奇之心，但我在此方面可能更甚。只要我在工地，我几乎不愿意错过每一座墓葬每一件器物的出土。

半年后在炎热的暑假，有赖于潘碧华和几位同学及其南阳市文物考古研究所的帮助，将这些器物及时修复绘图拍照。数月后，由于工作调动，我来到了四川大学，这批资料也携带过来，并最终成稿。

本报告的完成，必须首先要感谢河南省文物局南水北调办公室张志清主任、孔祥珍副主任、董睿科长和复旦大学文博系的高蒙河教授、南京博物院的龚良院长及田名利研究员，没有他们的无私帮助，工地是无法开展工作的。要感谢复旦大学文博系和四川大学考古系各位同仁，他们的宽容让我有充足的时间进行野外发掘和室内整理，尤其是文博系麻赛萍女士，她的帮助免除了我繁琐的财务报账烦扰。还要感谢南阳市的崔本信副所长、淅川县文物局李玉山同志及曾谦、韩猛等兄弟，及复旦文博系的学生如陈航、佘阳子、张思懿、戎静侃、张立志、周畅等各位同学，感谢他们在工地上陪我度过寒冬和酷暑。

本报告的出版，得到河南省文物局的出版专项经费支持。科学出版社考古分社的张亚娜和郝莎莎女士，为此付出辛勤的劳动，在此表示感谢！

需说明的是，本报告尽量注重全面、真实地报告发掘资料，但由于作者水平有限，认识和研究尚显肤浅，难免有错漏之处，敬请批评指正。

是为记！

作者于虎年年末书于成都

彩版一

刘家洼口墓地鸟瞰

彩版二

1. M4

2. M12

3. M38椁

4. M47

东周、秦汉时期墓葬

1. M53

2. M56

3. M69

4. M74

秦汉时期墓葬

彩版四

1. 敦（M2∶3）

2. 敦（M68∶3）

3. 鼎（M8∶3）

4. 鼎（M38∶8）

5. 盉（M41∶3）

6. 豆（M8∶7）

东周时期墓葬出土陶器

彩版五

1. 陶盘匜（M38∶12）

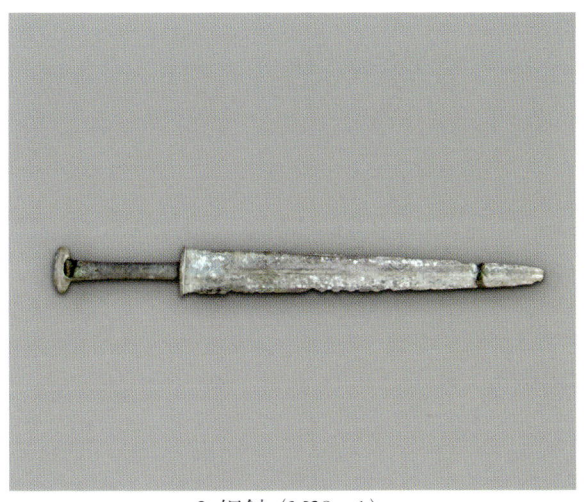

2. 铜剑（M38∶1）

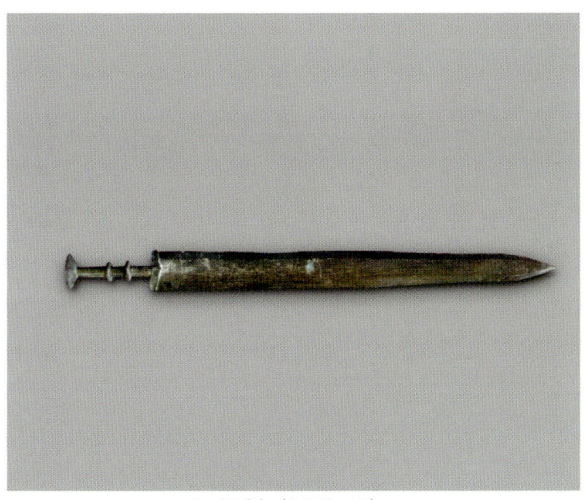

3. 铜剑（M42∶1）

4. 铜剑（M55∶1）

5. 铜戈（M38∶2）

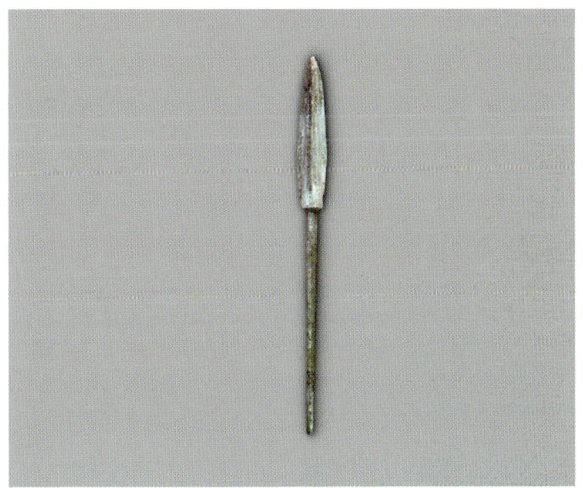

6. 铜箭镞（M15∶8）

东周时期墓葬出土陶、铜器

彩版六

1. 铜马衔（M38∶5）

2. 铜铃（M71∶8）

3. 铜车䇃（M42∶4）

4. 铜车䇃（M55∶2）

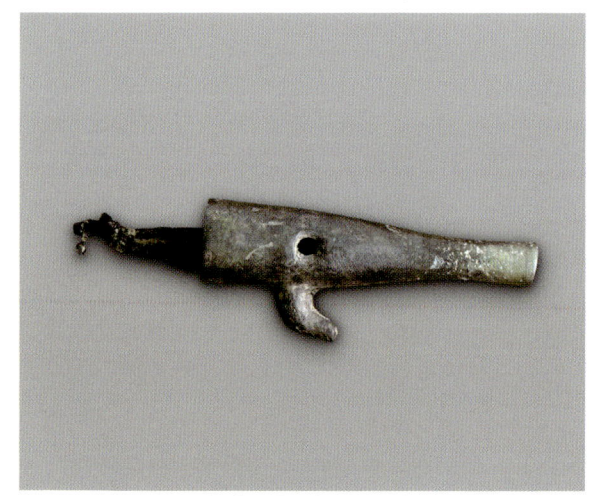

5. 铜盖弓帽（M55∶4）

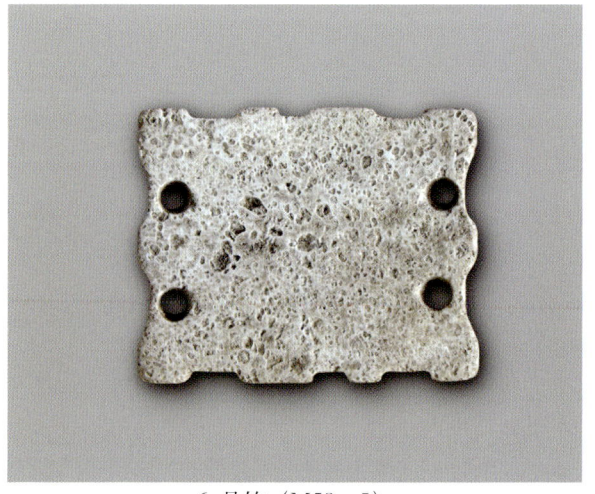

6. 骨饰（M58∶5）

东周时期墓葬出土铜、骨器

彩版七

1. 壶（M53：9）

2. 双耳釜（M27：2）

3. 井（M19：8）

4. 鸡（M23：3）

5. 仓（M56：2）

6. 仓（M73：14）

秦汉时期墓葬出土陶器

彩版八

1. 陶灶釜甑（M73∶3）

2. 陶灶釜甑（M73∶18）

3. 半两铜钱（M7∶9）

4. 五铢（M80∶8）

5. 铜镜（M51∶7）

6. 银饰（M57∶1）

秦汉、宋代墓葬出土陶、铜、银器

图版一

1. M1　2. M2　3. M5　4. M6

东周时期墓葬

图版二

1. M8
2. M10

3. M11
4. M13

东周时期墓葬

图版三

1. M15
2. M18
3. M21
4. M22
5. M25
6. M28

东周时期墓葬

图版四

1. M32

2. M33

3. M34

4. M36

东周时期墓葬

图版五

1. M37

2. M42

3. M52

4. M54

东周时期墓葬

图版六

1. M55

2. M58

3. M60

4. M61

东周时期墓葬

1. M62
2. M65
3. M66
4. M68

东周时期墓葬

图版八

1. M71

2. M75

3. M76

4. M79

东周时期墓葬

1. M3
2. M7
3. M9
4. M14
5. M16
6. M17

秦汉时期墓葬

图版一〇

1. M19

2. M20

3. M23

4. M24

秦汉时期墓葬

图版一一

1. M26

2. M27

3. M29

4. M31

秦汉时期墓葬

图版一二

1. M35

2. M40

3. M39

4. M43

秦汉时期墓葬

图版一三

1. M49

2. M51

3. M59

4. M63

秦汉时期墓葬

图版一四

1. M64
2. M70
3. M72
4. M73
5. M77
6. M78

秦汉时期墓葬

图版一五

1. M80

2. M81

3. M30

秦汉、宋代墓葬

图版一六

1. 鼎（M1∶1）

2. 鼎（M2∶4）

3. 鼎（M4∶1）

4. 鼎（M5∶5）

5. 鼎（M5∶6）

6. 鼎（M8∶4）

东周时期墓葬出土陶器

图版一七

1. 鼎（M13:1）

2. 鼎（M38:9）

3. 鼎（M41:1）

4. 鼎（M41:2）

5. 罐形鼎（M41:5）

6. 鼎（M60:4）

东周时期墓葬出土陶器

图版一八

1. 鼎（M68∶2）

2. 鼎（M71∶2）

3. 鼎（M71∶3）

4. 鼎（M76∶1）

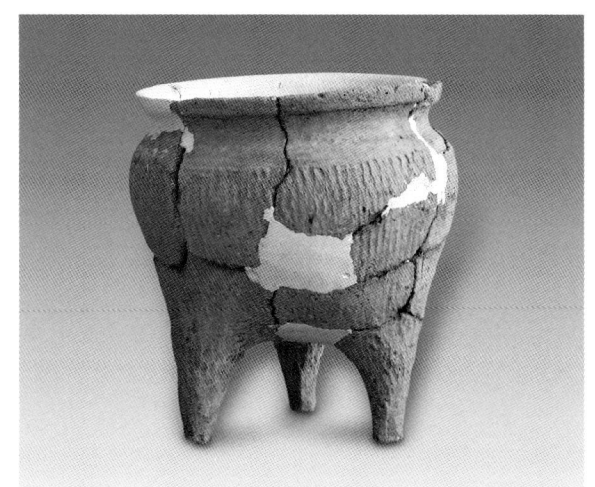

5. 鬲（M25∶6）

6. 鬲（M28∶1）

东周时期墓葬出土陶器

图版一九

1. 鬲（M33∶1）

2. 鬲（M54∶3）

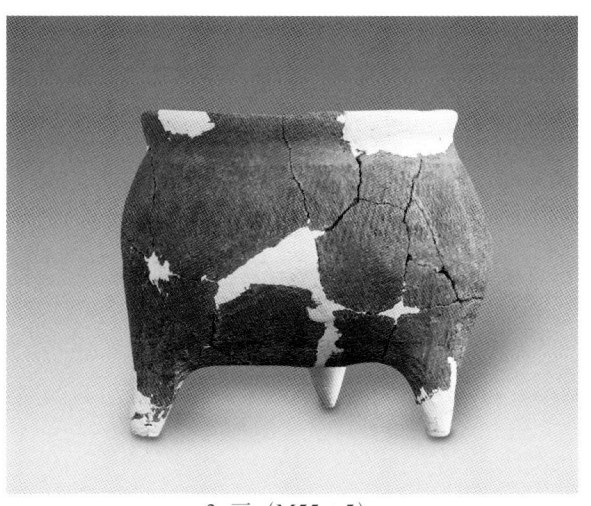

3. 鬲（M55∶5）

4. 鬲（M62∶2）

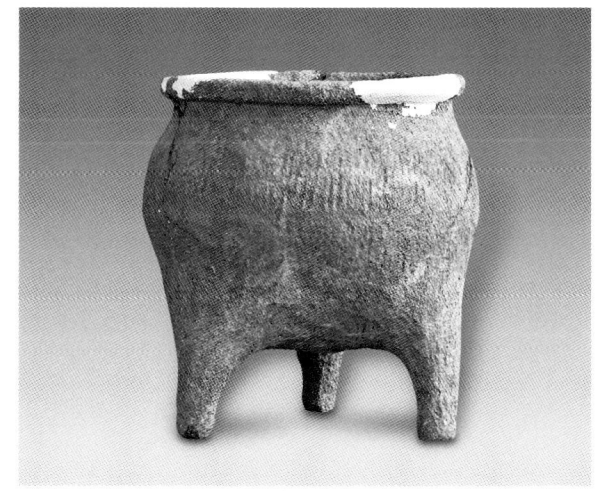

5. 鬲（M79∶1）

6. 敦（M1∶3）

东周时期墓葬出土陶器

图版二〇

1. 敦（M2:2）

2. 敦（M4:6）

3. 敦（M4:7）

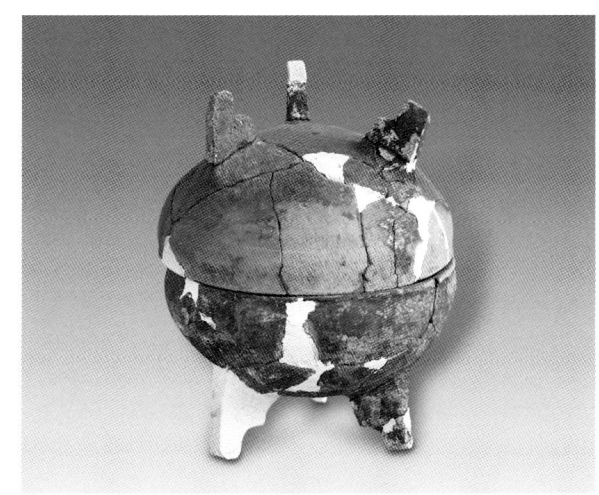

4. 敦（M5:4）

5. 敦（M8:1）

6. 敦（M8:2）

东周时期墓葬出土陶器

图版二一

1. 敦（M12∶3）

2. 敦（M38∶10）

3. 敦（M71∶4）

4. 敦（M71∶5）

5. 罐（M13∶3）

6. 罐（M25∶2）

东周时期墓葬出土陶器

图版二二

1. 罐（M28∶4）
2. 罐（M33∶2）
3. 罐（M52∶1）
4. 罐（M52∶3）
5. 罐（M54∶4）
6. 罐（M55∶8）

东周时期墓葬出土陶器

图版二三

1. 罐（M55∶10）
2. 罐（M58∶2）
3. 罐（M62∶4）
4. 罐（M76∶3）
5. 盂（M10∶2）
6. 盂（M13∶4）

东周时期墓葬出土陶器

图版二四

1. 盂（M25∶5）
2. 盂（M54∶1）
3. 盂（M54∶6）
4. 盂（M58∶3）
5. 盂（M62∶1）
6. 盂（M76∶4）

东周时期墓葬出土陶器

图版二五

1. 盂（M79:3）　　2. 壶（M2:6）

3. 壶（M2:7）　　4. 壶（M5:2）

5. 壶（M12:1）　　6. 壶（M18:1）

东周时期墓葬出土陶器

图版二六

1. 壶（M32:1）　　　　2. 壶（M38:6）

3. 壶（M38:7）　　　　4. 壶（M41:6）

5. 壶（M71:6）　　　　6. 壶（M71:7）

东周时期墓葬出土陶器

图版二七

1. 豆（M1:2）

2. 豆（M4:2）

3. 豆（M10:4）

4. 豆（M12:7）

东周时期墓葬出土陶器

图版二八

1. 豆（M15∶1）

2. 豆（M25∶4）

3. 豆（M41∶4）

4. 豆（M41∶12）

东周时期墓葬出土陶器

图版二九

1. 豆 (M54:2)

2. 豆 (M58:1)

3. 豆 (M60:3)

4. 豆 (M68:1)

东周时期墓葬出土陶器

图版三〇

1. 盘匜（M2∶1）

2. 盘匜（M4∶5）

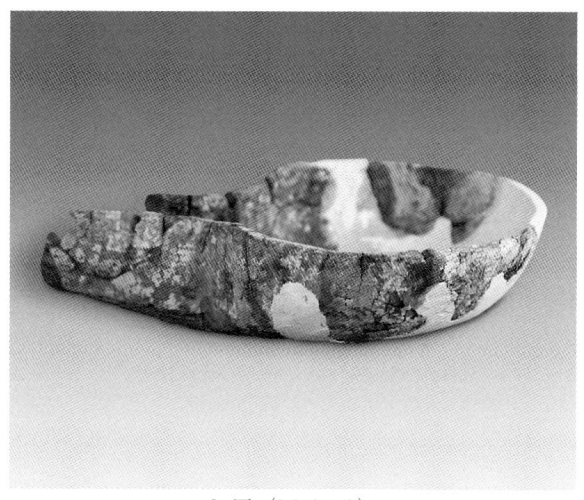

3. 匜（M12∶8）

4. 铜铃（M38∶3）

5. 铜铃（M42∶11）

6. 铜铃（M58∶6）

东周时期墓葬出土陶、铜器

图版三一

1. 铜箭镞（M42∶3）

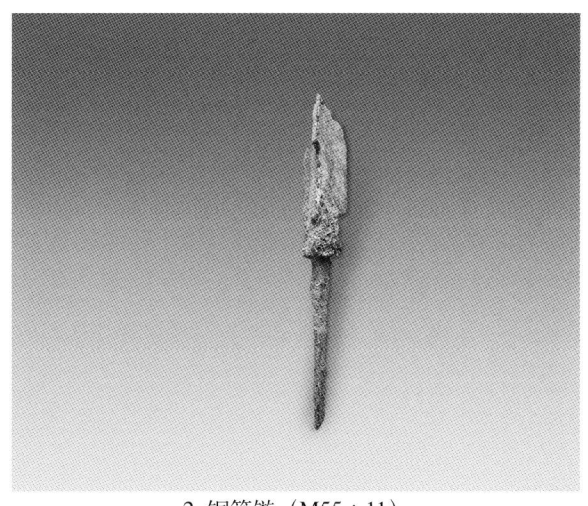

2. 铜箭镞（M55∶11）

3. 铜马衔（M42∶6）

4. 铜马衔（M42∶7）

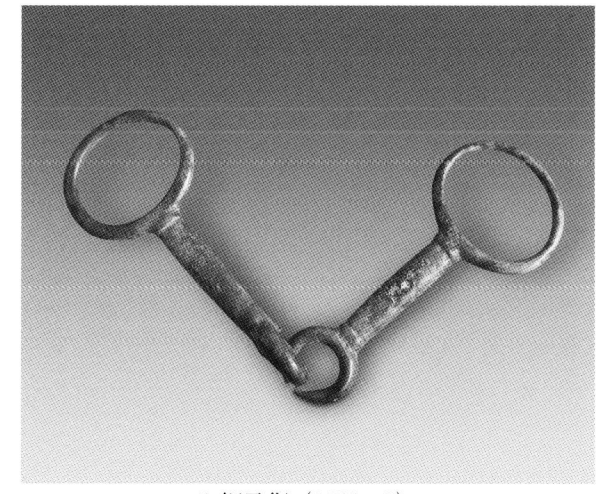

5. 铜马衔（M55∶3）

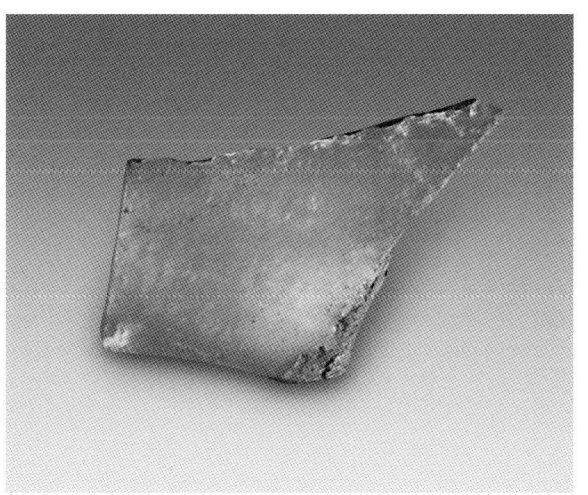

6. 玉残片（M55∶12）

东周时期墓葬出土铜、玉器

图版三二

1. 鼎（M7:7）

2. 鼎（M43:1）

3. 鼎（M50:6）

4. 鼎（M53:5）

5. 鼎（M53:7）

6. 鼎（M73:1）

秦汉时期墓葬出土陶器

图版三三

1. 鼎（M73∶2）

2. 鼎（M73∶15）

3. 鼎（M74∶6）

4. 壶（M7∶1）

5. 壶（M7∶2）

6. 壶（M20∶2）

秦汉时期墓葬出土陶器

图版三四

1. 壶（M50：1）

2. 壶（M51：4）

3. 壶（M53：8）

4. 壶（M69：3）

秦汉时期墓葬出土陶器

图版三五

1. 壶（M72:4）

2. 壶（M74:1）

3. 双耳罐（M3:1）

4. 双耳罐（M9:1）

秦汉时期墓葬出土陶器

图版三六

1. 双耳罐（M14∶1）

2. 双耳罐（M26∶1）

3. 双耳罐（M47∶1）

4. 双耳罐（M48∶1）

5. 双耳罐（M70∶2）

6. 双耳罐（M72∶7）

秦汉时期墓葬出土陶器

图版三七

1. 双耳罐（M81:8）

2. 双耳釜（M26:2）

3. 釜（M81:10）

4. 鉴（M77:1）

5. 罐（M9:2）

6. 罐（M20:1）

秦汉时期墓葬出土陶器

图版三八

1. 罐（M27:1）
2. 罐（M43:4）
3. 罐（M51:6）
4. 罐（左：M53:11、右：M53:12）
5. 罐（M81:1）
6. 瓮（M80:1）

秦汉时期墓葬出土陶器

图版三九

1. 瓮（M19∶11）

2. 瓮（M73∶17）

3. 盆（M19∶12）

4. 盆（M69∶8）

5. 盆（M73∶20）

6. 盆（M73∶22）

秦汉时期墓葬出土陶器

图版四〇

1. 盆（M73∶23）

2. 盆（M81∶11）

3. 钵（M40∶2）

4. 钵（M51∶1）

5. 钵（M74∶8）

6. 钵（M81∶12）

秦汉时期墓葬出土陶器

图版四一

1. 盒（M7∶3）　　　　　　　2. 盒（M43∶6）

3. 盒（M50∶2）　　　　　　　4. 盒（M53∶2）

5. 盒（M53∶3）　　　　　　　6. 盒（M72∶2）

秦汉时期墓葬出土陶器

图版四二

1. 温鏊 (M40:3)

2. 温鏊 (M48:2)

3. 釜甑 (M39:2、M39:3)

4. 釜甑 (M43:2、M43:3)

秦汉时期墓葬出土陶器

1. 釜甑（M49∶1）

2. 釜甑（M50∶4、M50∶5）

3. 釜甑（M53∶13）

4. 釜甑（M72∶5）

秦汉时期墓葬出土陶器

图版四四

1. 灶釜甑（M19:7、M19:9）

2. 灶釜甑（M51:3）

3. 灶釜甑（M69:5、M69:6、M69:7）

4. 灶釜甑（M69:5、M69:6、M69:7）

5. 灶釜甑（M74:2）

6. 灶釜甑（M81:4、M81:5、M81:6）

秦汉时期墓葬出土陶器

图版四五

1. 仓（M19∶2）
2. 仓（M19∶4）
3. 仓（M19∶5）
4. 仓（M23∶4）
5. 仓（M51∶2）
6. 仓（M73∶4）

秦汉时期墓葬出土陶器

图版四六

1. 仓（M73:6）　　2. 仓（M73:7）

3. 仓（M73:8）　　4. 仓（M73:9）

5. 仓（M73:10）　　6. 仓（M73:11）

秦汉时期墓葬出土陶器

图版四七

1. 仓（M73:12）

2. 仓（M73:13）

3. 仓（M74:3）

4. 仓（M74:4）

秦汉时期墓葬出土陶器

图版四八

1. 仓（M74:5）

2. 仓（M81:3）

3. 井（M73:5）

4. 五铢（M19:6）

秦汉时期墓葬出土陶器、铜钱